SPRINGER COMPASS

Herausgegeben von
G. R. Kofer   P. Schnupp   H. Strunz

Jürgen Nehmer

Softwaretechnik für verteilte Systeme

Mit 66 Abbildungen

Springer-Verlag
Berlin Heidelberg New York Tokyo

Prof. Dr. Jürgen Nehmer
Universität Kaiserslautern/Informatik
Postfach 30 49, 6750 Kaiserslautern

ISBN-13: 978-3-642-95467-2 e-ISBN-13: 978-3-642-95466-5
DOI: 10.1007/978-3-642-95466-5

CIP-Kurztitelaufnahme der Deutschen Bibliothek

Nehmer, Jürgen:
Softwaretechnik für verteilte Systeme / Jürgen Nehmer.
– Berlin ; Heidelberg ; New York ; Tokyo : Springer, 1985.
(Springer Compass)

Softcover reprint of the hardcover 1st edition 1985

GEWIDMET

meiner Frau Inge

meinen Kindern
Nadja und Nikolas

Vorwort des Herausgebers

Der Gegenstand dieses Buchs ist schwierig. Aber leider auch wichtig.

Noch vor wenigen Jahren waren die Architektur und die Implementierungstechnik von Betriebssystemen für den einzelnen, alleinstehenden Rechner keineswegs allgemein bekannter Stand der Kunst, sondern eher Thema der Forschung. Auch mancher große Hersteller „bastelte" hier; und die Folgen hatten Anwendungsprogrammierer und Endbenutzer zu tragen: inkonsistente, kaum zu verstehende Schnittstellen, geringe Zuverlässigkeit, schlechte Wartbarkeit, enorme Kosten bei der Portierung von Software zwischen verschiedenen Rechnersystemen selbst beim gleichen Hersteller. Noch weit schlimmer sah es auf dem Gebiet aus, von dem hier berichtet wird: bei der Basissoftware für verteilte Systeme, also den Netzen aus Rechnern, die jeweils unter ihrem eigenen Betriebssystem laufen, aber trotzdem einer räumlich verteilten Benutzergemeinde eine Reihe von Diensten bereitstellen sollen.

Viel schneller als die angewandte Softwaretechnologie der theoretischen Forschung folgen konnte, innerhalb vielleicht eines halben Jahrzehnts, wurde in der praktischen Datenverarbeitung der Rechnerverbund von der Ausnahme zur Regel. Fast jedes große Rechenzentrum ist heute über öffentliche Datennetze oder private Mietleitungen mit anderen Installationen verbunden. Und in den meisten Organisationen beginnt auf der Basis lokaler Netze die Integration der Textverarbeitung, der kleinen und mittleren Arbeitsplatz- und Abteilungsrechner sowie der verschiedensten Prozeßrechneranwendungen mit den zentralen Großrechnern.

Der Softwareentwickler, der gerade erst gelernt hat, die Basissoftware eines einzelnen Rechners professionell und ingenieurmäßig zu planen, zu realisieren, zu nutzen und zu warten, steht so überraschend vor dem Problem, die Strukturen inhomogener, verteilter Systeme verstehen und beherrschen zu müssen. Versucht er, sich in dieses neue Gebiet einzuarbeiten, muß er feststellen, daß auch die von ihm benötigten Informationen ein „verteiltes System" darstellen: selbst im internationalen Schrifttum finden sich kaum zusammenfassende, wertende und in die Praxis umsetzbare Darstellungen des derzeit vorhandenen theoretischen und empirischen Wissens. Fast alles muß mühsam aus Tagungsberichten, Fachzeitschriften und Kursunterlagen zusammengetragen werden.

Um so wertvoller ist es, daß sich nun ein anerkannter Fachmann eben dieser Mühe unterzogen hat. Das Ergebnis halten Sie in Händen – eine gründliche und fundierte Einführung in all das softwaretechnische Wissen, das Ihnen helfen wird, Software für verteilte Systeme ebenso sicher zu implementieren, wie Sie es heute für ein Einzelsystem können.

Daß „nichts praktischer ist, als eine gute Theorie", weiß niemand besser als der Entwickler und Warter komplexer Systemsoftware. Die Herausgeber freuen sich, mit diesem Buch den Softwarepraktikern diese Theorie in einer Form an die Hand geben zu können, die leicht und sicher in die tägliche Arbeit an und mit verteilten Softwaresystemen umsetzbar ist.

München, im November 1984 Peter Schnupp

Vorwort

Die Konstruktion verteilter Systeme erfordert gut aufeinander abgestimmte Konzepte und Techniken in den Bereichen der lokalen Netze, der Netzwerkbetriebssysteme und der Programmier- und Laufzeitumgebungen für verteilte Anwenderprogrammsysteme.

In diesem Buch wird der Versuch unternommen, aufbauend auf der Technologie heutiger lokaler Netze, erprobte Softwaretechniken zu vermitteln, die sich breit und durchgängig für die stufenweise Realisierung verteilter Systeme eignen. Diese Techniken werden anhand der exemplarischen Implementierung eines Netzwerkbetriebssystems demonstriert.

Viele interessierende Problemkreise können aus Platzgründen nicht diskutiert oder lediglich gestreift werden. Dazu gehören z. B. die Protokollverifikation, das Testen in verteilten Systemen und die Realisierung von Fehlertoleranz mittels verteilter Systeme. Viele dieser nicht behandelten Themenbereiche sind heute noch Gegenstand intensiver Forschung.

Ich hoffe, daß dieses Buch gleichwohl seinen Hauptzweck erfüllt: Praktiker in die Welt der verteilten Systeme und lokalen Netze einzuführen und ihnen mit wenigen, aber allgemein verwendbaren Konzepten und Techniken die Mitarbeit auf diesem interessanten, sich schnell entwickelnden Gebiet zu ermöglichen.

Kaiserslautern, im November 1984 Jürgen Nehmer

Inhaltsverzeichnis

1. Einführung

Unter einem *verteilten System* wird in Anlehnung an Enslow [1.1] und Drobnik [1.2] ein DV-System verstanden, bei dem Daten- und/oder Funktionskomponenten eines Programmsystems auf mehrere, zu einem Netz zusammengeschlossene Rechner *verteilt* sind. Die Knoten des Netzes sind gewöhnlich autonom arbeitsfähige Monoprozessorsysteme mit eigenem Arbeitsspeicher und lokal zugeordneter Peripherie. Die physische Verteilung von Programm- und Datenteilen eines Programms auf mehrere nicht zusammenhängende Speicher autonomer Rechnernetzknoten führt zu einer Dezentralisierung der Kontrollstruktur verteilter Systeme. Sie zeigt sich darin, daß es unmöglich ist, allen Komponenten eines verteilten Systems die identische Sicht auf einen globalen, konsistenten Systemzustand zu vermitteln.

Verteilte Systeme wurden erst mit dem Aufkommen billiger Mikrorechner in der zweiten Hälfte des vergangenen Jahrzehnts wirtschaftlich vertretbar. Sie schufen die Voraussetzungen dafür, daß Systemeigenschaften wie

- Leistungsgewinn durch Parallelarbeit mehrerer Rechner,
- Fehlertoleranz durch redundante Systemauslegung,
- Einfachheit/Übersichtlichkeit und
- bessere Test- und Wartungseigenschaften durch physische Modularisierung

ein höherer Stellenwert beigemessen werden konnte als der optimalen Auslastung von Rechnerkomponenten, durch die Systemkonzepte der Vergangenheit maßgeblich geprägt waren.

Daß die genannten Systemeigenschaften durch verteilte Systemstrukturen tatsächlich verbessert werden, ist zum gegenwärtigen Zeitpunkt freilich noch eine unzureichend bestätigte Hypothese; es gibt noch zu wenig abgeschlossene Implementierungen, die gesicherte Aussagen über den mit verteilten Systemen erzielbaren Gewinn zulassen. Am häufigsten finden sie sich in den Bereichen Büro- und Prozeßautomation. Unter dem Schlagwort „Rechenleistung an den Arbeitsplatz" haben führende Hersteller der kommerziellen DV-Branche bereits Anfang der siebziger Jahre verteilte Systeme für filialartig organisierte Betriebe entwikkelt und eingesetzt. Wichtige Anwender sind hier die Banken. In der Prozeßautomation kam es unter dem Schlagwort „intelligente Frontverarbeitung" zu einer ähnlichen Entwicklung. Hier bietet es sich in vielen Fällen an, die aus einem technischen Prozeß stammenden Signale und Meßwerte vor Ort, d.h. an der Peripherie zum technischen Prozeß, in einem vorgeschalteten Mikrorechner aufzubereiten und ggf. direkt zu verarbeiten. Diese Vorgehensweise führt gewöhnlich zu einer Informationsverdichtung und einer damit schritthaltenden Reduzierung des Kommunikationsaufwandes im System. Gleichzeitig wird die Verfügbarkeit des Gesamtsystems gesteigert, da beim Ausfall nachgeschalteter Rechner durch die Front-End-Rechner ein Mindestmaß an Betriebsbereitschaft aufrechterhalten werden kann.

Im einzelnen gründet sich die Erwartung auf verbesserte Systemeigenschaften durch verteilte Systeme auf die folgenden Argumente:

1) Leistungssteigerung durch Parallelisierung

Die Abwicklung von Teilaufgaben eines Programmes auf autonom arbeitsfähigen Rechnernetzknoten eröffnet grundsätzlich die Möglichkeit, *unabhängige* Teilaufgaben zeitlich parallel abzuwickeln und dadurch selbst bei vergleichsweise leistungsarmen Rechnernetzknoten eine globale Steigerung der Rechenleistung zu erzielen. Voraussetzung für eine effektive Ausnutzung dieser Eigenschaft verteilter Systeme ist eine geeignete Strukturierung der auf ihnen ablaufenden (verteilten) Programme. Programme in verteilten Systemen sind aus diesem Grunde in der Regel *konkurrente Programme.*

Im Gegensatz zu *sequentiellen Programmen* bestehen konkurrente Programme aus mehreren Programmteilen, zwischen denen keine feste Reihenfolge der Bearbeitung vorgeschrieben ist und die deshalb, ist die entsprechende Hardware verfügbar, auch gleichzeitig ausgeführt werden können. Kapitel 4 dieses Buches wird sich mit geeigneten Modellen für konkurrente Programme befassen.

2) Fehlertoleranz durch redundante Systemauslegung

Das Vorhandensein mehrerer, autonom arbeitsfähiger Rechner in einem verteilten System eröffnet grundsätzlich die Möglichkeit der redundanten Haltung von Daten und/oder Programmteilen. Dadurch kann für kritische Daten und Programmteile ein fehlertolerierendes Systemverhalten erzielt werden: der Ausfall eines Rechnernetzknotens kann ohne Verlust der Betriebsbereitschaft des Systems toleriert werden.

3) Abbau der Softwarekomplexität

Ein erheblicher Teil der Software in klassischen, zentralisierten Systemen – vor allem im Betriebssystembereich – wird dafür aufgewendet, die Beschränkungen und Unzulänglichkeiten zentralisierter Rechnerarchitekturen durch geeignete Abstraktionsmechanismen zu überwinden. Diese Abstraktionsmechanismen stellen keine Nutzleistung im eigentlichen Sinne dar, sondern dienen lediglich dem Ziel, Anwenderprogrammen eine Programmumgebung zur Verfügung zu stellen, die weitgehend unabhängig von technologischen Beschränkungen und Unzulänglichkeiten der unterlegten Hardware ist. Diese These sei an drei Beispielen aus dem Betriebssystembereich kurz erläutert:

Beschränkung des Adreßraumes. Das Adressierungsvolumen herkömmlicher zentralisierter Rechnersysteme ist gewöhnlich durch den zugrundeliegenden Adressierungsmechanismus fest vorgegeben. Insbesondere bei reeller Adressierung stellt diese Randbedingung eine erhebliche Einschränkung sowohl für Anwenderprogramme als auch für das Betriebssystem dar. Nahezu alle Betriebssysteme enthalten deshalb Abstraktionsmechanismen, durch die eine künstliche Aufweitung der Adressierungskapazität erreicht wird (z.B. Overlay, Swapping). Bei Rechnern mit erweiterter Adreßbasis besteht zwar die Möglichkeit, ein Vielfaches der Adressierungskapazität als Arbeitsspeicher anzuschließen. Bei einer aktuellen Programmausführung kann jedoch immer nur auf einen Ausschnitt (Fenster, Segment) des gesamten Arbeitsspeichers zusammenhängend zugegriffen werden.

Rechner mit virtuellen Adressierungsmechanismen vermitteln zwar am perfektesten die Illusion einer geringen Speicherbeschränkung, verlangen dafür aber die umso aufwendigere Unterstützung durch Algorithmen in den Betriebssystemen.

Verteilt man dagegen die Betriebssystemprogramme sowie die unter der Regie der Betriebssysteme ablaufenden Programme auf ein Netz von n Rechnern, so steht bei gleichem Adreßraum N pro Rechner der integrale Adreßraum n*N im System zur Verfügung. Durch eine mehr oder weniger ausgeprägte Verteilung kann n und damit die Größe des systemweiten Adreßraumes in weiten Grenzen variiert und gegebenen Anforderungen angepaßt werden.

Diese Möglichkeit der Anpassung des Adressierungsvolumens an vorgegebene Anwendungen legt es nahe, in verteilten Systemen ganz auf Speicherabstraktionsmechanismen zu verzichten und stattdessen im Netz genügend Arbeitsspeicher zur residenten Haltung des Betriebssystems sowie aller kurzlebigen Daten und Anwenderprogramme vorzusehen. Die sinkenden Kosten für Halbleiterspeicher unterstützen diese Tendenz.

Betriebsmittelauslastung. Ein erheblicher Aufwand in gegenwärtigen Betriebssystemen wird durch die Strategie der möglichst optimalen Auslastung aller Rechnerkomponenten wie Prozessor, Speicher, Ein-/Ausgabegeräte usw. verursacht. Die Folge sind verschiedene Formen des Mehrprogrammbetriebs. Durch geeignete Scheduling-Algorithmen wird eine Mischung von Anwenderprogrammen mit unterschiedlichen Anforderungen an Rechenzeit, Speicherbedarf, Ein-/Ausgabegeräte usw. so ausgewählt, daß es zu einer möglichst hohen Auslastung aller Rechnerkomponenten kommt.

Verteilte Systeme bieten alternativ die Möglichkeit, einen Mehrprogrammbetrieb durch mehrere, ggf. auf unterschiedliche Aufgabenklassen spezialisierte Knotenrechner im Netz zu realisieren, pro Rechner aber einen simplen Monoprogrammbetrieb durchzuführen. Komplizierte Scheduling-Algorithmen können dann unter Verzicht auf eine hohe Auslastung von Rechnerkomponenten entfallen.

Auf eine einfache Formel gebracht, bedeutet diese Vorgehensweise, daß teure und fehleranfällige Software durch den replikativen Einsatz billiger, schlecht ausgenutzter Hardware ersetzt wird.

Schutzmaßnahmen. Erhebliche Probleme bei der Organisation des Mehrprogrammbetriebs zentralisierter Rechnersysteme entstehen durch notwendige Schutzmaßnahmen, die eine gegenseitige Störung von Anwenderprogrammen und Betriebssystemprogrammen unterbinden sollen. Da nur ein gemeinsamer Arbeitsspeicher existiert, müssen insbesondere Zugriffe eines Programms auf Speicherbereiche eines anderen verhindert werden. Dazu sind besondere hardwaregestützte Speicherschutzmechanismen erforderlich, die durch das Betriebssystem zu verwalten sind.

Durch eine Verteilung der Programme auf Knotenrechner wird ohne Zusatzmaßnahmen eine wirksame Abschottung erreicht.

Diese Aufzählung ist keineswegs vollständig und hatte lediglich den Zweck, die Rede von „Abstraktionsmechanismen" als der Ursache vermeidbarer Komplexität in zentralisierten Rechensystemen zu präzisieren.

4) Verbesserung der Test- und Wartungseigenschaften
Die Hoffnung auf eine Verbesserung der Test- und Wartungseigenschaften von Programmen gründet sich auf die physische Modularisierung verteilter Programme. Da in sich abgeschlossene Funktionskomponenten einem Netzknoten fest zugeordnet sind, kann ihr Test in ähnlicher Weise durchgeführt werden wie der Test einer Hardwareeinheit. Testmuster werden über die dafür vorgesehene Kommunikations-Ein-/Ausgabe-Schnittstelle eingegeben und die äußere Reaktion des Moduls an der Kommunikations-Ein-/Ausgabe-Schnittstelle beobachtet.

Bei auftretenden Fehlern kann die oft schwer diagnostizierbare Fehlerursache durch einfachen Austausch des gesamten Netzknotens eingekreist werden: wiederholt sich nach dem Auswechseln der Fehler, so kann mit großer Sicherheit auf einen Softwarefehler geschlossen werden; im anderen Falle liegt ein Hardwaredefekt vor.

Hauptanliegen dieses Buches ist es, eine leicht verständliche Konstruktionssystematik für verteilte Programme vorzustellen und dadurch Anwender wie Experimentatoren zu ermutigen, diese neue Technologie zu erproben. Es ist meine feste Überzeugung, daß ohne eine breit angelegte und intensive Experimentierphase alle gegenwärtig geführten Diskussionen über die Tauglichkeit verteilter Systeme spekulativen Charakter haben.

Die in diesem Buch entwickelten Konstruktionstechniken für verteilte Systeme führen die drei Wissens- und Arbeitsgebiete

- konkurrente Programme und ihre Ausdrucksformen,
- Kommunikationstechnologie und Protokolle,
- Betriebssysteme

zusammen.

Das Buch ist so aufgebaut, daß elementare Grundkenntnisse in der Informatik, aber keine Spezialkenntnisse vorausgesetzt werden.

In *Kapitel 2* wird zunächst eine moderne, auf dem Konzept der abstrakten Datentypen basierende Beschreibungsmethode eingeführt. Sie ist Hilfsmittel für alle Algorithmen, die im Verlauf des Buches entwickelt und diskutiert werden.

In *Kapitel 3* werden die Grundlagen der nichtsequentiellen Programmverarbeitung zusammenfassend dargestellt. Es wird der Prozeßbegriff eingeführt, und es werden die Grundmechanismen zur Kooperation gekoppelter Prozesse dargestellt.

In *Kapitel 4* werden alternative Modelle für konkurrente Programme vorgestellt und im Detail diskutiert.

In *Kapitel 5* wird als Grundlage einer stufenweisen Realisierung verteilter Systeme das OSI-Referenzmodell vorgestellt.

In *Kapitel 6* wird der Protokollbegriff vertieft und eine einfache Methode zur Protokollspezifikation angegeben.

Kapitel 7 beschäftigt sich mit der ‚Physik' verteilter Systeme. Es werden die wichtigsten Netztopologien für lokale Rechnernetze sowie die zugrundeliegenden Datenübertragungstechniken vorgestellt.

Als prominentes Beispiel eines lokalen Netzes wird in *Kapitel 8* das Ethernet detailliert vorgestellt.

Kapitel 9 und *Kapitel 10* behandeln die Implementierung verteilter Systeme von Grund auf: In Kapitel 9 wird der Aufbau von Betriebssystemkernen für Knotenbetriebssysteme als Basis für verteilte Anwendungen demonstriert, in Kapitel 10 auf die Protokollimplementierung als Grundlage der Konstruktion höherer Schichten eines verteilten Programmes eingegangen.

Kapitel 11 schließt mit einer Übersicht über käufliche Netzwerkbetriebssysteme.

Literatur

[1.1] P. H. Enslow: What is a „Distributed" Data Processing System?, Computer 11, 13–21 (1978)
[1.2] O. Drobnik: Verteiltes DV-System, Informatik-Spektrum 4, 274–275 (1981)

2. Beschreibungsmethodik

Der Aufbau konkurrenter, verteilter Programmsysteme basiert auf einer großen Zahl fundamentaler Konzepte, die in den vergangenen zwanzig Jahren entwikkelt wurden. Für ein systematisches Eindringen in dieses Fachgebiet bedarf es einer geeigneten Beschreibungsmethode zur Darstellung solcher Konzepte. Sie muß es einerseits gestatten, Algorithmen in der gewünschten Präzision zu formulieren; andererseits sollte sie sich auch dazu eignen, strukturelle Zusammenhänge in übersichtlicher Form auszudrücken und – in Abhängigkeit von der Betrachtungsebene – von unwichtigen Details zu abstrahieren.

Durch existierende Programmiersprachen wird dieses Ziel nicht erreicht. Sie zwingen alle dazu, eine Vielzahl unwichtiger Detailinformationen anzugeben, und sind oft beschränkt in ihren Fähigkeiten, komplexere Strukturierungszusammenhänge auszudrücken. Das Fehlen einer geschlossenen, allen Anforderungen gerecht werdenden Beschreibungsmethodik für konkurrente Programme ist ein Anzeichen dafür, daß sich dieses Gebiet noch stark in der Entwicklung befindet. Erst in einigen neueren Programmiersprachen wie `Concurrent Pascal` [2.1], `Modula` [2.2] oder `Ada` [2.3] werden jüngste Erkenntnisse in der Strukturierung konkurrenter Programme in geeignete Sprachkonstruktionen umgesetzt.

Hier soll deshalb ein anderer Weg beschritten werden: Die Beschreibung der Software erfolgt im Stil einer Programmiersprache, aber ohne den Grad an Vollständigkeit und Detailgenauigkeit, wie ihn diese erfordern, zwingend vorzuschreiben. Nachfolgend werden die wesentlichen Sprachelemente dieser Beschreibungsmethodik eingeführt und durch Beispiele erläutert. Im weiteren Verlauf werden dann nach Bedarf passende Erweiterungen definiert, durch die zu diesem Zeitpunkt noch nicht eingeführte Strukturierungskonzepte bequem ausgedrückt werden können. Elemente der Syntax werden von `Pascal` und `Concurrent Pascal` entliehen.

2.1 Elemente der Softwarestrukturierung

Der hier einzuführenden Beschreibungsmethodik liegt die abstrakte Vorstellung zugrunde, daß ein betrachtetes Programmstück aus einer Reihe vereinbarter *Objekte* mit darauf definierten *Operationen* besteht. Im einfachsten Falle sind Objekte elementare Daten (wie z.B. `integer`-Variable) und Operationen elementare Anweisungen. Die Verallgemeinerung des Objektbegriffes gestattet es jedoch, durch Zusammenfassung von elementaren Daten, bzw. Daten und Operationen, nach vorgegebenen Regeln neue komplexe Objekte zu definieren und diesen bestimmte Bedeutungen zuzuordnen. Auf dieser Idee basiert die hier vorgestellte Beschreibungsmethode. Sie gewährleistet, daß strukturelle Zusammenhänge in der Software auf einem der Betrachtungsebene angepaßten Abstraktionsniveau beschrieben werden können. Durch die Auftrennung eines Objekts in einen *Objekttyp* und einen *Objektnamen* lassen sich ferner bequem Systeme beschreiben, in denen mehrere Objekte desselben Typs existieren. Grundsätzlich werden drei Klassen von Objekttypen unterschieden: elementare Datentypen, zusammengesetzte Datentypen und die durch Zusammenfassung von Daten und Operationen gebildeten *Formationen.* Der Begriff der Formation wird hier als Verallgemeinerung der abstrakten Datentypen [2.4] benutzt. In den nachfolgenden Abschnitten werden schrittweise die Elemente der Beschreibungssprache eingeführt. In spitzen Klammern < > werden syntaktische Variable eingeschlossen, während geschweifte Klammern {} syntaktische Einheiten bezeichnen, die in der angegebenen Konstruktion in n Wiederholungen auftreten können (n≥1). Kommentare werden in geschweiften Klammern eingeschlossen.

2.1.1 Datentypen

Elementare Datentypen sind z. B.

```
integer
boolean
pointer
char (<zeichenkettenlänge>)
```

sowie die durch Aufzählung aus gleichartigen Elementen gebildeten Skalartypen, z. B.

```
(gelb, blau, rot, grün)
```

Zusammengesetzte Datentypen sind z. B.

```
array [<feldgrenzen>] of <datentyp>;
queue of <datentyp>;
set of <datentyp>;
structure {<Datenname>: <Datentyp>;} end;
```

wobei <Datentyp> ein elementarer oder zusammengesetzter Datentyp sein kann. Beispiele für zusammengesetzte Datentypen sind

```
array [1:10] of integer;
queue of pointer;
set of status;
structure
    count: integer;
    link:  pointer;
end;
```

Datentypen kann ein eigener Typenname in folgender Form zugewiesen werden:

```
<Datentypname>=<Datentyp>;
```

Beispiele:

```
farbe=(gelb, blau, rot, grün);
statusset=set of status;
listelement=structure
                count: integer;
                link:  pointer;
            end;
```

Datenobjekte werden in folgender Form deklariert:

```
<datenname>:<datentypname>;
```

Beispiele:

```
zaehler: integer;
ready_liste: queue of listelement;
```

2.1.2 Operationen

Operationen können elementare Anweisungen der Form

```
<datenname>:=<Berechnungsvorschrift>;
```

oder Anweisungsgruppen der Form

```
do <anweisungsfolge> end;
```

oder Kontrollanweisungen

oder Funktions- und Prozeduraufrufe

oder Klartexte sein.

Beispiele für elementare Anweisungen sind:

```
a:=3;
c:=a+b;
```

Beispiel für eine Anweisungsgruppe ist:

```
do
a:=3;
c:=a+b;
end;
```

Beispiele für Funktions- und Prozeduraufrufe sind:

```
vertausche (x,y);
z:=wurzel(x); {Funktionsprozedur}
```

Beispiele für Anweisungen in Klartext sind:

```
x:=wurzel aus y;
ordne alle elemente von liste nach priorität;
erhöhe zähler x um 3;
```

Klartextanweisungen können damit zur Formulierung jeder beliebig komplexen Berechnungsvorschrift verwendet werden, auf deren detaillierte Beschreibung verzichtet wird.

Für die Darstellung des Kontrollflusses werden folgende Anweisungen benutzt:

```
if <boolescher ausdruck> then <anweisung> else <anweisung>;
while (<boolescher ausdruck>) do <anweisungsfolge> end;
loop do <anweisungsfolge> end until (<boolescher ausdruck>);
for <schleifenzähler>:=<anfangswert< to <endwert>
   do <anweisungsfolge> end;
case (<ausdruck>) do
    {<wert des ausdrucks>:<anweisung>;}
                 end;
```

Beispiele für Kontrollanweisungen sind:

```
while (x<10000)
     do
     x:=x+x*y;
     end;
```

oder

```
x:=20;
loop do
    x:=x-x*y;
    end until (x<0);
```

oder

```
for k=1 to n
    do
    feld[k]:=0;
    end;
```

oder

```
x,y,z: boolean;
  .
  .
  .
  .
case (x & (yvz))
        do
        false: z:=false;
        true: do x:=true; y:=false end;
        end;
```

Der **until**-Zweig in der **loop**-Anweisung kann auch fehlen. In diesem Fall handelt es sich um eine Schleife ohne Abbruch.

2.1.3 Formationen

Formationen sind komplexe Objekttypen, die durch Zusammenfassung von Daten und Anweisungen gebildet werden.

Die einfachste und wohl bekannteste Formation ist die Prozedur. Sie hat gewöhnlich die Form

```
procedure (<parameterliste>)
<deklarationsteil>
do
<anweisungsteil>
end;
```

Die Parameterliste enthält für jeden formalen Parameter Namen und Typ. Außerdem wird durch das Schlüsselwort **result** gekennzeichnet, ob ein Parameter auch zur Ablage eines Resultats dient. Der untenstehende Prozedurtyp vertauscht zwei Zahlen A und B.

```
procedure (result a: integer, result b: integer)
c: integer;
do
c:=a;
a:=b;
b:=c;
end;
```

Funktionsprozeduren haben folgende allgemeine Form:

```
procedure (<parameterliste> returns (<datentyp>)
<deklarationsteil>
do
<anweisungsteil>
end;
```

Vor der Rückkehr aus der Prozedur muß ihr mittels eines **return**-Anweisung ein Wert zugewiesen werden. Der folgende Typ einer Funktionsprozedur bestimmt den Absolutwert |x| einer **integer**-Zahl x.

```
procedure (x: integer) returns (integer)
abs: integer;
do
if x < 0 then abs:=-x
          else abs:=x;
return (abs);
end;
```

Die innerhalb von Prozeduren vereinbarten Variablen sind lokal, und deshalb außerhalb der Prozedur nicht bekannt. Bezüglich der Gültigkeitsdauer gelten die üblichen Konventionen für Prozeduren: die lokalen Variablen einer Prozedur sind erst bei Prozedureintritt definiert und verlieren nach Prozeduraustritt ihre Gültigkeit. Dies ermöglicht die dynamische Allokation der Variablen zur Laufzeit. Bei Anwendung dieses Organisationsprinzips (bei höheren Sprachen durch den Compiler) können mehrere Aktivierungen derselben Prozedur zeitlich nebeneinander existieren. Man spricht dann auch von der Reentrant-Eigenschaft einer Prozedur. Sie spielt bei allen Formen der asynchronen Programmverarbeitung, wie sie häufig in Betriebssystemen anzutreffen ist, eine große Rolle.

Eine komplexe Formation ist die Class. Sie faßt Daten mit den darauf definierten Operationen zu einer in sich abgeschlossenen Einheit zusammen. Die allgemeine Form einer Class ist:

```
class (<parameterliste>)
<globaler deklarationsteil>
 ⎧ <entryname>: entry (<parameterliste>) ⎫
 ⎪ <lokaler deklarationsteil>            ⎪
 ⎨ do                                    ⎬
 ⎪ <anweisungsteil>                      ⎪
 ⎩ end;                                  ⎭
begin
<lokaler deklarationsteil>
do
<initialisierung>
end;
end;
```

Während für die im lokalen Deklarationsteil jeder Zugriffsoperation vereinbarten Variablen dieselben Konventionen bezüglich ihrer Gültigkeit wie bei Prozeduren gelten, überdauern die Daten im globalen Deklarationsteil Aufrufe von Funktionen der Class.

Die Class-Konstruktion gestattet es, Programmsysteme nach dem Geheimnisprinzip (Information Hiding) zu strukturieren: in sich abgeschlossene Funktionskomponenten können von außen benutzt werden, ohne daß dazu die Kenntnis der Struktur von Daten und Algorithmen erforderlich ist. Die Class „kapselt“ diese Details „ein“.

In dem nachfolgenden Beispiel ist eine Class mit drei Zugriffsoperationen dargestellt, durch die eine Arithmetik für komplexe Zahlen definiert wird. Ihr wurde der selbstgewählte Typenname `komplex` zugewiesen.

```
komplex = class
          r,i: real;
          add: entry (w,z: komplex)
          do
          r:=w.r+z.r;
```

```
        i:=w.i+z.i;
        end;

        mul: entry (w,z: komplex)
        do
        r:=w.rxz.r-w.ixz.i;
        i:=w.rxz.i+w.ixz.r;
        end;

        init: entry (a,b: real)
        do
        r:=a;
        i:=b;
        end;

        begin
        do
        r,i:=0;
        end;
end;
```

In dem folgenden Beispiel wird die Benutzung dieser Class demonstriert. Es werden drei komplexe Variable A, B, C deklariert, den Variablen A, B wird ein Anfangswert zugewiesen und es wird die Summe von A und B gebildet.

```
a,b,c: komplex;
a,b,c; {Initialisierung der Classen}
a.init (1,3); {Wertezuweisung}
b.init (2,0); {Wertezuweisung}
c.add (a,b); {Addition}
```

An dem Beispiel wird deutlich, daß der Typ `komplex` selbst wieder als Parametertyp in den Operationen der Class auftreten kann. Der Zugriff auf die Datenelemente des Parameters erfolgt über einen qualifizierten Namen. Ebenfalls über einen qualifizierten Namen der Form

```
<name eines class-objektes>. <operationsname> (<parameterliste>)
```

werden die Zugriffsprozeduren einer Class aufgerufen. Für die Zuweisung eigener Typennamen und die Vereinbarung von Objekten eines bestimmten Formationstyps gelten dieselben Regeln wie für elementare und zusammengesetzte Datentypen. Die Zuweisung eines eigenen Typennamens ist jedoch nur dann sinnvoll, wenn mehr als ein Objekt des Typs erzeugt wird. Dies ist z. B. bei Reentrantprozeduren sinnlos, bei denen die Objekte identisch sind.

Auf die Einführung weiterer Formationen soll hier zunächst verzichtet werden. Das Konzept der Formation wird jedoch später benutzt werden, um die jeweils geeignete Beschreibungsebene für die Darstellung komplexer Zusammenhänge in den diskutierten Programmsystemen zu wählen.

2.1.4 Das Rechnen mit Pointern

Die Organisation komplexer Datenstrukturen erfolgt in systemnahen Programmen oft durch verkettete Listen, die ein Rechnen mit Adressen erfordern.

Variablen des Typs **pointer** muß zu diesem Zweck eine Adresse zugewiesen werden können. Wir tun das in der Form

```
<pointervariable>:=addr (<objektname>);
```

Beispiel:

```
ref: pointer;
  .
  .
  .
ref:=addr (zaehler);
```

Der Zugriff zu Daten über Pointer (Referenzvariable) erfolgt in der Form

```
<pointervariable>:=addr(<objektname>);
```

Beispiel:

```
element = structure
                 first: pointer;
                 count: integer;
          end;

zaehler: integer;
ref1,ref2,ref3: pointer;
ref3:= nil; {null-pointer}
ref1→ element.first:= ref3;
ref2:= addr (zaehler);
ref2:= ref2→+1; {erhöhe zaehler um 1}
```

Damit sind die wesentlichen Elemente der Programmbeschreibungsmethodik eingeführt. Wegen der Unvollständigkeit des Sprachgerüstes gilt für alle in den nachfolgenden Beispielen skizzierten Programmstrukturen, daß sie in der Regel nur zusammen mit dem begleitenden Text verständlich sind.

2.2 Beispiel einer verzeigerten Liste

Zur Demonstration der im vorangegangenen Abschnitt eingeführten Beschreibungsmethodik wird abschließend ein komplexeres Beispiel behandelt. Es soll ein Formationstyp zur Organisation prioritätsgeordneter Warteschlangen entwickelt werden. Abbildung 2.1 zeigt die Struktur der Warteschlange in Form einer einfach verzeigerten Liste (eine erschöpfende Diskussion von Datenstrukturen findet sich in [2.5, 2.6, 2.7, 2.8, 2.9]).

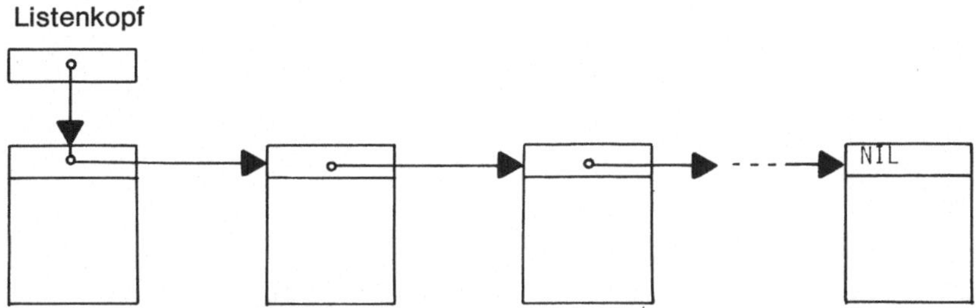

Abb. 2.1. Struktur einer einfach verzeigerten Liste

Jedes Element der Liste habe folgende Struktur:

```
eltpy = structure
             next: pointer; {zeiger auf nächstes element}
             prio: integer; {priorität}
             rest: info;    {mitgeführte information}
        end;
```

Zur Verwaltung der Warteschlange werden die zwei Funktionen put_prio und get_first benötigt, durch die ein Element entsprechend seiner Priorität in die Liste eingekettet bzw. das oberste Element aus der Liste ausgekettet wird.

Die Formation hat folgenden Aufbau:

```
class
list: pointer; {Listenkopf}

put_prio: entry (element: pointer)
pred,succ: pointer;
do
succ:=list;
pred:=addr (list);
while ((succ≠nil) &
      (element → eltyp.prio >= succ → eltyp.prio))
      do
      pred:= succ;
      succ:= succ → eltyp.next;
      end;
element → eltyp.next:= succ;
pred → eltyp.next:= element;
end;
```

```
get_first: entry (result element: pointer)
do
element:= list;
if element ≠ nil then list := element → eltyp.next;
end;

begin
do
list:= nil;
end;
end;
```

Die Parameter beider Zugriffsfunktionen sind Pointer, die auf Datenstrukturen vom Typ `eltyp` verweisen.

Literatur

[2.1] P. Brinch Hansen: The Programming Language CONCURRENT PASCAL, IEEE Transactions on Software Engineering 1, No. 2 (1975)
[2.2] N. Wirth: MODULA: A Language for Modular Multiprogramming, Software-Practice and Experience 7, 3–35 (1977)
[2.3] Reference Manual for the ADA Programming Language, United States Department of Defense, Feb. 1981
[2.4] B. H. Liskov, S. N. Zilles: Programming with Abstract Data Types, Proc. ACM SIGPLAN Conf. on Very High Level Languages, Sigplan Notices 9, 50–59 (1974)
[2.5] E. Denert, R. Frank: Datenstrukturen, Reihe Informatik Band 22, BI Mannheim, Wien-Zürich (1977)
[2.6] D. E. Knuth: The Art of Computer Programming, Vol. 3: Sorting and Searching, Addison-Wesley Publishing Company, Massachusetts (1973)
[2.7] H. Maurer: Datenstrukturen und Programmierverfahren, Teubner Studienbücher/Informatik, Stuttgart (1974)
[2.8] H. Wettstein: Systemprogrammierung, Carl Hanser Verlag, München (1972)
[2.9] N. Wirth: Algorithmen und Datenstrukturen, Teubner Studienbücher/Informatik, Stuttgart (1975)

3. Grundlagen der nichtsequentiellen Programmverarbeitung

Ziel dieses Kapitels ist es, den Prozeßbegriff schrittweise einzuführen und die grundlegenden Prinzipien der Synchronisation gekoppelter Prozesse darzulegen. Die hier vermittelten Kenntnisse stellen weitgehend Basiswissen der Informatik dar, das entscheidend durch Arbeiten von DIJKSTRA [3.1] und BRINCH HANSEN [3.2] beeinflußt wurde. Der mit diesem Arbeitsgebiet hinreichend vertraute Leser kann dieses Kapitel überspringen.

Rechenvorgänge in DV-Systemen sind bekanntlich aus einer Vielzahl elementarer Rechenschritte, den *Operationen,* zusammengesetzt. Für das Verständnis des dynamischen Verhaltens von Programmen in Rechensystemen ist es deshalb wichtig, die Gesetzmäßigkeiten zu kennen, die bei einem geordneten Zusammenwirken vieler Operationen zu beachten sind.

Ausgehend vom Begriff der Operation, wird im folgenden zunächst die „sequentielle Berechnung" eingeführt, aus der der Begriff des sequentiellen Prozesses abgeleitet wird. Anschließend wird das Verhalten koexistierender Prozesse studiert. Für alle praktischen Anwendungen besonders wichtig sind koexistierende Prozesse, die über gemeinsam benutzte Information gekoppelt sind. Sie verlangen in der Regel ein durch Synchronisationsmechanismen erzwungenes koordiniertes Vorgehen der beteiligten Prozesse.

Die Prinzipien der Prozeßsynchronisation werden am Ende dieses Kapitels ausführlich behandelt.

3.1 Operationen

Es soll in diesem Abschnitt zunächst der Begriff der Operation präzisiert werden. Dies erweist sich bei einiger Überlegung als schwieriger als zunächst vermutet. Folgendes Beispiel mag dies demonstrieren:

Gegeben sei ein beliebiges Programm in einer höheren Programmiersprache, zum Beispiel `Pascal`. Aus Sicht des `Pascal`-Programmierers ist es naheliegend, eine `Pascal`-Zeile, etwa

```
a := 2 * (x+y);
```

als kleinste Einheit aufzufassen, aus der das Programm aufgebaut ist. Das in Maschinensprache übersetzte Programm enthält jedoch gewöhnlich anstelle jeder Anweisung einer `Pascal`-Zeile eine Sequenz von primitiveren Maschineninstruktionen, im vorliegenden Fall z.B.

```
ld x r1; {x → register r1}
ad y r1; {r1 + y → r1}
ml 2 r1; {2 * r1 → r1}
```

Die Ausführung jeder Maschineninstruktion geschieht heute üblicherweise mittels Mikroprogrammen, die jede Instruktion durch eine Sequenz primitiverer Mikroinstruktionen interpretieren. Den geschilderten Sachverhalt gibt Abb. 3.1 wieder.

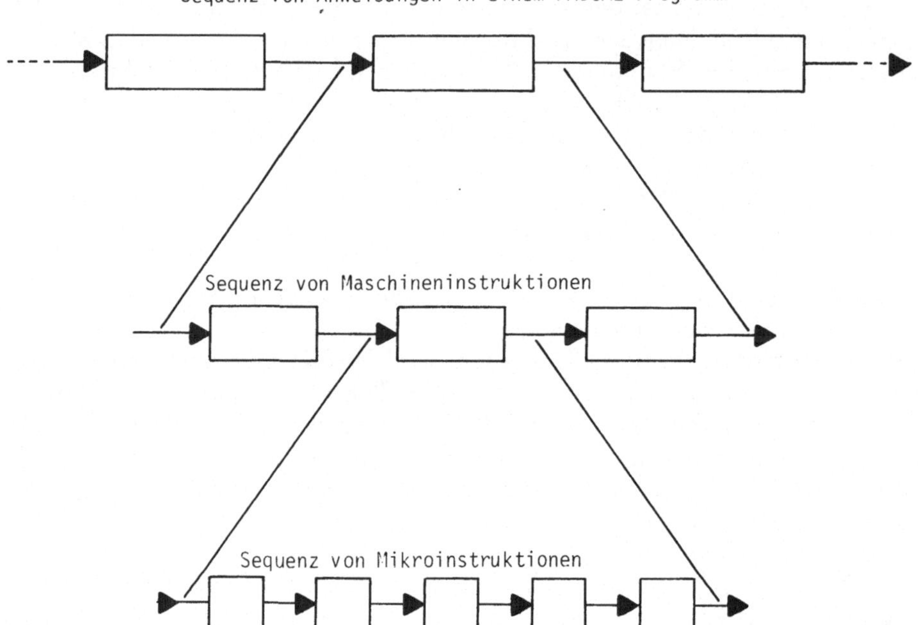

Abb. 3.1. Granularität von Operationen auf unterschiedlichen Betrachtungsniveaus eines Programmes

Die Frage, welche Ausführungseinheit als elementar anzusehen ist, hängt also von der *Betrachtungsebene* ab. Der Pascal-Programmierer sieht die Anweisungen seines Pascal-Programmes als kleinste Einheiten an, der Übersetzerbauer die Maschineninstruktionen und der Rechnerarchitekt die Mikroinstruktionen. Diese Diskussion zeigt, daß es notwendig ist, den Operationsbegriff unabhängig von der Mächtigkeit einer Operation und ihrer Realisierung in Hard-, Firm- oder Software anhand bestimmter mathematischer Eigenschaften zu definieren.

Die nachfolgende Definition stammt sinngemäß von Brinch Hansen [3.2]:

(3–1)

Eine *Operation* meint danach eine Vorschrift zur Bestimmung der Werte eines endlichen Datensatzes, der Ausgabedaten (Resultat), aus einem anderen endlichen Datensatz, den Eingabedaten. Eine Operation liefert bei vorgegebenen Eingabedaten unabhängig von der unbestimmten, aber endlichen Ausführungszeit, immer dasselbe Resultat. Diese Eigenschaft wird auch *Reproduzierbarkeit* genannt.

Die Eigenschaft der Reproduzierbarkeit bedeutet *zeitunabhängiges* oder *funktionales* Verhalten einer Operation: bei vorgegebenen Eingabedaten wird ein bestimmtes Resultat unabhängig vom Zeitpunkt der Aktivierung einer Operation und der Operationsgeschwindigkeit erzeugt. Abbildung 3.2 zeigt die symbolische Darstellung einer Operation mit den Zugriffspfaden zu den Ein- und Ausgabedaten. Diese symbolische Darstellung wird nachfolgend benutzt, um aus mehreren Operationen zusammengesetzte Berechnungen graphisch darzustellen.

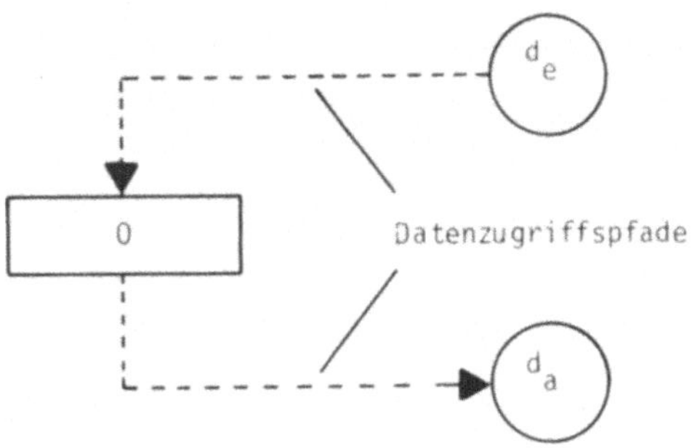

O Operation O

d_e Eingabedatensatz

d_a Ausgabedatensatz (Resultat)

$$d_a = O\,(d_e)$$

Abb. 3.2. Darstellung einer Operation

Eine letzte wichtige, hier vorausgesetzte Eigenschaft von Operationen resultiert aus der unkoordinierten, zeitlich überlappten Ausführung von Operationen, die auf dieselben Ein- und Ausgabedaten zugreifen. Abbildung 3.3 zeigt über einer Zeitachse aufgetragen den Zeitbedarf zweier Operationen O_1 und O_2, die den Datensatz d als Quelle und Senke ihrer Ein- und Ausgaben benutzen.

Es sei angenommen, daß der Wert von d zum Zeitpunkt der Initialisierung von O_1 $W_1'(d)$ sei und daher mit der vorher definierten Eigenschaft der Reproduzierbarkeit als Ergebnis immer $W_1(d)$ resultiert.

Es stellt sich sofort die Frage, welchen Wert die Operation O_2 zum Zeitpunkt ihrer Initiierung vorfindet. Da die Operationen nicht in einer unendlich kurzen Zeit ablaufen, kann grundsätzlich nicht sichergestellt werden, daß zum Zeit-

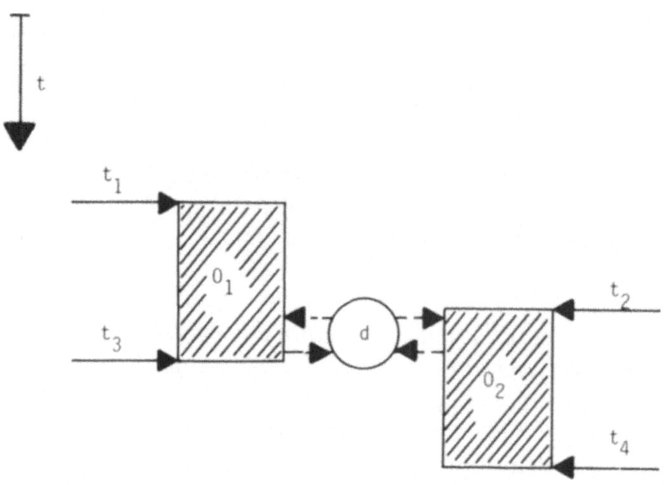

Abb. 3.3. Zeitlich überlappte Ausführung von Operationen

punkt t_2 der Wert von d entweder W_1' oder W_1 ist. Vielmehr besteht auch die Chance, daß d zu diesem Zeitpunkt einen undefinierten Zwischenwert W_{u1} aufweist, der mit Abschluß der Operation O_1 in einen gültigen Wert überführt wird.

Die Initiierung einer Operation O_2 mit einem undefinierten, d. h. im Zustandsraum aller erlaubten Wertekombinationen nicht vorgesehenen Wert W_{u1} führt offenbar zu einem undefinierten Wert W_{u2}, d. h. die Daten geraten in Unordnung. Die Diskussion dieses Problems soll zunächst verschoben werden, bis ein weiteres, aus Abb. 3.3 ersichtliches erörtert ist.

Angenommen, die Operation O_2 wird mit dem gültigen Wert $W_1(d)$ initiiert. Mit der vorher definierten Eigenschaft der Reproduzierbarkeit müßte dann immer der Wert W_2 als Ergebnis der Operation auftreten. Nun kann aber wegen der unbestimmten Geschwindigkeit der Operationen nicht sichergestellt werden, daß die Operation O_1 nicht Ausgabewerte der Operation O_2 nachträglich überspeichert. Das bedeutet, daß das Ergebnis der Ausführung von O_2 mit einem gültigen Eingabewert W_1 des Datensatzes nicht W_2 ist (was zu erwarten war), sondern der undefinierte Wert W_{u2}. Dies widerspricht aber der vorausgesetzten Eigenschaft der Reproduzierbarkeit von Operationen.

Beide Probleme zeigen, daß beim Zugriff von Operationen auf dieselben Daten offenbar eine zusätzliche Bedingung erfüllt sein muß, damit die geforderte Eigenschaft der Reproduzierbarkeit erhalten bleibt. Diese zusätzliche Bedingung wird als *Unteilbarkeitsbedingung* bezeichnet. Sie lautet:

> Operationen, die auf dieselben Daten zugreifen, schließen einander zeitlich aus, d. h. zu einem Zeitpunkt kann immer nur eine Operation auf den Daten ausgeführt werden.

Wie diese Unteilbarkeit realisiert wird, interessiert bei der Beschreibung der äußeren Eigenschaften von Operationen zunächst nicht.

3.2 Berechnungen

In diesem Abschnitt beschäftigen wir uns mit Berechnungen, die durch sequentielle Zusammensetzung mehrerer Operationen entstehen.

(3–2)

Unter einer *Berechnung* verstehen wir dabei eine endliche, strikt sequentiell ausführbare Menge von Operationen, die auf einer endlichen Datenmenge definiert ist.

Der sequentielle Kontrollfluß durch die Menge aller Operationen einer Berechnung ist graphisch in Abb. 3.4 dargestellt.

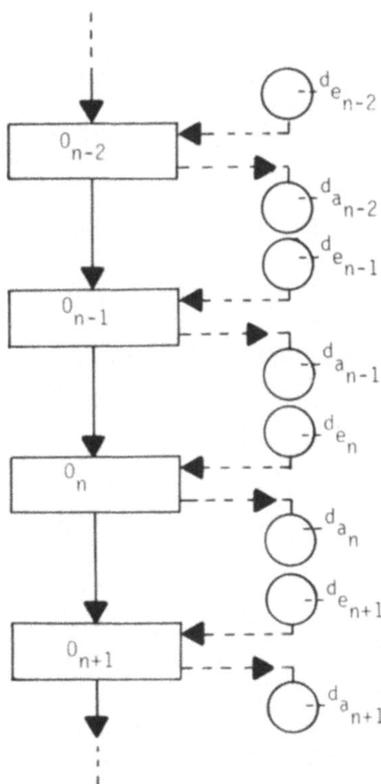

Abb. 3.4. Sequentieller Kontrollfluß innerhalb einer Berechnung

Die durchgezogenen Kanten der Abb. 3.4 stellen – im Gegensatz zu den gestrichelt dargestellten Datenzugriffspfaden – den Kontrollfluß dar, der die Operationen einer Berechnung verknüpft.

Angesichts der in Abschnitt 3.1 dargestellten Problematik unterschiedlicher Betrachtungsebenen interessiert die Frage, unter welchen Bedingungen eine Berechnung c die Eigenschaften einer Operation besitzt, d.h. aus höherer Sicht als *eine* zeitunabhängige Operation aufgefaßt werden kann.

Betrachten wir zunächst den trivialen Grenzfall, daß eine Berechnung exakt aus einer Operation besteht. In diesem Fall besitzt die Berechnung dieselben Eigenschaften wie die Operation, aus der sie gebildet wird: die Eigenschaft der Zeitunabhängigkeit gilt also auch für die Berechnung.

Besteht eine Berechnung jedoch aus mehr als einer Operation, dann gelten andere Gesetzmäßigkeiten. Anhand eines einfachen, in Abb. 3.5 dargestellten Beispiels soll dieser Sachverhalt erläutert werden:

Gegeben sei eine Berechnung A, die aus den drei Operationen

```
1. hole operanden y ← x (oa1)
2. berechne y := y + 1 (oa2)
3. speichere resultat y → x (oa3)
```

besteht. In einer weiteren unabhängigen Berechnung B wird x in ähnlicher Weise um 2 erhöht:

```
1. hole operanden z ← x (ob1)
2. berechne z := z + 2 (ob2)
3. speichere resultat z → x (ob3)
```

y und z sind interne Variable der Berechnungen A und B.

Angenommen, x habe vor Ausführung von A und B den Wert $x = W$. Hat x unabhängig von der Geschwindigkeit von A und B immer den Wert $x = W + 3$ nach Ausführung von A und B?

Nachfolgend sind vier kombinatorisch gebildete Abläufe a, b, c und d wiedergegeben, die unterschiedliche zeitliche Verzahnungen der Operationen $O_{A1} \ldots O_{A3}$ und $O_{B1} \ldots O_{B3}$ darstellen:

a	**b**	**c**	**d**
O_{A1}	O_{B1}	O_{A1}	O_{B1}
O_{A2}	O_{A1}	O_{B1}	O_{B2}
O_{A3}	O_{B2}	O_{A2}	O_{B3}
O_{B1}	O_{A2}	O_{B2}	O_{A1}
O_{B2}	O_{B3}	O_{A3}	O_{A2}
O_{B3}	O_{A3}	O_{B3}	O_{A3}

In den Fällen a und d wird tatsächlich das korrekte Resultat $x = W + 3$ durch die Berechnungen A und B erzeugt. Im Fall b dagegen liefern die Berechnungen das Resultat $x = W + 1$; im Fall c ergibt sich für x der Wert $W + 2$.

Diese Fallstudie läßt zunächst die Aussage zu, daß eine beliebige, aus mehreren Operationen zusammengesetzte Berechnung c im allgemeinen *nicht* die Eigenschaft der Zeitunabhängigkeit einer Operation aufweist.

Die notwendige und hinreichende Bedingung für die Zeitunabhängigkeit einer Berechnung c liefert das durchgeführte Experiment: offenbar muß ausgeschlossen werden, daß Operationen unabhängiger Berechnungen zum Zeitpunkt der Ausführung von c auf die innerhalb der Berechnung benutzten Daten zugreifen.

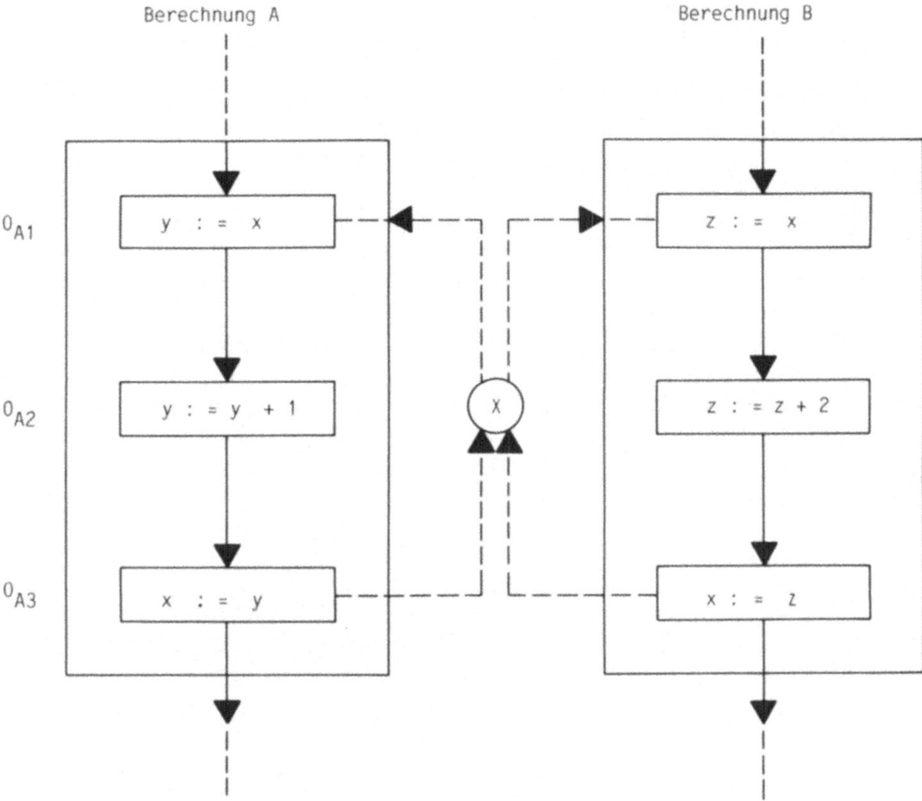

Abb. 3.5. Verzahnung von Operationen unabhängiger Berechnungen

Diese Überlegung führt unmittelbar zu dem folgenden Satz:

> Eine Berechnung c besitzt alle Eigenschaften einer Operation, wenn entweder
>
> a) c aus exakt einer Operation besteht, oder
> b) die innerhalb von c benutzten Daten *disjunkt* zu den Daten aller anderen Berechnungen sind, oder
> c) ausgeschlossen wird, daß zum Zeitpunkt der Ausführung von c unabhängige Berechnungen auf die von c benutzten Daten zugreifen.

Wir werden auf diese wichtige Bedingung, die es gestattet, Berechnungen formal durch eine Operation zu ersetzen, später noch einmal Bezug nehmen.

3.3 Der Prozeß

Der Begriff des Prozesses lehnt sich eng an den bereits bekannten Begriff der Berechnung an, erweitert diesen aber in zwei Richtungen.

Zum einen werden in Prozessen gewöhnlich Berechnungen zusammengefaßt, die eine in sich abgeschlossene, weitgehend unabhängige Teilaufgabe bearbeiten. Aus der Sicht einer aufgabenorientierten Gliederung eines Systems bildet der Prozeß damit die Ablauf- und Arbeitseinheit innerhalb eines Systems. Diese Sicht ist keineswegs selbstverständlich und wird zum Beispiel durch die im Oskar-System [3.3] angewendete Organisation konterkariert.

Die zweite Erweiterung erfährt der Begriff der Berechnung durch den Verwaltungsaspekt: ein Prozeß ist ein Systemobjekt, das einen definierten Namen sowie einen definierten Entstehungs- und Terminierungszeitpunkt besitzt.

Entscheidend ist jedoch die durch die Eigenschaften einer Berechnung vorgegebene sequentielle Natur eines Prozesses. Mit diesen Vorbemerkungen kann ein Prozeß wie folgt definiert werden:

(3–3)

Ein *Prozeß* ist eine Sequenz von Berechnungen, durch die eine in sich abgeschlossene Aufgabe bearbeitet wird. Ein Prozeß besitzt einen systemweit eindeutigen Namen sowie einen definierten Entstehungs- und Terminierungszeitpunkt.

Zu dieser Definition ist zunächst zu bemerken, daß die Terminierung eines Prozesses in der Praxis auch entfallen kann. Das ist bei allen zyklisch organisierten Prozessen der Fall, die Schleifen ohne Abbruchkriterien enthalten. Häufig weisen Prozesse diese Eigenschaft auf, die Dienstleistungen für andere Prozesse im System erbringen. Sie werden gewöhnlich beim Start eines Systems erzeugt und haben aufgrund ihrer zyklischen Natur eine Lebensdauer, die der Lebensdauer des gesamten Systems entspricht.

Beispiel für einen zyklischen Prozeß:

```
zykproc : process
              .
              .   prozeßinitialisierung
          loop do
              .
              .   arbeitszyklus des prozesses
              .
              end;
          end zykproc;
```

In Anlehnung an Horning und Randell [3.4] kann ein Prozeß durch das folgende 4-Tupel formal beschrieben werden:

Prozeß = (p, d, z, P_x)

p ist ein sequentielles Programm, das die Berechnungsvorschrift für den Prozeß bildet,

d ist der gesamte Datenbereich, auf den durch den Prozeß zugegriffen wird. Zu d werden insbesondere auch die Register des Prozessors hinzugerechnet, der die Ausführung der Operationen des Prozesses übernimmt.

z kennzeichnet den aktuellen Zustand des Prozesses aus externer Sicht und kann die Werte `aktiv` und `blockiert` annehmen. Normalerweise befindet sich ein Prozeß im Zustand `aktiv`. Bestimmte, später eingehender behandelte Ereignisse, bewirken Zustandsübergänge `aktiv→blockiert` und `blokkiert→aktiv`.

P_x ist ein Verweis auf die aktuelle, durch den Prozeß gerade ausgeführte Operation. Befindet sich der Prozeß im Zustand `blockiert`, weist P_x auf die nächste auszuführende Operation. Zu Beginn weist P_x auf die erste Operation P_0 des Prozesses.

In Abb. 3.6 ist das hier benutzte Prozeßmodell graphisch veranschaulicht.

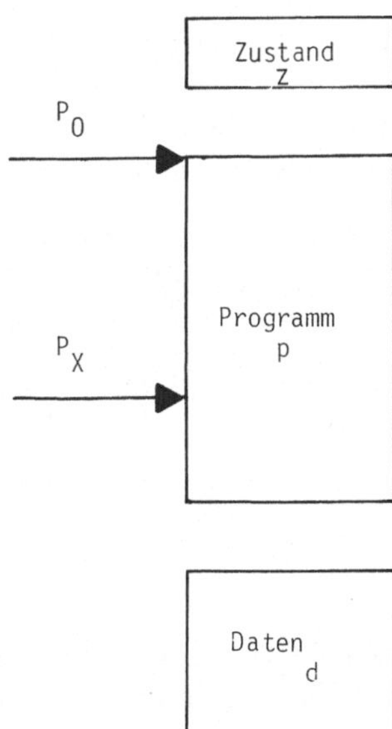

Abb. 3.6. Elemente einer abstrakten Beschreibung für Prozesse

Auch für Prozesse ist die Frage interessant, unter welchen Voraussetzungen sie die Eigenschaften einer Operation besitzen.

Offenbar müssen hier dieselben Voraussetzungen gelten, die für die Erfüllung der Zeitunabhängigkeit von Berechnungen aufgestellt wurden.

Ein Prozeß besitzt dann – und nur dann – die Eigenschaft der Zeitunabhängigkeit, wenn er

a) aus exakt einer Operation besteht, oder
b) die vom Prozeß bearbeiteten Daten disjunkt zu den Daten aller anderen Prozesse eines betrachteten Systems sind, oder
c) der Prozeß zeitlich alle anderen Prozesse eines betrachteten Systems ausschließt und umgekehrt.

Die drei Kriterien sind in der Praxis gewöhnlich nicht erfüllt, so daß Prozesse ein zeitabhängiges Verhalten zeigen, d. h. ihr Ergebnis ist aus einer zum Startzeitpunkt des Prozesses vorgegebenen Eingabe nicht reproduzierbar.

3.4 Koexistierende Prozesse

Systeme bestehen gewöhnlich nicht nur aus einem Prozeß, sondern aus mehreren koexistierenden, d. h. zum gleichen Zeitpunkt nebeneinander bestehenden Prozessen. Dieser Abschnitt ist den Problemen gewidmet, die durch die Koexistenz mehrerer Prozesse entstehen.

3.4.1 Entkoppelte Prozesse

Wir betrachten zunächst den Fall entkoppelter Prozesse und geben dazu die nachfolgende Definition an:

(3–4)

Zwei Prozesse P_1 und P_2 sind voneinander *entkoppelt*, wenn die von P_1 bearbeiteten Daten d_1 disjunkt zu den von P_2 bearbeiteten Daten d_2 sind, d. h. $d_1 \wedge d_2 = \emptyset$ gilt. Ein Prozeßsystem bestehend aus n Prozessen $P_1 \ldots P_n$ ist dann ein *entkoppeltes Prozeßsystem*, wenn die zwischen zwei Prozessen geltende Bedingung paarweise für alle Prozesse des Systems gilt, d. h.

$$d_i \wedge d_k = \emptyset \text{ mit } 1 \leq i, k \leq n \text{ und } i \neq k$$

Der Begriff ‚Daten‘ wird hier in einem abstrakten Sinn gebraucht und ist nicht auf Variable in einem gemeinsam zugänglichen Arbeitsspeicher beschränkt. Ein gemeinsames Datum könnte beispielsweise auch ein mehreren Prozessen über entsprechende Ein-/Ausgabeoperationen zugängliches Hardwareregister sein.

Entkoppelte Prozeßsysteme stellen einen in der Praxis nicht vorkommenden Grenzfall dar. Mit den Beobachtungen des Abschnitts 3.3 kann man sofort feststellen, daß in einem entkoppelten Prozeßsystem jeder Prozeß die Eigenschaft der Zeitunabhängigkeit besitzt, d. h. bei Wiederholung mit demselben Wert der Eingabedaten unabhängig von seiner Ausführungsgeschwindigkeit exakt dasselbe Ergebnis liefert.

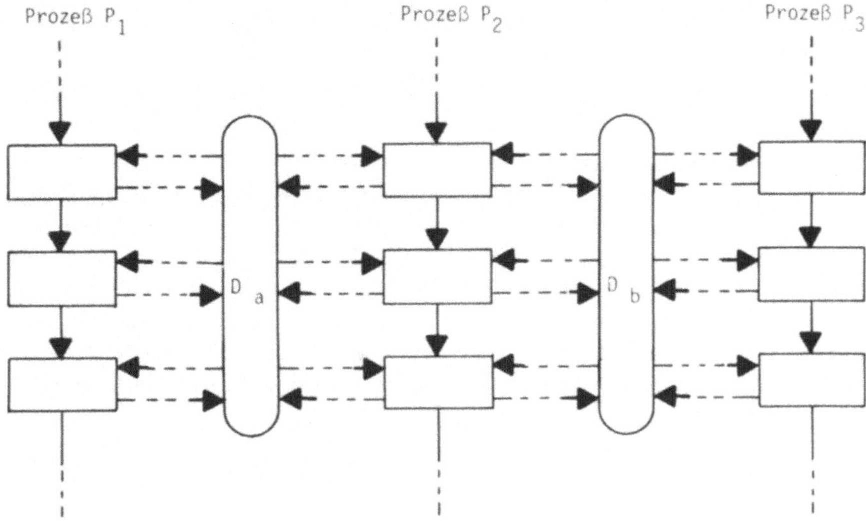

Abb. 3.7. Einfach gekoppeltes Prozeßsystem

3.4.2 Gekoppelte Prozesse

Gewöhnlich werden umfangreiche Aufgaben in einem DV-System durch mehrere Prozesse gemeinsam erledigt, die zu diesem Zweck Information austauschen müssen. Der Informationsaustausch zwischen Prozessen läßt sich nur durch ihre Kopplung bewerkstelligen. Wir definieren gekoppelte Prozesse so:

(3–5)

Zwei Prozesse P_1 und P_2 sind *gekoppelt*, wenn sich die Daten d_1 des Prozesses P_1 mit den Daten d_2 des Prozesses P_2 überlappen, d.h. $d_1 \wedge d_2 \neq \emptyset$ gilt. In einem einfach *gekoppelten Prozeßsystem* $S = \{P_1, P_2, \ldots P_n\}$ existieren keine zwei Untersysteme S_1 und S_2 mit zugeordneten Datenbereichen $d(S_1)$ und $d(S_2)$, wobei $S = S_1 \cup S_2$ ist, derart, daß $d(S_1) \wedge d(S_2) = \emptyset$ ist. In einem vollständig gekoppelten Prozeßsystem sind alle Prozesse des Systems paarweise gekoppelt.

Abbildung 3.7 zeigt ein Beispiel für ein einfach gekoppeltes Prozeßsystem.

3.4.3 Kooperierende Prozesse

In dem nachfolgenden Beispiel wird die gemeinschaftliche Lösung einer einfachen Aufgabe durch mehrere Prozesse dargestellt. Das Beispiel dient insbesondere dem Zweck, das Problem der *Ablaufintegrität* in einem gekoppelten Prozeßsystem zu veranschaulichen und die Notwendigkeit einer *koordinierten* Vorgehensweise aller beteiligten Prozesse darzulegen. Man spricht in diesem Fall von kooperierenden Prozessen.

Beispiel: Buchungssystem (Abb. 3.8)
Gegeben seien n Konten, die im Rahmen eines DV-Systems durch Buchungsaufträge zu verwalten sind. Ein Buchungsauftrag bestehe aus der Umbuchung einer Summe S vom Konto K_1 auf das Konto K_2 und Ausgabe der neuen Kontostände an den Auftraggeber. Abb. 3.8 zeigt die hier angenommene Struktur des Systems: die Buchungsaufträge werden von m (m≥1) Prozessen entgegengenommen, die jeweils fest einem Terminal zugeordnet sind. Damit können prinzipiell m Benutzer parallel ihre Buchungsaufträge eingeben. Zu Beginn sei der Kontostand K_{10}, K_{20}. . . .$K_{n0} \geq 0$. Wir wollen ferner voraussetzen, daß Umbuchungen niemals zu einem negativen Kontostand führen, d. h. es gilt K_1, K_2 . . ., $K_n \geq 0$ zu jedem Zeitpunkt.

Prozesse sind in der Abb. 3.8 durch Ellipsen dargestellt. Wir werden dieses Symbol zukünftig immer dann benutzen, wenn die übergeordnete Systemstruktur interessiert und nicht der in einem Prozeß verborgene Algorithmus.

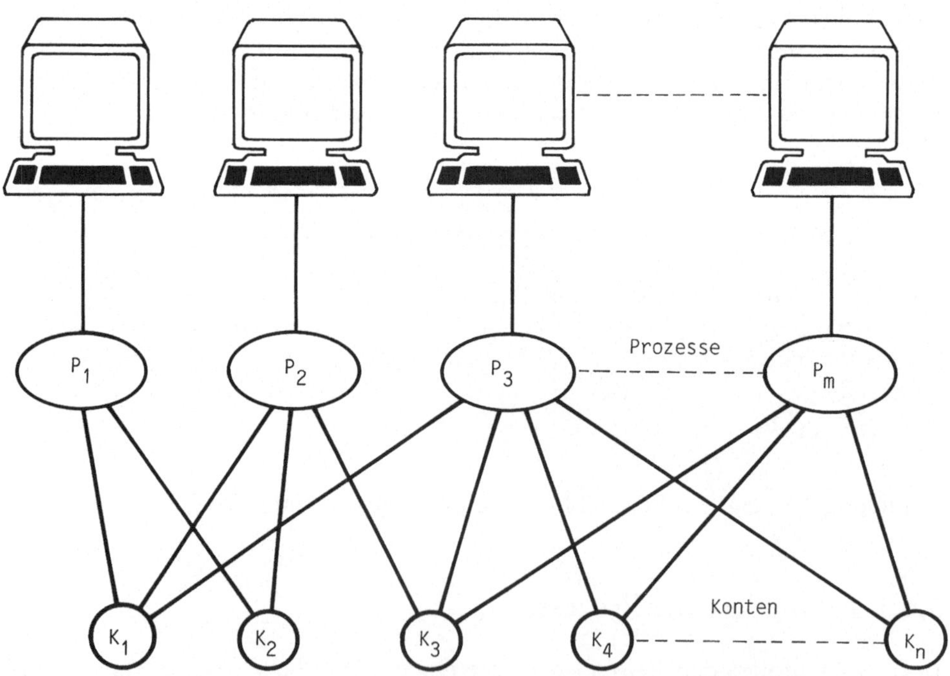

Abb. 3.8. Beispiel für ein Buchungssystem, in dem n Konten durch m Prozesse verwaltet werden

Jeder der Prozesse $P_1 \ldots P_m$ realisiere den folgenden Algorithmus:

```
umbuchung=process
s, k1, k2: variable;
  do
  loop  do
(a1)      lies s, k1, k2 vom terminal;
(a2)      d(k1) := d(k1) - s;
(a3)      d(k2) := d(k2) + s;
(a4)      ausgabe d(k1), d(k2);
         end;
end umbuchung;
```

Bei der Darstellung des Algorithmus wurde von der Möglichkeit Gebrauch gemacht, die die in Abschnitt 2 eingeführte Beschreibungsmethode eröffnet: wir haben eine neue Formation vom Typ **process** eingeführt und einen speziellen Prozeßtyp, umbuchung, damit algorithmisch beschrieben. Das gesamte, in Abb. 3.8 graphisch dargestellte System kann damit wie folgt formuliert werden:

```
system buchungssystem
d: array [1:n] of konto; {anfangswert d1₀, d2₀. . . .dn₀}
p1, p2, . . . , pm: umbuchung;
end;
```

In der Systembeschreibung wird implizit vorausgesetzt, daß die Prozesse $P_1 \ldots P_m$ unmittelbar nach ihrer Deklaration ihre Arbeit aufnehmen. Wir überzeugen uns zunächst, daß die innerhalb der Schleife liegende Berechnung B, bestehend aus der Sequenz von Anweisungen A1; A2; A3; A4, aus der lokalen Sicht der Prozesse $P_1 \ldots P_m$ korrekt ist.

Jeder Buchungsauftrag verändert zwei Konten: Konto K_1 wird um den Wert S vermindert, während Konto K_2 um den Wert S erhöht wird. Angenommen, vor Ausführung eines Buchungsauftrages habe K_1 den Wert W_1' ($W_1' \geq 0$) und K_2 den Wert W_2' ($W_2' \geq 0$). Für S gelte wie vereinbart $S \leq W_1'$. Die Wirkung eines Buchungsauftrages B kann dann durch Vor- und Nachbedingungen *[3.5, 3.6]* wie folgt spezifiziert werden:

$$(W_1' \geq 0) \,\&\, (W_2' \geq 0) \,\&\, (S \leq W_1') \,\{B\}$$
$$(W_1 = W_1' - S) \,\&\, (W_2 = W_2' + S) \tag{3-6}$$

W_1 und W_2 bezeichnen die Werte der Konten K_1 und K_2 nach Ausführung der Berechnung B.

Der allen Prozessen zugrundeliegende Algorithmus der Berechnung B ist augenscheinlich korrekt, so daß hier auf eine Verifikation verzichtet werden kann.

Betrachten wir nun den zeitlich verzahnten Ablauf zweier Prozesse P_K und P_L, die zwei Buchungsaufträge mit einem gemeinsam benutzten Konto durchführen.

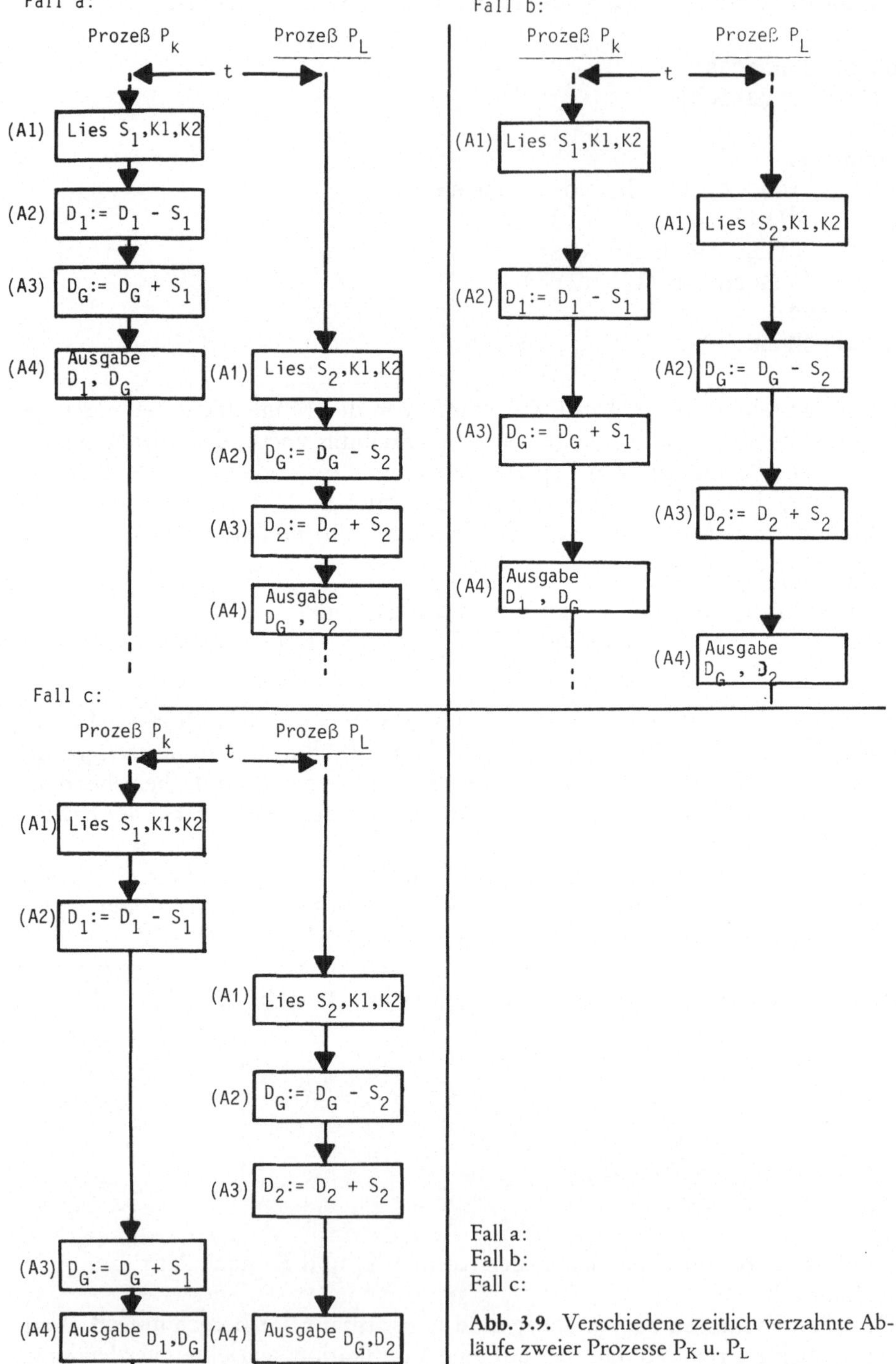

Fall a:
Fall b:
Fall c:

Abb. 3.9. Verschiedene zeitlich verzahnte Abläufe zweier Prozesse P_K u. P_L

P_K buche den Wert S_1 von D_1 nach D_G um, während P_L den Wert S_2 von D_G nach D_2 umbucht. Unter der Annahme, daß die Anweisungen der Berechnung $A_1 \ldots A_4$ Operationen im Sinne unserer Definition *(3–1)* sind, wollen wir die in Abb. 3.9 dargestellten zeitlich verzahnten Abläufe näher untersuchen.

Betrachten wir zunächst die Konstellation im Fall a. Zum Zeitpunkt t habe D_1 den Wert W_1', D_G den Wert W_G' und D_2 den Wert W_2'. Wir interessieren uns für die Werte von D_1, D_G und D_2 nach Ausführung der Berechnungen in den Prozessen P_K und P_L. Zum Zeitpunkt der Ausführung von A4 in P_K ist offenbar $D_1 = W_1' - S_1'$ und $D_G = W_G' + S_1'$, d. h. P_K liefert ein gemäß der Spezifikation *(3–6)* korrektes Ergebnis. Vor Beginn der Berechnung in P_L hat D_G den neuen Wert $W_G = W_G' + S_1'$ und D_2 den unveränderten Wert W_2'. Nach Ausführung von A1–A3 in P_L ist $D_G = W_G - S_2$ und $D_2 = W_2' + S_2'$, d. h. auch P_L liefert das erwartete korrekte Ergebnis.

Wir betrachten nun die Konstellation im Fall b und setzen dieselbe Situation wie im Fall a für D_1, D_G und D_2 zum Zeitpunkt t voraus. Nach Ausführung von A2 in P_K hat D_1 den Wert $D_1 = W_1' - S_1$. Vor Ausführung von A3 in P_k müssen wir zunächst die Wirkung von A2 in P_L berücksichtigen, da hier eine Prozeßkopplung vorliegt, d. h. es wird $D_G = W_G' - S_2$. A3 in P_K schließlich transformiert den Wert von D_G in $D_G = W_G' - S_2 + S_1$, und A3 in P_L erzeugt $D_2 = W_2' + S_2$.

Mit den für beide Prozesse identischen Eintrittsvoraussetzungen W_1', W_G', W_2' vor Beginn der Berechnungen wird durch A4 in P_K $D_1 = W_1' - S_1$ und $D_G = W_G' - S_2 + S_1$ ausgegeben, während durch A4 in P_L $D_G = W_G' - S_2 + S_1$ und $D_2 = W_2' + S_2$ ausgegeben wird. Beide Ergebnisse verletzen offenbar die Spezifikation *(3–6)*.

In ähnlicher Weise kann man sich davon überzeugen, daß im Fall c die Berechnung in P_K unter der Eintrittsvoraussetzung W_1', W_G', W_2' die Ausgabe $D_1 = W_1' - S_1$ und $D_G = W_G' - S_2 + S_1$ erzeugt und damit ebenfalls gegen die Spezifikation verstößt. Mit der Eintrittsvoraussetzung $D_G = W_G'$ und $D_2 = W_2'$ liefert die Berechnung des Prozesses P_L $D_G = W_G' - S_2 + S_1$ und $D_2 = W_2' + S_2$ und ist damit ebenfalls inkorrekt in Bezug auf die Spezifikation *(3–6)*.

Der Grund für die demonstrierte Zeitabhängigkeit der Berechnungen in den Prozessen P_K und P_L ist uns bereits bekannt: sie ist eine Konsequenz der Kopplung beider Prozesse über das Konto D_G. Im Fall a waren die Ergebnisse korrekt, weil wir durch wechselseitigen zeitlichen Ausschluß beider Berechnungen die Zeitunabhängigkeit wieder hergestellt haben. In den Fällen b und c jedoch wird die Eintrittsbedingung W_1', W_G', W_2', die die Prozesse P_K und P_L vor Beginn der Berechnung vorfinden, wechselseitig während der Berechnung verändert.

In der Regel entstehen dabei inkonsistente Übergangszustände, die von den Prozessen unbemerkt bleiben. Im Fall c wird z. B. die Operation A2 in P_L zu einem Zeitpunkt gestartet, zu dem die Summe S_1 bereits vom Konto D_1 abgebucht, aber noch nicht auf das neue Konto D_G übertragen wurde. Eine zu diesem Zeitpunkt durchgeführte Abfrage nach der Summe aller Konten würde nicht die durch Initialisierung aller Konten vorgegebene Konstante K liefern, sondern den falschen Wert $K - S_1$.

In dem vorliegenden Beispiel haben wir Glück: die durch die Prozesse durchgeführten Buchungsaufträge führen letztlich zu den korrekten Konten $D_1 \ldots D_n$. Es kann lediglich nicht verhindert werden, daß dem Benutzer in Form der Ausgabe eine Sicht auf einen inkonsistenten Systemzustand vermittelt wird. Im allgemeinen resultieren aus unkoordinierten Abläufen gekoppelter Prozesse jedoch auch falsche Resultate.

Die Spezifikation *(3–6)* ist zwar zur lokalen Beschreibung der Wirkung eines durch einen Prozeß bearbeiteten Buchungsauftrages korrekt; sie berücksichtigt aber nicht Bedingungen, die durch das Zusammenwirken mehrerer gekoppelter Prozesse zusätzlich eingehalten werden müssen. Diese Bedingungen werden *Ablaufintegritätsbedingungen* genannt. Oft spricht man auch von der Ablaufkonsistenz [3.7].

Ablaufintegritätsbedingungen regeln das geordnete Zusammenwirken gekoppelter Prozeßsysteme. Für jede durch eine Vor- und Nachbedingung spezifizierte Berechnung c der Form *(3–6)* muß deshalb bei vorhandener Kopplung eine zusätzliche Ablaufintegritätsbedingung angegeben werden. Sie muß erfüllt sein, bevor die damit assoziierte Berechnung initiiert wird, und darf durch keinen anderen Prozeß während der Ausführung von c verändert werden. Nach abgeschlossener Berechnung c muß in jedem Falle die Integritätsbedingung wieder hergestellt sein. Die Zusammenfassung von funktionaler Spezifikation einer Berechnung einerseits und der notwendigen Ablaufintegritätsbedingung andererseits kann durch folgende Darstellung erfolgen:

$$I:E\,\{c\}\,A:I \qquad (3\text{–}7)$$

Die Bedeutung dieser Schreibweise ist folgende: Die Berechnung c transformiert aus der Vorbedingung E die Nachbedingung A mit der Ablaufintegritätsbedingung I, wenn I auch vor Beginn der Ausführung von c erfüllt war.

Die zusätzlich eingeführte Ablaufintegritätsbedingung I und der dadurch implizierte wechselseitige Ausschluß von Berechnungen, die eine vorgegebene Integritätsbedingung verletzen könnten, hat ein zeitunabhängiges Verhalten der betreffenden Berechnungen zur Folge. Sie können deshalb logisch durch eine einzige Operation ersetzt werden.

In dem diskutierten Beispiel der Abb. 3.8 genügt es, zur Erfüllung der Ablaufkonsistenz zu fordern, daß die Summe $W_1'+W_2'$ der Konten D_1 und D_2 konstant bleibt; d.h. nach Ausführung einer Umbuchung muß $W_1+W_2=W_1'+W_2'$ gelten. Die um diese Integritätsbedingungen erweiterte Spezifikation für einen Buchungsauftrag gemäß *(3–6)* und *(3–7)* hat dann folgendes Aussehen:

$$\begin{aligned}&(W_1'+W_2'=\text{konst.}):(W_1'\geqslant 0)\&(W_2'\geqslant 0)\&(S\leqslant W_1')\ \{B\}\\&(W_1=W_1'-S)\&(W_2=W_2'+S):(W_1+W_2=\text{konst.})\end{aligned} \qquad (3\text{–}8)$$

Die Bedeutung der Ablaufkonsistenz soll anhand einer geringfügigen Erweiterung des Beispiels noch einmal demonstriert werden. Angenommen, es gäbe einen weiteren, über ein zusätzliches Terminal angeschlossenen Prozeß `sum`, der die Aufgabe habe, die Gesamtsumme über alle Konten zu berechnen. Der triviale Algorithmus für diesen Prozeß hat folgendes Aussehen:

```
sum : process
      i : integer;
          z : zwischensumme der konten;
          do
          loop do
               lies auftrag vom terminal;
               i,z := 0;
               for i = 1 to n do
                              z := z + d(i);
                              end;
               ausgabe der summe z;
               end;
end sum
```

Man kann sich leicht überzeugen, daß der innerhalb der Schleife liegende Algorithmus die funktionale Spezifikation

$$(W_1'\geqslant 0)\&(W_2'\geqslant 0)\&\ldots\&(W_n'\geqslant 0)\ \{\mathrm{sum}_x\}\ Z=\sum_{i=1}^{n} W_i'$$

erfüllt, wobei W_i' die Kontostände vor Ausführung von sum_x und sum_x die innerhalb von **loop. . . .end** liegende Berechnung bedeuten. Damit dieses Ergebnis tatsächlich produziert wird, muß vor Beginn der Berechnung sichergestellt sein, daß die Summe $\sum W_i'$ den konstanten Wert K aufweist, den wir als Ergebnis von sum_x erwarten. Mit dieser Ablaufintegritätsbedingung erhalten wir:

(3–9)

$$(\sum_{i=1}^{n} W_i'=K):(W_1'\geqslant 0)\&(W_2'\geqslant 0)\&\ldots\&(W_n'\geqslant 0)\ \{\mathrm{sum}_x\}$$
$$(Z=\sum_{i=1}^{n} W_i'=K):(\sum_{i=1}^{n} W_i=K)$$

Augenscheinlich ist die in *(3–9)* enthaltene Integritätsbedingung schärfer als die in *(3–8)*, da sie eine Aussage über die Summe *aller* Konten und nicht nur über die zweier Konten macht.

Die bei gekoppelten Prozeßsystemen notwendige Einhaltung einer zusätzlichen Bedingung – der Ablaufintegrität – zur Erreichung eines funktionalen, d.h. zeitunabhängigen Verhaltens von Berechnungen erfordert ein abgestimmtes Vorgehen aller Prozesse. Man spricht dann auch von kooperierenden Prozessen. Der folgende Abschnitt behandelt ohne Vorgriff auf spezielle Mechanismen das kooperierenden Prozessen zugrundeliegende Koordinierungsprinzip.

3.5 Koordinierung kooperierender Prozesse

Unter kooperierenden Prozessen versteht man Prozesse eines gekoppelten Prozeßsystems, die sich zwecks Einhaltung der Ablaufintegrität abstimmen, d. h. *koordinieren.* Die Grundidee ist die folgende: Zur Sicherung einer beliebigen Ablaufintegritätsbedingung reicht es aus, während der Ausführung der zugehörigen Berechnung alle darin benutzten Daten vor dem Zugriff weiterer Prozesse zu sperren. Dies kann dadurch geschehen, daß jeder Prozeß vor Beginn einer Berechnung mit Ablaufintegritätsbedingung alle innerhalb der Berechnung von anderen Prozessen benutzten Daten exklusiv belegt und sie damit vor dem gleichzeitigen Zugriff anderer Prozesse sperrt. Das Belegen kann u. U. zu einer zeitweiligen Verzögerung des Prozesses führen, wenn zum Zeitpunkt des Belegungsversuches gerade ein anderer Prozeß im Besitz der Daten ist. Umgekehrt müssen andere Prozesse verzögert werden, wenn sie vor Abschluß einer gerade laufenden Berechnung dieselben Daten benutzen wollen. „Verzögern" eines Prozesses bedeutet, daß der Prozeß für eine unbestimmte, aber endliche Zeit exakt in seinem augenblicklichen Zustand verweilt.

Das Ende einer Berechnung mit Ablaufintegritätsbedingung wird durch eine Freigabeoperation auf alle durch die Berechnung belegten Daten eingeleitet. Durch die Freigabeoperation wird ggf. exakt ein Prozeß, der auf die Freigabe der Daten gewartet hat, fortgesetzt.

Ein abstrakter Mechanismus, der diese Eigenschaften besitzt, wurde bereits 1966 von Dijkstra [3.1] angegeben. Die Grundidee des *Semaphor*konzepts von Dijkstra besteht darin, Zustandsgrößen eines Typs `semaphor` zu vereinbaren, die beliebigen Wartebedingungen in einem gekoppelten Prozeßsystem zugeordnet werden. Jede Zustandsgröße s besteht aus dem Tupel

$$s = (Z, W)$$

wobei Z eine Boole'sche Größe mit den Werten (`true`, `false`) ist und W die Menge der Prozesse $W = \{P_1, P_2 \ldots P_L\}$, die zu einem beliebigen Zeitpunkt t auf die Erfüllung der zugeordneten Bedingung warten und damit `blockiert` sind. Wenn die einem Semaphor zugeordnete Wartebedingung erfüllt ist, hat Z den Wert `true`, andernfalls `false`.

Neben einer Operation für das Initiieren eines Semaphors (`true` oder `false`, $W = \emptyset$) sind lediglich zwei weitere Operationen auf Semaphore zugelassen. Mit der Operation `delay(s)` erwartet ein Prozeß die Erfüllung der Bedingung, die mit dem Semaphor assoziiert ist. Die Operation `cause(s)` dient dazu, die Erfüllung der Bedingung denjenigen Prozessen zu signalisieren, die gegenwärtig auf das Eintreten der Bedingung warten.

Präzis lassen sich die Operationen `delay` und `cause` durch die nachfolgenden Spezifikationen beschreiben. Die durchnumerierten Fallunterscheidungen kennzeichnen die Wirkung der Operationen bei verschiedenen Vorbedingungen. Sofern erforderlich, werden in allen nachfolgend entwickelten Spezifikationen die Werte von Variablen in der Vorbedingung durch ein Hochkomma von den erwarteten Werten in der Nachbedingung unterschieden.

In der Spezifikation für die `delay`-Operation wird mit P_a der Prozeß bezeichnet, der die `delay`-Operation aktuell ausführt.

(3–10)

Spezifikation der Operation `delay`:

1) $(z' = \texttt{true})$ & $(w' = \emptyset)$ {delay(s)} $(z = \texttt{false})$ & $(w = \emptyset)$

2) $(z' = \texttt{false})$ {delay(s)} $(z = \texttt{false})$ & $(w = \{p_a\} \cup w')$ & $(P_a = \texttt{blockiert})$

(3–11)

Spezifikation der Operation `cause(s)`:

1) $(z' = \texttt{true})$ & $(w' = \emptyset)$ {cause(s)} $(z = \texttt{true})$ & $(w = \emptyset)$

2) $(z' = \texttt{false})$ & $(w' = \emptyset)$ {cause(s)} $(z = \texttt{true})$ & $(w = \emptyset)$

3) $(z' = \texttt{false})$ & $(w' \neq \emptyset)$ {cause(s)} $(z = \texttt{false})$ & $(w = w' - \{P_x\}, P_x \varepsilon\, w')$ & $(P_x = \texttt{aktiv})$

Die in beiden Spezifikationen nicht enthaltene Vorbedingung (Z'=`true`) & ($W' \neq \emptyset$) ist nicht erlaubt. Sie kann offenbar auch durch keine Folge von `cause`- und `delay`-Operationen erzeugt werden.

Bevor wir die Anwendung des Semaphorkonzepts zur Lösung des Beispiels der Abb. 3.8 demonstrieren, wollen wir zunächst einige interessante Eigenschaften diskutieren.

a) Die Wirksamkeit des Semaphorkonzepts beruht auf der Voraussetzung, daß die darauf definierten Operationen unteilbar im Sinne der Definition *(3–1)* sind und damit das Kriterium der Zeitunabhängigkeit erfüllen. Wir werden uns zu einem späteren Zeitpunkt damit zu befassen haben, durch welchen Mechanismus die Unteilbarkeit der aus einer Sequenz primitiverer Operationen zusammengesetzten Semaphoroperationen sichergestellt werden kann.

b) Die Spezifikation 1) in *(3–11)* zeigt, daß `cause`-Operationen wirkungslos sind, wenn Z' bereits den Wert `true` hat. Das bedeutet, daß ein Semaphor mit den beschriebenen Eigenschaften lediglich die Speicherfähigkeit für exakt ein Ereignis hat, das durch eine `cause`-Operation signalisiert wird. DIJKSTRA nennt Semaphore mit dieser Eigenschaft deshalb auch binäre Semaphore.

c) Die in Spezifikation 3) in *(3–11)* enthaltene Aktivierung eines untätigen Prozesses verlangt eine Auswahlstrategie unter allen Prozessen der Menge W'. Üblicherweise wird die FCFS-Strategie angewendet (First-Come-First-Served). In Echtzeitanwendungen kann jedoch auch eine Auswahl nach Prioritäten sinnvoll sein.

Der Einsatz des Semaphorkonzepts zur Erhaltung der Ablaufintegrität kann nach folgendem Schema erfolgen: jedem Datenelement der in einer Integritäts-

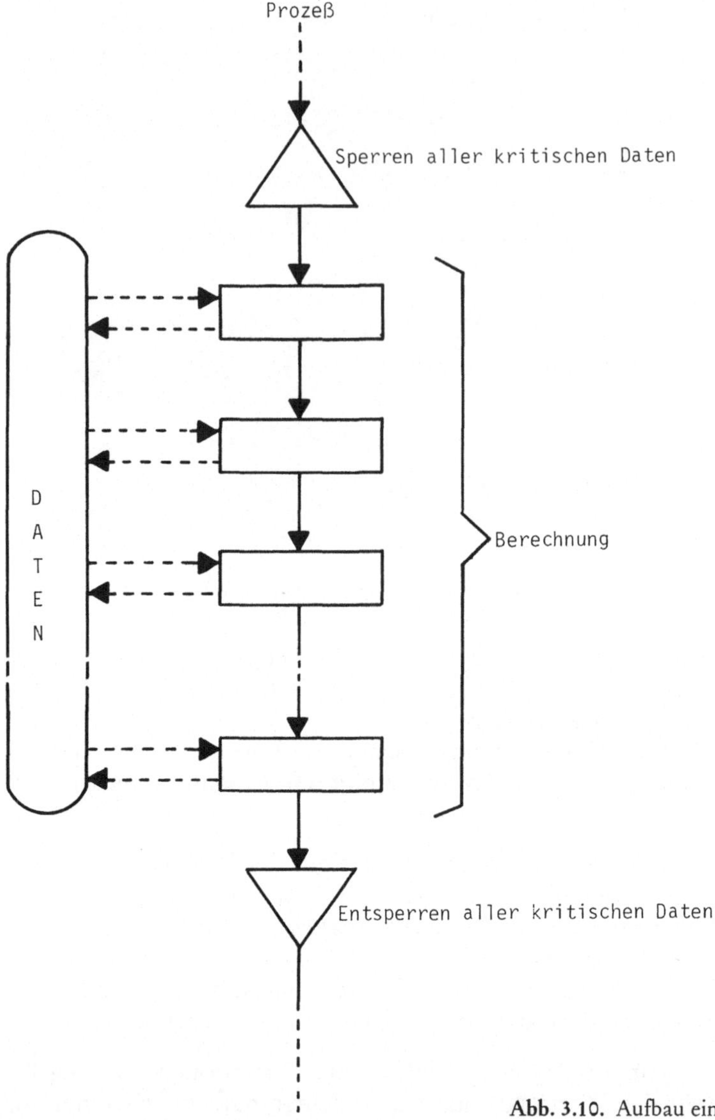

Abb. 3.10. Aufbau eines kritischen Abschnitts

bedingung zusammengefaßten Daten wird ein Semaphor zugeordnet und zu ,true' initialisiert. Vor Beginn einer Berechnung mit Ablaufintegritätsbedingung werden in einer Sequenz von delay-Operationen die innerhalb der Berechnung verwendeten Daten gesperrt. Nach Abschluß der Berechnung werden in einer Sequenz von cause-Operationen die Daten zur Benutzung durch andere Prozesse freigegeben. Den prinzipiellen Aufbau der so gebildeten „kritischen Abschnitte" zeigt Abb. 3.10. Es sei betont, daß in kritischen Abschnitten nicht Operationssequenzen gesperrt werden, sondern der Zugriff auf bestimmte Daten. Berechnungen mit identischen Operationssequenzen können daher ungehindert parallel ablaufen, wenn sie auf disjunkte Daten zugreifen.

Die Ein- und Austrittsstellen aus kritischen Abschnitten sind Synchronisationsstellen: hier findet die Koordinierung kooperierender Prozesse statt. Aus diesem Grunde bezeichnet man den Koordinierungsvorgang auch als *Prozeßsynchronisation.*

Das Beispiel der Abb. 3.8 kann nun wie folgt modifiziert werden: jedem Konto D(1)...D(N) wird ein Semaphor `mutex(1)...mutex(n)` zugeordnet und zu ,`true`' initialisiert.

Die Systembeschreibung kann mit dieser Erweiterung so formuliert werden:

```
system buchungssystem
d : array [1:n] of konto; {anfangswerte d1₀, d2₀...dn₀}
mutex : array [1:n] of semaphor; {anfangswert true}
p1,p2,...pm : umbuchung;
end;
```

Der Algorithmus für die Prozesse P1...PM ist wie folgt zu erweitern:

```
umbuchung = process
s, k1, k2 : variable;
do
loop do
  lies s, k1, k2 vom terminal;
  if k1 < k2 then do
                 delay (mutex(k1));
                 delay (mutex(k2));
                 end;
              else do
                 delay (mutex(k2));
                 delay (mutex(k1));
                 end;
  d(k1) := d(k1) - s;
  d(k2) := d(k2)+s;
  ausgabe d(k1), d(k2);
  cause (mutex(k1));
  cause (mutex(k2));
  end;
end umbuchung;
```

Durch die `if`-Anweisung wird erreicht, daß das Sperren der Daten immer in einer Richtung – nämlich von kleinen zu großen Indizes – geschieht. Diese Maßnahme ist notwendig, um *Verklemmungen* zu vermeiden. Auf das Phänomen der Verklemmungen wird später ausführlicher eingegangen.

Betrachten wir nun noch den in Erweiterung der Abb. 3.8 eingeführten Prozeß `sum`. Die schärfere Ablaufkonsistenzbedingung *(3–9)* verlangt hier das Sperren aller Konten vor Ausführung der Summenbildung. Der Prozeß `sum` gewinnt damit folgende Gestalt:

```
sum: process
     i : integer;
     z : zwischensumme der konten;
     do
     loop do
          lies auftrag vom terminal;
          i, z := 0;
          for i=1 to n do
                         delay (mutex(i));
                         end;
          for i=1 to n do
                         z := z + d(i);
                         end;
          for i=1 to n do
                         cause (mutex(i));
                         end;
          ausgabe der summe z;
          end;
end sum;
```

Das Ablaufverhalten des Buchungssystems läßt sich so charakterisieren: die Umbuchungsprozesse $P_1 \ldots P_m$ können ungehindert zeitlich überlappt ablaufen, wenn sie auf disjunkten Konten arbeiten; die Bearbeitung eines Auftrages im Prozeß sum schließt jedoch alle anderen Prozesse zeitlich aus.

Neben der Verwendung in kritischen Abschnitten existiert für Semaphore eine zweite Klasse von Anwendungen. Äußerlich unterscheidet sie sich von der Semaphoranwendung in kritischen Abschnitten durch den andersartigen Gebrauch der delay- und cause-Operationen. Man spricht in diesem Fall von der Produzenten-Konsumenten-Relation zwischen gekoppelten Prozessen.

Zur Erläuterung diene das folgende, in Abb. 3.11 dargestellte Beispiel: ein Prozeß – timer genannt – erzeugt in periodischen, äquidistanten Zeitabständen eine cause-Operation auf ein Semaphor s, das zu ‚false' initialisiert wurde. Ein weiterer Prozeß P erwartet durch eine delay-Operation periodisch die Ankunft des nächsten Zeittaktes, um daraufhin eine spezielle Berechnung – z. B. die Überprüfung einer Kesseltemperatur – durchzuführen. Der Prozeß timer kann als eine Art Ereignisproduzent, der Prozeß P als Ereigniskonsument aufgefaßt werden. Durch jede cause-Operation wird ein weiteres Ereignis des Typs „Zeitintervall abgelaufen" erzeugt; durch jede delay-Operation wird ein Ereignis konsumiert.

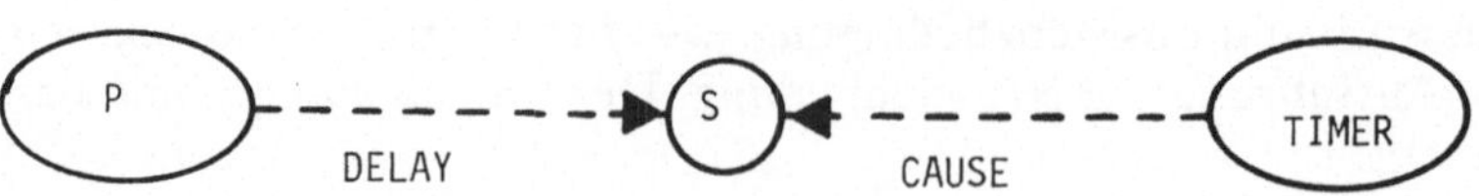

Abb. 3.11. Gekoppeltes Prozeßsystem in einer Produzenten-Konsumenten-Relation

Die Algorithmen für `timer` und `p` haben folgendes Aussehen:

```
s : semaphor; {anfangswert false}
timer: process
do
loop do
      zähle n zeiteinheiten;
      cause (s);
      end;
end timer;

p : process
do
loop do
      delay (s);
      überprüfe kesseltemperatur;
      end;
end P;
```

Eine Analyse dieses Beispiels läßt zwei Besonderheiten gegenüber der Benutzung von Semaphoren in kritischen Abschnitten erkennen:

a) Die Operationen `cause` und `delay` erscheinen in den gekoppelten Prozessen diametral: `p` führt die `delay`-Operation und `timer` die `cause`-Operation aus.
b) Außer der Kopplung beider Prozesse über das Semaphor s existieren keine weiteren Kopplungen.

Produzenten-Konsumenten-Relationen zwischen Prozessen existieren in vielen Ausprägungen, wobei „Ereignisse“ die verschiedensten Bedeutungen haben können: das Verstreichen einer vorgegebenen Zeit, das Eintreffen eines Auftrages, die Beendigung eines Ein-/Ausgabevorganges usw.

Eine Besonderheit des obenstehenden Beispiels folgt unmittelbar aus der Eigenschaft binärer Semaphore: durch `cause`-Operationen läßt sich immer nur ein Ereignis im Semaphor s speichern. Eine zweite `cause`-Operation ohne zwischenzeitliche Konsumierung des Ereignisses durch eine `delay`-Operation hat den Verlust des Ereignisses zur Folge. Dies wird auch durch die Spezifikation 1) der `cause`-Operation in *(3–11)* ausgedrückt. Das bedeutet, daß die auf ein binäres Semaphor ausgeführten `cause`-Operationen den `delay`-Operationen in keinem Falle um mehr als 1 vorauseilen dürfen.

Der Verlust von Ereignissen kann bei typischen Produzenten-Konsumenten-Relationen nicht toleriert werden. Es stellt sich deshalb die Frage, ob dem Semaphor durch eine geringfügige Modifikation des Konzeptes nicht die Fähigkeit verliehen werden kann, Ereignisse zu *zählen.*

Dies ist in der Tat auf einfache Weise möglich, wenn das Element Z im Tupel s = (Z, W) nicht als binäre Größe, sondern als nicht-negativ initialisierter Zähler definiert wird. Jede `delay`-Operation hat die Dekrementierung des Zählers um 1 zur Folge. Bei nicht-positivem Zählerstand wird der betreffende Prozeß ferner in den Zustand `blockiert` versetzt.

Durch jede `cause`-Operation wird der Zähler um 1 erhöht. Bei negativem Zählerstand wird einer der blockierten Prozesse aktiviert.

Präziser werden beide Operationen durch die folgenden Spezifikationen beschrieben, die durch geringfügige Modifikationen von *(3–10)* und *(3–11)* zustandekommen.

(3–12)

Spezifikation der Operation `delay`

1) $(z' > 0)$ & $(w' = \emptyset)$ {`delay(s)`} $(z = z' - 1)$ & $(w = \emptyset)$

2) $(z' \leq 0)$ { `delay(s)`} $(z = z' - 1)$ & $(w = \{P_a\} \cup w')$ & $(P_a = \text{blockiert})$

Bemerkung: P_a ist der Prozeß, der die `delay(s)`-Operation ausführt.

(3–13)

Spezifikation der Operation `cause`

1) $(z' \geq 0)$ & $(w' = \emptyset)$ {`cause(s)`} $(z = z' + 1)$ & $(w = \emptyset)$

2) $(z' < 0)$ & $(w' \neq \emptyset)$ { `cause(s)`} $(z = z' + 1)$ & $(w = w' - \{P_x\}, P_x \in w')$ & $(P_x = \text{aktiv})$

Die in beiden Spezifikationen nicht enthaltene Vorbedingung $(Z' > 0)$ & $(W' \neq \emptyset)$ ist nicht erlaubt und kann durch keine Folge von `cause`- und `delay`-Operationen erzeugt werden. Unberücksichtigt in *(3–12)* und *(3–13)* ist der Fall eines unbeschränkt wachsenden Semaphor-Zählers. Dieser Fehlerfall kann dann eintreten, wenn die Geschwindigkeit, mit der Ereignisse produziert werden, im Mittel höher ist, als die, mit der sie konsumiert werden. Gewöhnlich wird durch zusätzliche Plausibilitätsuntersuchungen sichergestellt, daß dieser Fall nicht eintritt.

Semaphore mit der durch *(3–12)* und *(3–13)* definierten Eigenschaft werden auch als *allgemeine* Semaphore bezeichnet. In der Praxis findet man ausschließlich Implementierungen allgemeiner Semaphore, da gegenüber binären Semaphoren kein zusätzlicher Aufwand entsteht.

In einfachen kritischen Abschnitten werden Semaphore zu 1 initialisiert. In Produzenten-Konsumenten-Relationen entsprechend der Abb. 3.11 werden Semaphore dagegen gewöhnlich zu 0 initialisiert.

Die vorteilhafte Eigenschaft allgemeiner Semaphore wird durch nochmalige Diskussion des Beispiels der Abb. 3.11 deutlich.

Ausgangspunkt ist der Anfangswert 0 für das Semaphor s. Jede `cause`-Operation im Prozeß `timer` erhöht den Semaphor-Zähler um 1 und speichert das damit verbundene Ereignis. Der Semaphor-Zähler kann Werte >1 annehmen, wenn der Prozeß P zeitweise nicht in der Lage ist, die Ereignisse schritthaltend zu konsumieren. Gegenüber binären Semaphoren geht jedoch kein Ereignis verloren. Der Prozeß P wird bei geänderten Zeitbedingungen irgendwann die früher eingetroffenen und zwischengespeicherten Ereignisse verarbeiten.

Die Anwendung des Semaphorkonzepts zur Lösung der verschiedensten Synchronisationsprobleme – vorwiegend aus dem Betriebssystembereich – ist in der

Literatur breit diskutiert worden. Die dabei behandelten Fragen nach Eleganz, Klarheit und Effizienz von Problemlösungen zielten darauf ab, Grenzen für die Anwendung des Semaphorkonzepts zu finden. Sie stehen hier nicht im Zentrum des Interesses, da der Semaphormechanismus lediglich als elementare Basis für den Aufbau höherer Synchronisationsmechanismen benutzt wird.

Der interessierte Leser wird auf die umfangreiche Literatur zur Diskussion über das Semaphorkonzept verwiesen.

3.6 Zeitabhängige Fehler

Zeitabhängige Fehler können in gekoppelten Prozeßsystemen als die Folge fehlerhafter Synchronisation auftreten. Sie führen entweder zu einer Verletzung der Ablaufkonsistenz oder zu Verklemmungen.

Als Verklemmung (Deadlock) bezeichnet man den Zustand eines gekoppelten Prozeßsystems, in dem Prozesse wechselseitig auf den Eintritt von Bedingungen warten, die nur durch Prozesse dieser Gruppe selbst hergestellt werden können. Als Folge dieser wechselseitigen Abhängigkeit verbleiben die Prozesse für immer im Zustand `blockiert`. Aus einer Verklemmung können Prozesse nur durch einen äußeren Eingriff befreit werden. Man spricht von einer *totalen* Verklemmung, wenn alle Prozesse eines betrachteten Systems davon betroffen sind.

Zeitabhängige Fehler treten nur dann auf, wenn die Operationen verschiedener Prozesse in einer bestimmten Reihenfolge zur Ausführung gelangen. Diese Reihenfolge ist aber zufällig, da die Geschwindigkeit der Prozesse wegen der unbestimmten Ausführungszeit der Operationen selbst unbestimmt ist. Aufgrund der Zeitabhängigkeit sind diese Fehler nicht durch Herstellen eines bestimmten Zustandes der Daten reproduzierbar. Zeitabhängige Fehler können deshalb nicht durch systematisches Testen gefunden werden. Ihre Entdeckung bleibt daher oft dem Zufall überlassen.

Die Vermeidung zeitabhängiger Fehler muß aus den genannten Gründen ein vorrangiges Ziel bei der Auslegung konkurrenter Programmsysteme sein. Dazu ist es notwendig, ihre Ursachen genau zu studieren. In 3.6.1 werden zunächst die unterschiedlichen Erscheinungsformen zeitabhängiger Fehler anhand typischer Beispiele demonstriert. In 3.6.2 wird ein Graphenmodell eingeführt, anhand dessen der Begriff der Verklemmung – als der häufigsten Folge zeitabhängiger Fehler – präzisiert wird. Die Ursache einer Verklemmung kann formal durch die zirkulare Wartebedingung beschrieben werden; sie wird abschließend eingeführt.

3.6.1 Beispiele für zeitabhängige Fehler

Beispiel 1: Fehlerhafte kritische Abschnitte

Drei Prozesse A, B, C, bearbeiten zyklisch einen gemeinsamen Datenbereich durch die Zugriffsfunktionen f_1, f_2 und f_3, die innerhalb kritischer Abschnitte liegen.

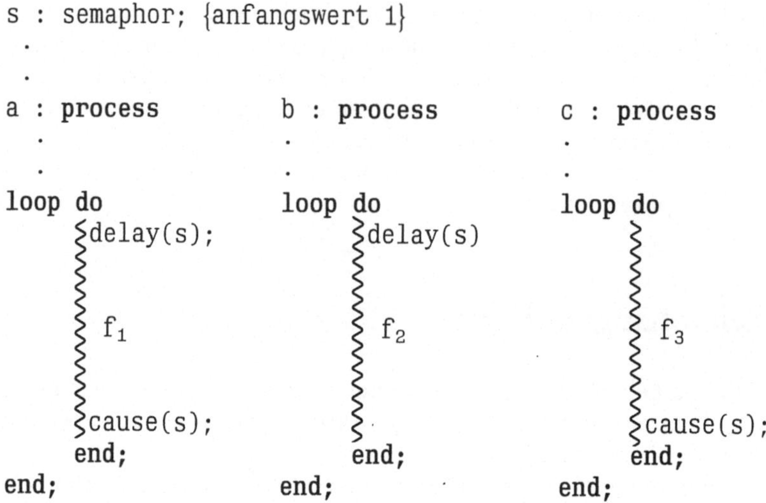

A verriegelt den kritischen Abschnitt korrekt. Dagegen fehlt die cause-Operation in B und die delay-Operation in C. C tritt demnach unkoordiniert in seinen kritischen Abschnitt ein, während B den Datenpuffer am Ende seines kritischen Abschnitts nicht freigibt. Beide Fehler können sich über eine lange Zeit in ihrer Wirkung auf das Semaphor s kompensieren, so daß der Fehler insgesamt nur schwer entdeckt werden kann.

Eine Folge dieses Synchronisationsfehlers sind inkonsistente Daten.

Beispiel 2: Gegenläufige Schachtelung kritischer Abschnitte

Zwei Prozesse A und B treten mittels der Semaphore S1 und S2 in zwei geschachtelte kritische Abschnitte ein. A beginnt seinen äußeren kritischen Abschnitt mittels S1 und B mittels S2.

```
s1, s2 : semaphor; {anfangswert 1}
A : process                 b : process
  .                           .
delay(s1);                  delay(s2);
§                           §
§                           §
§äußerer                    §äußerer
§kritischer                 §kritischer
§abschnitt                  §abschnitt
§                           §
§                           §
§  delay(s2);               §  delay(s1);
§  §                        §  §
§  §                        §  §
```

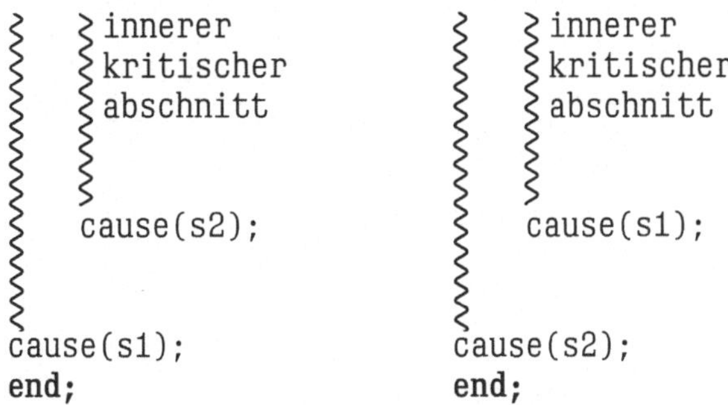

Aus der lokalen Sicht jedes der beiden Prozesse wurden die kritischen Abschnitte korrekt realisiert. Wenn sich jedoch beide Prozesse gleichzeitig im äußeren kritischen Abschnitt aufhalten, geraten sie zwangsläufig in eine Verklemmung. A verlangt nämlich über `delay`(s2) Eintritt in seinen inneren kritischen Abschnitt, bevor er s1 freigibt. B verlangt hingegen über `delay`(s1) Eintritt in seinen inneren kritischen Abschnitt, bevor er s2 freigibt.

Geschachtelte kritische Abschnitte treten im Zusammenhang mit allgemeinen Zuteilungsstrategien für Betriebsmittel in Betriebssystemen häufig auf. Ein einzelner kritischer Abschnitt kann als *Belegen, Benutzen* und *Freigeben* eines Betriebsmittels aufgefaßt werden. Bei geschachtelten kritischen Abschnitten fordert ein Prozeß suksessive mehrere Betriebsmittel an, bevor er sie wieder freigibt.

Verklemmungen können auch bei gekoppelten Prozeßsystemen entstehen, die in einem Produzenten-Konsumenten-Verhältnis stehen. Auf ein Beispiel wird hier jedoch verzichtet, da der Gebrauch von Semaphoren für diesen Zweck unüblich ist und zu unübersichtlichen Darstellungen führt. Wir kommen auf angemessene Beispiele im Zusammenhang mit der Einführung von Botschaftensystemen später noch einmal zurück.

3.6.2 Formales Modell zur Beschreibung von Verklemmungen

Verklemmungen als häufigste Folge zeitabhängiger Fehler entstehen durch fehlerhaftes Zusammenwirken mehrerer Prozesse. Um dieses System von Prozessen in seinem dynamischen Verhalten zu studieren, führen wir ein geeignetes Modell ein, das auf Holt [3.8] zurückgeht. Wir führen dazu weiter den Begriff *Prozeßsystem* als das Paar (Σ, Π) ein, wobei

- Σ eine Menge von Zuständen {S, T, U, V, W ...}
- Π eine Menge von Prozessen $\{P_1, P_2, P_3, \ldots\}$

bezeichnet. Jeder Prozeß P_i ist durch Zustandsübergänge innerhalb der Menge Σ definiert. In Abb. 3.12 ist ein Prozeßsystem mit den Zuständen {S, T, U, V} und den Prozessen $\{P_1, P_2\}$ dargestellt. Kreise bezeichnen Zustände und gerichtete Kanten Prozesse. Die den gerichteten Kanten beigefügte Nummer kennzeichnet den Prozeß, der den Zustandsübergang vollzieht.

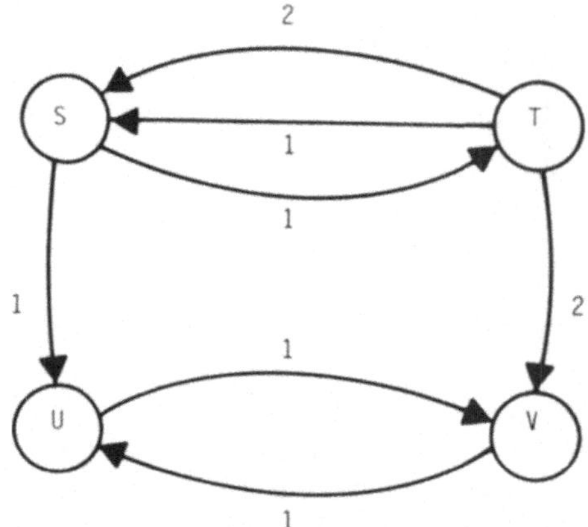

Abb. 3.12. Beispiel eines Prozeßsystems, bestehend aus vier Zuständen (S, T, U, V) und zwei Prozessen (P_1, P_2)

Wenn Prozeß P_i den Zustand S in einen Folgezustand T der Menge Σ überführt, dann schreiben wir

$$S \overset{i}{\rightarrow} T$$

Die Zustandsänderung von S nach T bezeichnen wir als eine *Operation* des Prozesses P_i. Operationen in dem Beispiel der Abb. 3.12 sind die folgenden:

$$S \overset{1}{\rightarrow} T,\ S \overset{1}{\rightarrow} U,\ T \overset{1}{\rightarrow} S,\ T \overset{2}{\rightarrow} S,\ T \overset{2}{\rightarrow} V$$

Eine Folge von Zustandsübergängen der Form

$$S \overset{i}{\rightarrow} T,\ T \overset{j}{\rightarrow} U,\ \ldots\ldots,\ V \overset{x}{\rightarrow} W$$

schreiben wir als

$$S \overset{*}{\rightarrow} W$$

In Abb. 3.12 können wir z. B. für die Folge

$$S \overset{1}{\rightarrow} T,\ T \overset{2}{\rightarrow} V$$

auch

$$S \overset{*}{\rightarrow} V$$

schreiben.

Dieses Modell soll nun benutzt werden, um die Zustände *blockiert, verklemmt* und *sicher* von Prozessen zu definieren:

Demnach ist ein Prozeß P_i im Zustand S *blockiert*, wenn kein Zustand T mit $S \rightarrow T$ existiert.

Ein Prozeß P_i ist im Zustand S *verklemmt*, wenn er für alle Übergänge $S \overset{*}{\to} T$ im Zustand T blockiert ist.

Diese Definition besagt einfach, daß ein Prozeß verklemmt ist, wenn er aus einem blockierten Zustand nicht wieder befreit werden kann.

In Abb. 3.12 ist Prozeß P2 im Zustand S blockiert (aber nicht verklemmt), und in den Zuständen U und V verklemmt.

Wenn S ein Zustand ist, in dem einer oder mehrere Prozesse verklemmt sind, sprechen wir von einem Verklemmungszustand. S ist ein totaler Verklemmungszustand, wenn *alle* Prozesse in S verklemmt sind. In Abb. 3.12 sind die Zustände U und V Verklemmungszustände. Dagegen existieren keine totalen Verklemmungszustände in dem Prozeßsystem.

Wir sprechen von einem *sicheren* Zustand, wenn von diesem Zustand keine Zustandsübergänge in einen Verklemmungszustand existieren:

Ein Zustand S ist *sicher*, wenn für alle T mit $S \overset{*}{\to} T$ T in keinem Falle ein Verklemmungszustand ist. Wir sprechen von einem *sicheren Prozeßsystem*, wenn es wenigstens einen sicheren Zustand enthält.

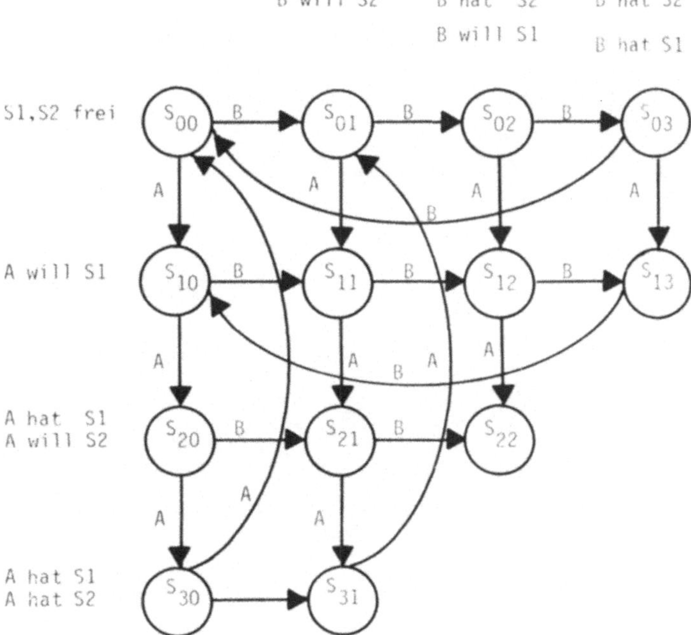

Abb. 3.13. Darstellung der gegenläufigen Schachtelung kritischer Abschnitte durch zwei Prozesse A und B mittels Zustandsgraphen nach HOLT [3.9]

Aus den angegebenen Definitionen lassen sich unmittelbar zwei Schlußfolgerungen ableiten: Angenommen es existiere $S \overset{*}{\rightarrow} T$. Wenn S ein Verklemmungszustand ist, ist auch T ein Verklemmungszustand. Wenn S ein sicherer Zustand ist, ist auch T ein sicherer Zustand. Verklemmung und Sicherheit in dem hier betrachteten Kontext sind deshalb *permanente* Eigenschaften eines Prozeßsystems.

Für das Beispiel der gegenläufigen Schachtelung kritischer Abschnitte wird nachfolgend der Zustandsgraph entwickelt. In Abb. 3.13 ist der Zustandsgraph für die Prozesse A und B dargestellt. Der Wunsch eines Prozesses nach Eintritt in einen kritischen Abschnitt, der durch das Semaphor S kontrolliert wird, wird durch „Prozeß will S" ausgedrückt. Der erfolgreiche Eintritt eines Prozesses in einen kritischen Abschnitt wird durch „Prozeß hat S" ausgedrückt.

Im Zustand S_{22} ist das System total verklemmt (daran erkenntlich, daß kein Pfeil aus diesem Zustand herausführt). Im Zustand S_{31} ist Prozeß B und im Zustand S_{13} Prozeß A blockiert.

An dem Beispiel erkennt man, daß der Zustandsgraph bereits bei relativ einfachen Systemen recht komplex wird. Bei einer größeren Zahl beteiligter Prozesse ist die Zahl möglicher Systemzustände schwer zu übersehen. Der praktischen Anwendbarkeit dieses Verfahrens zur Analyse des dynamischen Verhaltens von Prozeßsystemen sind dadurch relativ enge Grenzen gesetzt.

Die Ursache einer Verklemmung ist immer auf eine zirkulare Wartebedingung zwischen allen in einer Verklemmung vereinigten Prozessen zurückzuführen. Dabei definieren wir eine zirkuläre Wartebedingung so:

(3–14)

Sind $P_1 \ldots P_n$ die an einer Verklemmung beteiligten Prozesse, dann existiert zwischen ihnen eine Relation der Form

$$P_1 \overset{B_1}{>} P_2 \overset{B_2}{>} P_3 \overset{B_3}{>} \ldots \overset{B_{n-1}}{>} P_n \overset{B_n}{>} P_1$$

wobei $B_1 \ldots B_n$ Wartebedingungen darstellen und die Relation

$$P_{x-} \overset{B_{x-}}{>} P_x \overset{B_x}{>} P_{x+}$$

bedeutet, daß P_{x-}, der Vorgänger von P_x, auf den Eintritt einer Bedingung B_{x-} wartet, die nur durch P_x erfüllt werden kann. P_x erfüllt die durch P_{x-} geforderte Bedingung aber erst dann, wenn durch P_{x+}, den Nachfolger von P_x, die Bedingung B_x hergestellt wurde, auf deren Eintritt P_x seinerseits wartet. Man spricht in diesem Fall von einer *zirkularen Wartebedingung* der Prozesse $P_1 \ldots P_n$.

Die bekannten Verfahren zur Erkennung bzw. Vermeidung von Verklemmungen bei der Betriebsmittelvergabe basieren darauf

- entweder nachzuweisen, daß eine zirkulare Wartebedingung existiert,
- oder zu verhindern, daß sich durch Belegen eines Betriebsmittels eine zirkulare Wartebedingung ausbildet [3.9].

Der Anwendbarkeit dieser Verfahren in verteilten Systemen sind jedoch Grenzen gesetzt, da die geforderte globale Sicht auf einen konsistenten Zustand aller Betriebsmittel in der Regel nicht existiert.

Die Entwicklung praktikabler Verfahren zur Entdeckung bzw. Vermeidung von Verklemmungen in verteilten Systemen ist deshalb gegenwärtig noch ein Gebiet der Forschung [3.10].

Literatur

[3.1] E. W. Dijkstra: Cooperating Sequential Processes, Math. Dep., Technical University Eindhoven (Sept. 1965)

[3.2] P. Brinch Hansen: Operating System Principles, Prentice Hall, New Jersey (1973)

[3.3] K. Dittrich u. a.: Das Betriebssystem OSKAR-Ziele und Struktur, Interner Bericht 33/80 Universität Karlsruhe Fakultät für Informatik (Nov. 1980)

[3.4] J. J. Horning, B. Randell: Process Structuring, Computing Surveys 5, 5–30 (1973)

[3.5] C. A. R. Hoare: An Axiomatic Basis for Computer Programming, CACM 12, 576–580 (1969)

[3.6] R. W. Floyd: Assigning Meanings to Programs, Mathematical Aspects of Computer Science Vol. 19, 19–32 (1967)

[3.7] T. Härder: Transaktionskonzept in Datenbanksystemen, Informatik-Spektrum 4, 186–188 (1981)

[3.8] R. C. Holt: Some Deadlock Properties of Computer Systems, Computing Surveys 4, 179–196 (1972)

[3.9] E. G. Coffmann, M. J. Elphick, A. Shoshani: System Deadlocks, Computing Surveys 3, 67–78 (1971)

[3.10] V. D. Gligor, S. H. Shattuck: On Deadlock Detection in Distributed Systems, IEEE-SE 6, 435–440 (1980)

4. Strukturmodelle für konkurrente Programme

Nach den Ausführungen des vorangegangenen Kapitels sprechen wir von einem konkurrenten Programm dann, wenn dessen Ablaufverhalten durch eine Menge kooperierender Prozesse bestimmt wird. Dieses Grundkonzept kann abhängig von dem vorgesehenen Anwendungsbereich, der benutzten Programmiersprache und dem Verteilungsaspekt in weiten Grenzen variiert werden. Das zur Prozeßsynchronisation eingeführte Semaphor-Konzept definiert lediglich eine Art Basisstruktur für konkurrente Programme, die als Ausgangspunkt und Vergleichsbasis für höher entwickelte Strukturmodelle herangezogen werden kann.

Ziel dieses Kapitels ist es, eine Klassifikation der existierenden Strukturmodelle für konkurrente Programme zu erarbeiten und sie hinsichtlich ihrer Eignung in verteilten Systemen zu bewerten. Dieses schwierige Unterfangen kann überhaupt nur mit Aussicht auf Erfolg angegangen werden, wenn der beabsichtigte Anwendungsbereich eingegrenzt wird.

Ziel der hier betrachteten Strukturmodelle für konkurrente Programme sind *systemnahe Anwendungen.* Wir verstehen darunter Anwendungen, die selbst keine wesentliche Betriebssystemunterstützung benötigen. Typische systemnahe Anwendungen sind Echtzeitsysteme, Kommunikationssysteme und Betriebssysteme selbst. Kennzeichnend für diese Anwendungen ist der vorwiegend *statische Charakter* der Systemstrukturen. So liegen in den entsprechenden Strukturmodellen gewöhnlich die Zahl der Prozesse und die Kommunikationsverbindungen von Beginn an fest und bleiben für die Lebensdauer eines Systems unverändert.

Allen Strukturmodellen gemeinsam ist die Eigenschaft, von der physischen Struktur des unterlegten Rechensystems zu abstrahieren. Für die hier betrachteten Anwendungen folgt aus dem statischen Charakter der Systemstruktur und dem Verzicht auf leistungsfähige Betriebssystemunterstützung in der Regel auch eine statische Zuordnung zwischen logischen Einheiten der Strukturmodellebene und physischen Betriebsmitteln des Rechensystems.

Eine grobe Klassifikation zeichnet sich bereits durch die nachfolgenden Abschnitte 4.1 bis 4.3 ab: es werden dort der Reihe nach Daten-gekoppelte, Monitor-gekoppelte und Botschaften-gekoppelte Prozeßsysteme behandelt. Für den Aufbau verteilter Systeme spielen zwar alle drei Strukturmodelle eine Rolle; dominierende Bedeutung haben jedoch Botschaften-gekoppelte Systemstrukturen, für die auch die größte konzeptuelle Vielfalt existiert. Ihre Behandlung nimmt deshalb den größten Raum ein.

Bei der detaillierten Behandlung der Konzepte wird besonderer Wert darauf gelegt, präzise Spezifikationen anstelle von Implementierungen anzugeben. Geeignete Implementierungen werden später stufenweise aus den vorliegenden Spezifikationen entwickelt.

4.1 Daten-gekoppelte Prozeßsysteme

In Daten-gekoppelten Prozeßsystemen sind Prozesse über gemeinsam zugängliche Datenbereiche gekoppelt. Die Synchronisation erfolgt über Semaphore und die bekannten Semaphoroperationen `cause` und `delay`. Graphisch wird dieses Strukturmodell in Abb. 4.1 dargestellt. Elemente der Struktur sind Prozesse, gemeinsame Datenbereiche und Semaphore. Daten müssen nicht notwendigerweise im Arbeitsspeicher liegen, sondern können auch in speziellen Hardwareregistern peripherer Geräte lokalisiert sein. Desgleichen können Prozesse als spezielle Hardwareprozesse – z. B. zur Abwicklung der Ein-/Ausgabe zwischen Arbeitsspeicher und peripheren Geräten – ausgebildet sein.

Auf eine nochmalige Darstellung des Semaphorkonzepts kann hier verzichtet werden. Die Spezifikationen für `cause` und `delay` wurden in *(3–12)* und *(3–13)* im vorigen Kapitel bereits angegeben.

Als Grundlage für spätere Vergleiche sollen hier lediglich die Vor- und Nachteile zusammenfassend gegenübergestellt werden.

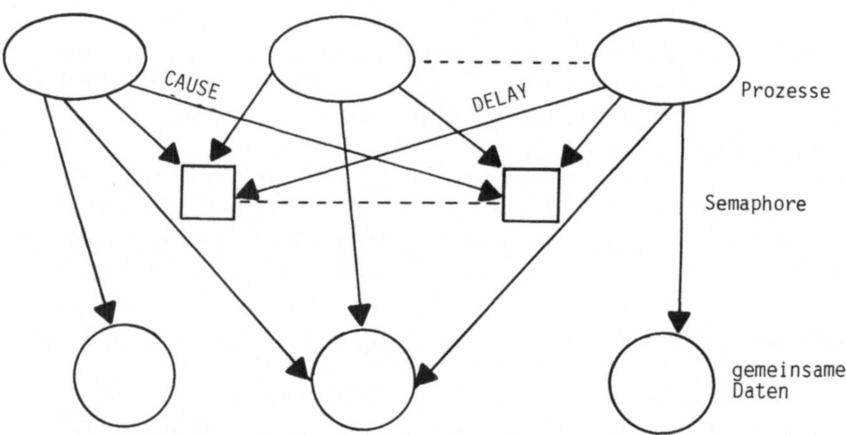

Abb. 4.1. Daten-gekoppeltes Prozeßsystem

Vorteile:

- Das Semaphorkonzept ist durch eine Vereinbarung über die vorgegebene Datenstruktur des Typs Semaphor sowie die Implementierung dreier Operationen (`cause`, `delay` und einer Operation zum Initialisieren von Semaphoren) leicht in jede Sprache einzufügen.
- Die Operationen haben geringen Speicher- und Laufzeitbedarf.
- Es sind keine Beispiele in der Literatur bekannt geworden, die nicht durch Anwendung des Semaphorkonzepts grundsätzlich lösbar wären.

Nachteile:

- Die Anwendung des Semaphorkonzepts führt grundsätzlich zu Systemstrukturen, bei denen die zwischen Prozessen gemeinsam benutzten Daten losgelöst von den Zugriffsfunktionen zu diesen Daten stehen. Die Zugriffsfunktionen sind in den Algorithmen der Prozesse angesiedelt, die auf die Daten zugreifen. Diese Eigenheit des Semaphorkonzepts wurde inzwischen als schwerwiegende strukturelle Schwäche erkannt. Sie hat zur Folge, daß Daten und der dazugehörige Code über ein konkurrentes Programm verstreut sind. Es ist deshalb nur schwer feststellbar, durch welche Zugriffsfunktionen gemeinsame Daten überhaupt bearbeitet werden. Darunter leidet insbesondere die Verständlichkeit der Programmstrukturen.

Eine weitere Konsequenz folgt aus Änderungen, die an gemeinsamen Daten durchgeführt werden: sie ziehen die Änderung aller Prozesse nach sich, die zu diesen Daten zugreifen.

– Realitätsnahe Anwendungen des Semaphorkonzepts führen in der Regel auf bedingte kritische Abschnitte [4.1]. Die Diskussion klassischer Probleme, etwa des Reader-Writer-Problems [4.2], zeigt, daß diese zwar grundsätzlich lösbar, die Lösungen selbst aber sehr unübersichtlich und fehleranfällig sind.

– Daten-gekoppelte Prozeßsysteme setzen praktisch die Existenz eines gemeinsamen Speichers zwischen allen Prozessen voraus, in dem die gemeinsamen Daten abgelegt sind. Hier bestätigt sich eine Beobachtung, die wir auch bei nachfolgend diskutierten Strukturmodellen machen: grundsätzlich sind zwar alle hier vorgestellten Strukturmodelle unabhängig von der physischen Struktur des unterlegten Rechensystems; bestimmte Rechnerarchitekturen eignen sich aber als Basis wesentlich besser als andere. Daten-gekoppelte Prozeßsysteme lassen sich nur schwer auf Rechnersysteme abbilden, die keinen systemweit zugänglichen Speicher besitzen.

4.2 Monitor-gekoppelte Prozeßsysteme

Die ersten beiden Nachteile des Semaphorkonzepts lassen sich weitgehend beseitigen, wenn die zwischen mehreren Prozessen gemeinsam benutzten Daten und die darauf wirkenden Zugriffsfunktionen in einer anderen Form gegliedert werden. Die Grundidee ist in Abb. 4.2 dargestellt. Sie beruht darauf,

a) jede gemeinsam von mehreren Prozessen benutzte Datenstruktur v mit den darauf definierten Zugriffsfunktionen $f_1 \ldots f_n$ in einer abgeschlossenen Einheit – dem Monitor – zusammenzufassen,
b) die logische Unteilbarkeit der Funktionen $f_1 \ldots f_n$ durch ihren wechselseitigen Ausschluß sicherzustellen und
c) Zugriffe zu den Daten eines Monitors nur über die definierten Zugriffsfunktionen des Monitors zuzulassen.

Ein Monitor ist demnach eine Datenstruktur mit darauf definierten Operationen, die sich zeitlich gegenseitig ausschließen. Das Monitorkonzept wurde etwa gleichzeitig von Brinch Hansen [4.3] und Hoare [4.4] entwickelt, die auch eine sprachliche Konstruktion für den Monitor angegeben haben. Sie hat folgende Gestalt:

```
monitorname : monitor (--- formale parameter ---)
deklaration der monitordaten;
{ entryname : entry (--- formale parameter ---)
              deklaration lokaler daten der prozedur;
              do --- prozedurkörper --- end; }
begin --- monitorinitialisierung --- end;
end monitorname;
```

Die in { } angegebene syntaktische Einheit kann n-fach (n≥l) auftreten.

Der Aufruf einer Monitorprozedur durch einen Prozeß erfolgt durch einen qualifizierten Namen der Form

```
monitorname. entryname (--- aktuelle parameter ---);
```

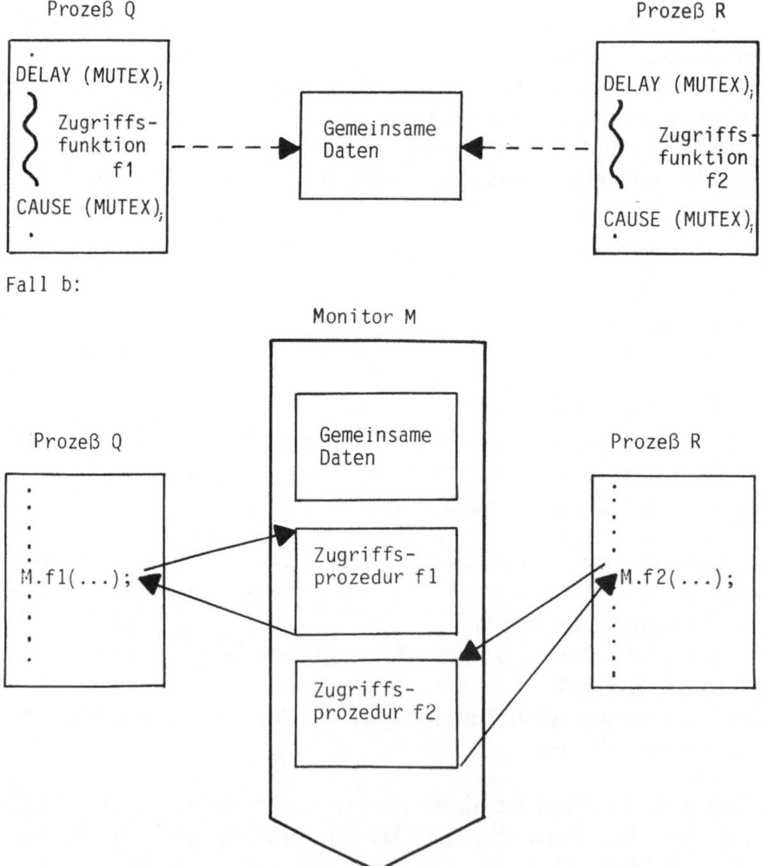

Abb. 4.2. Organisation kritischer Abschnitte durch ein Semaphor MUTEX (Fall a) und durch einen Monitor M (Fall b)

Aus der Sicht der resultierenden Softwarestrukturen ergeben sich durch konsequente Anwendung des Monitorkonzepts gegenüber dem Semaphorkonzept zwei unmittelbare Vorteile:

a) Durch die Sprachkonstruktion wird erzwungen, daß eine Datenstruktur mit allen darauf definierten Zugriffsfunktionen zusammenhängend beschrieben wird. Diese Vorschrift schließt gleichzeitig aus, daß neben den in einem Monitor liegenden Funktionen noch weitere Funktionen existieren, die auf die Monitordaten zugreifen.
b) Monitore kapseln separierbare Entwurfsentscheidungen ein. Die Änderung der internen Repräsentation der Monitordaten und der Monitoralgorithmen bleiben ohne Rückwirkung auf das restliche System, solange die in Form der Entry-Prozeduren vorgegebene Monitorschnittstelle nicht verändert wird. Monitore stellen eine Realisierungsform abstrakter Datentypen dar [4.5] und unterstützen damit das wichtige Konstruktionsprinzip des Information Hiding [4.6].

Die mittels Semaphoren schwierige Formulierung bedingter kritischer Abschnitte vereinfacht sich bei der Benutzung von Monitoren durch das Konzept der Conditionvariablen. Conditionvariable sind spezielle, nur innerhalb von Monitoren definierte Variable vom Typ `condition`, auf die drei Operationen erlaubt sind:

```
conditionvariable. wait   [(priorität)];
conditionvariable. signal [(priorität)];
conditionvariable. status;
```

Die in [ ] angegebene Parameterangaben sind optional und können weggelassen werden.

Conditionvariable werden für jede Bedingung deklariert, auf deren Eintritt Prozesse vorübergehend warten. Eine Conditionvariable cv kann als Menge aller Prozesse aufgefaßt werden, die auf die Erfüllung der zugeordneten Bedingung warten.

Mittels der `wait`-Operation versetzt sich ein Prozeß in den Zustand `blokkiert`, bis die zugeordnete Fortsetzbedingung erfüllt ist. Der Prozeß ist in dieser Zeit in der Prozeßmenge der Conditionvariablen enthalten, auf die die `wait`-Operation ausgeführt wurde.

Mittels der `signal`-Operation wird wenigstens einer der Prozesse, die zu diesem Zeitpunkt in der Prozeßmenge der zugeordneten Conditionvariable enthalten sind, entfernt und deblockiert.

Der optionale Parameter ‚Priorität' dient als Ordnungskriterium zur Sortierung der Prozeßmenge in der `wait`-Operation und als Suchbegriff in der `signal`-Operation. Je nach Aufgabenstellung kann auf prioritätsgerechtes Ordnen und Suchen auch ganz verzichtet werden.

Mittels der `status`-Operation schließlich kann der momentane Zustand einer Conditionvariablen erfragt werden. Die Operation liefert den Wert `empty` zurück, wenn zum Zeitpunkt des Aufrufes die Prozeßmenge der zugeordneten Conditionvariablen leer ist, im anderen Fall liefert sie den Wert `non_empty` zurück.

Nach dieser ersten Übersicht über das Monitorkonzept kann die Struktur Monitor-gekoppelter Prozeßsysteme durch die Abb. 4.3 dargestellt werden:

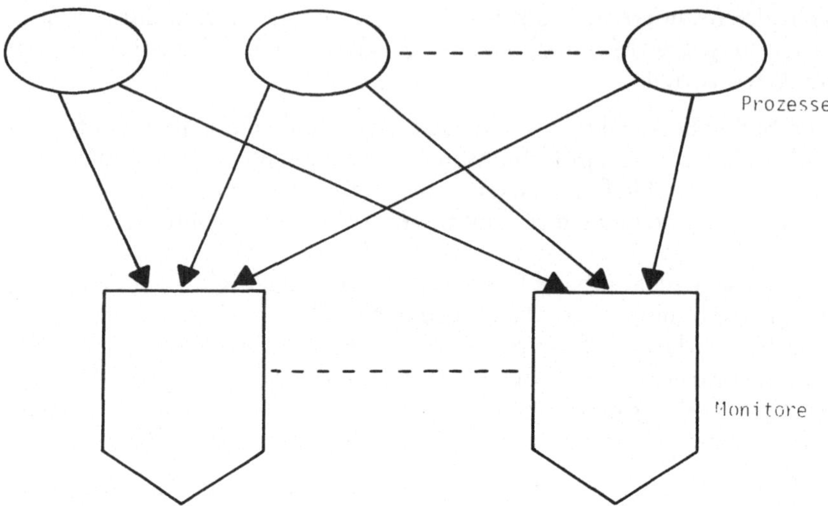

Abb. 4.3. Struktur eines Monitor-gekoppelten Prozeßsystems

Von den in Abschnitt 4.1 genannten Schwächen des Semaphorkonzepts verbleibt lediglich die dritte und letzte: auch Monitor-gekoppelte Prozeßsysteme setzen praktisch die Existenz eines gemeinsam zugänglichen Speichers zwischen allen Prozessen voraus. Die Realisierung von Monitoren in verteilten Systemen ist zwar prinzipiell möglich [4.7]; die Vorteile, wie z.B. geringer Implementierungsaufwand, werden jedoch größtenteils wieder eingebüßt. Wir werden das Monitorkonzept nur dort einsetzen, wo es seine Stärken voll entfalten kann. Wir beschränken uns deshalb darauf, Monitore nur innerhalb von Prozeßsystemen vorzusehen, die in einem verteilten System an *einem* Knoten lokalisiert sind und für die immer die Randbedingung des gemeinsamen Speichers erfüllt ist.

Die nachfolgenden beiden Unterabschnitte dienen einer Präzisierung und Vertiefung des Wissens über Monitore: in 4.2.1 werden aus den bis jetzt vorliegenden verbalen Beschreibungen des Monitorkonzepts präzise Spezifikationen als Basis einer zukünftigen Implementierung entwickelt; in 4.2.2 wird die Leistungsfähigkeit des Monitorkonzepts anhand von Beispielen demonstriert.

4.2.1 Spezifikation des Monitorkonzepts

Als Spezifikationshilfsmittel wird hier – ebenso wie beim Semaphorkonzept – auf die Assertionstechnik von Floyd und Hoare zurückgegriffen, mit der die Wirkung von Operationen durch Vor- und Nachbedingungen beschrieben wird. Sofern Datenstrukturen in die Spezifikationen eingehen, werden sie durch n-Tupel und/oder Mengen definiert.

Im ersten Schritt wird zunächst eine Spezifikation für den Monitoreintritt und den Monitoraustritt entwickelt. Die Belegung eines Monitors durch einen Prozeß wird durch den Aufruf einer Monitorprozedur eingeleitet. Die endgültige Freigabe eines Monitors wird durch Überlaufen der Ende-Anweisung jeder Monitorprozedur eingeleitet. Zur Koordinierung der asynchronen Zugriffe zu einem Monitor durch mehrere Prozesse ist es notwendig, zu jedem Zeitpunkt

a) zu wissen, ob der Monitor gerade frei oder belegt ist, und
b) die Prozesse zu kennen, die im Fall eines belegten Monitors auf den Zutritt zum Monitor warten.

Dazu ist es notwendig, für jeden Monitor eine Zustandsgröße zu halten. Sie besteht aus dem Tupel

$$(Z, P)$$

wobei Z eine Boole'sche Variable ist und die Werte `frei`, `belegt` annehmen kann. P ist die Menge $\{P_1, P_2, P_3, \ldots, P_n\}$ der Prozesse, die bei `z=belegt` auf den Zutritt zum Monitor warten.

Für einen beliebigen Monitor habe die zugehörige Zustandsgröße m zu Beginn den Wert

$$m = (\texttt{frei}, \emptyset)$$

In den nachfolgend angegebenen Spezifikationen für die Operationen »Monitoreintritt» und »Monitoraustritt» werden mit Z′ und P′ wieder die Werte von m *vor* Ausführung, mit Z und P die Werte von m *nach* Ausführung einer Operation bezeichnet. Mit P_a wird der Prozeß bezeichnet, der die Operation ausführt. Es wird dabei ausschließlich das Belegen und Freigeben eines Monitors erfaßt, nicht aber die im Zuge eines Prozeduraufrufes ebenfalls stattfindenden Parameterübergaben, Kontrollflußwechsel etc. Hier greifen die bekannten Mechanismen für Prozedurwechsel.

(4–1)

Spezifikation der Operation »Monitoreintritt»

1) $(z' = \texttt{frei})\ \&\ (p' = \emptyset)\ \{\texttt{monitoreintritt}\}\ (z = \texttt{belegt})\ \&$
   $(p = \emptyset)$

2) $(z' = \texttt{belegt})\ \{\texttt{monitoreintritt}\}\ (z = \texttt{belegt})\ \&$
   $(P = \{P_a\} \cup P')\ \&\ (P_a = \texttt{blockiert})$

(4–2)

Spezifikation der Operation »Monitoraustritt»

1) $(z' = \texttt{belegt})\ \&\ (p' = \emptyset)\ \{\texttt{monitoraustritt}\}\ (z = \texttt{frei})\ \&$
   $(p = \emptyset)$

2) $(z' = \texttt{belegt})\ \&\ (P' \neq \emptyset)\ \{\texttt{monitoraustritt}\}\ (z = \texttt{belegt})\ \&$
   $(P = P' - \{P_x\},\ P_x \in P')\ \&\ (P_x = \texttt{aktiv})$

Ein Vergleich mit *(3–10)* und *(3–11)* zeigt, daß beide Spezifikationen praktisch identisch mit denen der `cause` und `delay`-Operation für binäre Semaphore sind. Lediglich die Zeile 1) von *(3–11)* fehlt in der Spezifikation des Monitoraustritts von *(4–2)*. Der Grund dafür ist, daß durch die sprachlichen Randbedingungen des Monitoraufrufes garantiert wird, daß die Operation »Monitoraustritt» nur nach vorher erfolgtem »Monitoreintritt» ausgeführt werden kann.

Es liegt deshalb nahe, den wechselseitigen Ausschluß von Monitorprozeduren mittels des Semaphorkonzepts zu realisieren. Die später vorgestellten Implementierungen des Monitorkonzepts beruhen auf dieser Erkenntnis.

Im zweiten Schritt werden nun Spezifikationen für das Teilkonzept der Conditionvariablen mit den Operationen `wait`, `signal` und `status` entwickelt. Conditionvariable sind Mengen der Form

$$\mathtt{cv} = \{P_1, P_2, \ldots, P_n\}$$

wobei $P_1 \ldots P_n$ Prozesse sind, die auf den Eintritt der zugeordneten Bedingung B warten. Wir wollen zunächst mit den unproblematischen Operationen `status` und `wait` beginnen und voraussetzen, daß diese Operationen im Kontext eines Monitors mit der zugehörigen Zustandsgröße $m = (Z, P)$ ausgeführt werden. Der Parameter »Priorität» wird in allen nachfolgend angegebenen Spezifikationen für `wait` und `signal` ignoriert, um diese nicht unnötig mit Details zu überladen.

(4–3)

Spezifikation der Operation `cv. status`

1) $\mathtt{cv}' = \emptyset$ {status} (cv=cv') & (status=empty)

2) $\mathtt{cv}' \neq \emptyset$ {status} (cv=cv') & (status=non_empty)

Zum Verständnis der Spezifikation der `wait`-Operation muß berücksichtigt werden, daß am Ende immer die Freigabe des Monitors stehen muß. Wäre das nicht der Fall, so hätte kein anderer Prozeß die Chance, jemals wieder den Monitor zu betreten: der Monitor bliebe für immer gesperrt. Eine Folge davon wäre eine Verklemmung aller Prozesse, die diesen Monitor benutzen. Nun kann unmittelbar weiter gefolgert werden, daß unmittelbar vor Ausführung der `wait`-Operation die Ablaufintegritätsbedingung I hergestellt sein muß, die durch den wechselseitigen Ausschluß der Monitorprozeduren *vor* und *nach* jedem Monitoraufruf gilt. Wäre das nicht der Fall, würde ein nachfolgender Prozeß den Monitor in einem inkonsistenten Zustand antreffen. Die Spezifikation für die `wait`-Operation hat deshalb folgende Gestalt:

(4–4)

Spezifikation der Operation `cv. wait`

1) $\neg$b & i & cv' & ($P' = \emptyset$) & (z' = belegt) {wait}
$\neg$b & i & (P_a = blockiert) & (cv= $\{P_a\} \cup$ cv') &
(P = P') & (z = frei)

2) $\neg$b & i & cv' & ($P' \neq \emptyset$) & (z' = belegt) {wait}
$\neg$b & i & (P_a = blockiert) & (cv= $\{p_a\} \cup$ cv') &
(P = P'− $\{P_x\}$, $P_x \in P'$) & (P_x = aktiv) & (z = z')

Diese Definition der `wait`-Operation läßt offen, ob die Bedingung B nach Beendigung der Wartestellung des ausführenden Prozesses P_a tatsächlich erfüllt ist. Es besteht lediglich eine große Chance dafür, so daß der reaktivierte Prozeß die Pflicht hat, den Wert der Bedingung B nochmals abzuprüfen. Die `wait`-Operation muß deshalb bei dieser Semantik in einer `while`-Schleife stehen:

```
while¬b do cv.wait(...) end;
```

Für diese schwache Definition der `wait`-Operation sind verschiedene Semantiken der `signal`-Operation möglich.

Nachfolgend wird zunächst die von HOWARD [4.8] angegebene Variante ohne Prozeßwechsel vorgestellt, die höchstens **einen** wartenden Prozeß reaktiviert. Bei ihr verbleibt der signalisierende Prozeß im Besitz des Monitors und sorgt lediglich dafür, daß bei nichtleerer Prozeßmenge von CV exakt ein Prozeß in den Wettbewerb um den Zutritt zum Monitor gebracht wird.

(4–5)

Spezifikation der Operation `cv. signal`
(Variante I: kein Prozeßwechsel, Reaktivierung höchstens eines wartenden Prozesses)

1) `b & (cv' = ∅) {signal} b & (cv=cv')`

2) `b & (cv' ≠ ∅) & P' {signal}`
`b & (cv = cv' - {`P_x`}, `P_x` ε cv') & (P = P'∪{`P_x`})`

Die zweite, ebenfalls von HOWARD [4.8] angegebene Variante der `signal`-Operation unterscheidet sich von der vorhergehenden lediglich dadurch, daß bei nichtleerer Prozeßmenge von CV *alle* auf den Eintritt der zugehörigen Bedingung B wartenden Prozesse in den Wettbewerb um erneuten Zutritt zum Monitor gebracht werden. In den nachfolgenden Spezifikationen wird angenommen, daß zum Zeitpunkt des Aufrufs k Prozesse $P_1...P_k$ in der Prozeßmenge von CV enthalten sind.

(4–6)

Spezifikation der Operation `cv. signal`
(Variante II: kein Prozeßwechsel, Reaktivierung aller wartenden Prozesse)

1) `b & (cv' = ∅) {signal} b & (cv=cv')`

2) `b & (cv' ≠ ∅) & P' {signal} b & (cv = ∅) & (P = P' ∪ cv')`

Die dritte Variante der `signal`-Operation ist die historisch älteste und stammt von HOARE [4.4]. Bei ihr wird das Besitzrecht über den Monitor direkt vom signalisierenden auf den signalisierten Prozeß übertragen. Als Folge davon kann nach einer `wait`-Operation immer vorausgesetzt werden, daß die Bedingung B erfüllt ist. In der Hoare'schen Spezifikation der `wait`-Operation ist deshalb in *(4–4)* die Nachbedingung um den Term (& B) erweitert. Da durch den Aufruf der `signal`-Operation der aufrufende Prozeß in der Regel den Monitor freigibt, muß bei dieser Variante sichergestellt werden, daß vorher die Ablaufkonsistenz I hergestellt wurde.

(4–7)

Spezifikation der Operation `cv. signal`
(Variante III: Prozeßwechsel vom signalisierenden auf den signalisierten Prozeß)

1) `b & i & (cv' = ∅) {signal} b & i & (cv = cv')`

2) `b & i & (cv' ≠ ∅) & p' {signal}`
`b & i & (P = {P_a}∪P') & P_a = blockiert)`
`& (cv=cv'–{P_x}, P_x ε cv') & (P_x = aktiv)`

Eine Konsequenz dieser Semantik der `signal`-Operation ist, daß die zugehörige `wait`-Operation in einer **`if`**-Anweisung stehen kann, da der signalisierte Prozeß die Bedingung B immer erfüllt vorfindet (vorausgesetzt sie war erfüllt unmittelbar vor Ausführung der `signal`-Operation):

```
if ¬ b then cv.wait(...);
```

Die Kritik an der von Hoare angegebenen Semantikdefinition für die `signal`-Operation konzentriert sich auf zwei Punkte:

- Jede `signal`-Operation zieht im Falle einer nichtleeren Prozeßmenge der zugehörigen Conditionvariablen zwangsläufig zwei Prozeßwechsel nach sich, bevor der signalisierende Prozeß mit der auf die `signal`-Operation folgenden Anweisung fortgesetzt werden kann. Dies hat einen hohen Laufzeitaufwand zur Folge. Er erscheint vor allem deshalb ungerechtfertigt, weil erfahrungsgemäß die `signal`-Operationen die letzten Anweisungen innerhalb einer Monitorprozedur bilden. Die Rückkehr in den Monitor erfolgt deshalb nur zu dem Zweck, den Monitor endgültig freizugeben.
- Die Strenge der `signal`-Definition verlangt zwingend die Erfüllung der Fortsetzbedingung B vor Ausführung der `signal`-Operation auf die betreffende Conditionvariable (sonst dürfte die `wait`-Operation nicht in einer `if`-Anweisung benutzt werden). Diese Vorschrift kann jedoch nicht überprüft werden, da im Hoare'schen Sprachkonzept keine Möglichkeit besteht, die Zuordnung von Bedingungen zu Conditionvariablen zu formulieren. Diesbezügliche Erweiterungen wurden vorgeschlagen [4.9, 4.10]. Der Gebrauch der `signal`- und `wait`-Operationen unter Zugrundelegung der Hoare'schen Semantik ist daher relativ fehleranfällig.

Aus den genannten Gründen werden wir künftig die Variante III der `signal`-Operation nicht mehr betrachten.

Unter den verbleibenden Varianten I und II fällt eine klare Entscheidung zugunsten einer Variante schwerer. Die robustesten Programmkonstruktionen resultieren aus der Variante II: jede `signal`-Operation befreit alle unter der zugehörigen Conditionvariablen blockierten Prozesse und stößt damit eine Reevaluierung der Bedingung B in der entsprechenden `while`-Schleife an. Dieses Konzept ist dann von Vorteil, wenn in der Regel mehrere signalisierte Prozesse aufgrund einer `signal`-Operation fortgesetzt werden können.

Sehr oft wird jedoch durch den ersten signalisierten Prozeß die Bedingung B wieder invalidiert. Das ist z.B. bei allen Synchronisationsproblemen im Zusammenhang mit der Vergabe seriell benutzbarer Betriebsmittel der Fall. Dort würden von n durch die `signal`-Operation reaktivierten Prozessen n–l Prozesse nach Neuauswertung der Bedingung B in den Wartezustand zurückkehren. Die `signal`-Variante I ist auf diese Klasse von Anwendungen zugeschnitten, da sie immer nur einen Prozeß aus seinem Wartezustand befreit. Für den Fall, daß mehrere wartende Prozesse nach einer `signal`-Operation fortgesetzt werden können, muß bei der Variante I die `signal`-Operation mehrfach ausgeführt werden. Aus dieser Notwendigkeit resultiert eine gegenüber Variante II geringere Robustheit gegen fehlerhafte Programmkonstruktionen.

Geringerer Laufzeitaufwand und verminderte Robustheit bei der `signal`-Variante I stehen höherem Laufzeitaufwand durch nutzlose Prozeßaktivierungen und größerer Robustheit bei der `signal`-Variante II gegenüber.

Abschließend sei darauf hingewiesen, daß für alle der hier diskutierten Spezifikationen von `signal`, `wait` und `status` die Eigenschaften einer Operation im Sinne der Definition *(3–1)* vorausgesetzt werden. Die Frage einer geeigneten Implementierung wird auf einen späteren Zeitpunkt verschoben und im Zusammenhang mit der Realisierung weiterer Funktionen wie `cause` und `delay` `behandelt.`

4.2.2 Beispiele für das Monitorkonzept

Nach der präzisen Definition der Syntax und Semantik des Monitorkonzepts werden nun einige Beispiele vorgestellt, die die Leistungsfähigkeit des Konzepts unter Beweis stellen sollen. Dabei wird die in *(4–6)* festgelegte Semantik (Variante II) für die `signal`-Operation zugrundegelegt.

Im ersten Beispiel wird eine typische Aufgabenstellung aus dem Betriebssystembereich behandelt. Ein Monitor `tapmon` habe die Aufgabe, einen Pool von vier Magnetbandgeräten zu verwalten und insbesondere die Zuteilung einzelner Bandgeräte an Prozesse zu koordinieren. Ein Bandgerät wird durch die Monitorprozedur `gettape` von einem Prozeß angefordert und durch Aufruf der Monitorprozedur `puttape` freigegeben.

Der in der Folge dargestellte Monitor enthält neben diesen zwei Prozeduren keine weiteren zum Betreiben der Bandgeräte (wie `read`, `write` usw.). Diese Funktionen werden üblicherweise in einem getrennten Modul zusammengefaßt, da sie den Monitor nur unnötig blockieren würden. Der Monitor koordiniert lediglich den Zugriff zu den Bandgeräten. Die Benutzung der zugeteilten Geräte kann ohne Koordinationszwang unter Umgehung des Monitors erfolgen.

Beispiel 1: Verwaltung eines Pools von 4 Magnetbandeinheiten

```
tapmon: monitor
tape: array [1:4] of (frei, belegt);
busycount: integer; {anzahl der belegten bandeinheiten}
nonbusy: condition;

gettape: entry (result acttape: integer)
i: integer;
do
i:=1;
while busycount=4 do nonbusy.wait end;
while (tape[I]= belegt) do i:=i+1 end;
tape [i]:= belegt;
acttape: = i;
busycount: = busycount+1;
end;

puttape: entry (acttape: integer)
do
tape[acttape]:= frei;
busycount:= busycount-1;
nonbusy.signal;
end;
begin
i: integer;
do
for i=1 to 4
    do
    tape [i]:= frei;
    end;
busycount:= 0;
end;
end tapmon;
```

Im zweiten Beispiel wird der Gebrauch des Prioritätsparameters in der `wait`-Operation demonstriert.

Das von HOARE angegebene Beispiel behandelt einen `clock`-Monitor, der es Prozessen ermöglicht, für eine angegebene Anzahl von Zeiteinheiten konstanter Länge in den Zustand `blockiert` zu wechseln. Prozesse rufen dazu die Monitorprozedur `wakeme` (N) auf, wobei in N die Anzahl der Zeiteinheiten übergeben wird. Die zweite Monitorprozedur `tick` wird nach Ablauf eines Zeitintervalls durch einen Prozeß aufgerufen, der sich auf das Unterbrechungssignal des Taktgebers synchronisiert. In der Prozedur wird der nächste Zeitauftrag auf den neuesten Stand gebracht und der zugehörige Prozeß aktiviert, wenn dessen vorgegebene Weckzeit abgelaufen ist. In der Integervariablen now wird die fortlaufende Relativzeit vermerkt. An der Conditionvariablen wakeup warten alle Prozesse, deren Weckzeit noch nicht abgelaufen ist.

Beispiel 2: Clock-Monitor

```
clock:  monitor
now:    integer;
wakeup: condition;

wakeme: entry (N: integer)
next: integer;
do
next:= now+n;
while (now < next) do wakeup.wait(next) end;
wakeup.signal; {falls der nächste weckauftrag abgelaufe-
n ist}
end;

tick: entry
do
now:= now+1;
wakeup.signal;
end;

begin
do
now:= 0;
end;
end clock;
```

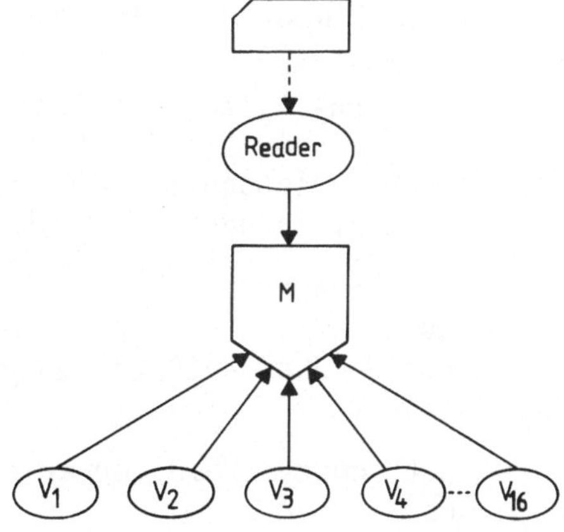

Abb. 4.4. Beispiel eines Monitor-gekoppelten Prozeßsystems, bei dem eine Feldberechnung durch 16 Bearbeitungsprozesse $V_1 \ldots V_{16}$ parallelisiert wird

Im dritten und letzten Beispiel wird gezeigt, wie Parallelverzweigungen (fork) und Vereinigungen paralleler Aktivitäten (join) auf einfache Weise mit einem Monitor realisiert werden können. Zur Erläuterung diene die Abb. 4.4. Ein Prozeß, der reader, liest über ein peripheres Gerät zyklisch ein feldartig strukturiertes Datenfeld ein, dessen 16 Feldelemente unabhängig durch 16 bereitstehende Prozesse $V_1 \ldots V_{16}$ bearbeitet werden können. Der reader kann nach einem Lesevorgang erst fortfahren, wenn alle 16 Bearbeitungsprozesse ihr Teilergebnis berechnet haben.

Beispiel 3: Parallelisierung bei Feldberechnungen

```
reader: process
        a: array [1:16] of element;
        do
        loop do
              m.await; {erwarte ende der feldbearbeitung}
              lies a;
              m.put(a);
              end;
        end reader;
```

Die Verarbeitungsprozesse $V_1 \ldots V_{16}$ sind alle vom selben Typ verarb:

```
v1,v2,...v16:verarb;

verarb = process
         fe: element; {ein element des feldes a}
         do
         loop do
              m.get(fe); {hole ein feldelement}
              bearbeitung des elementes fe;
              m.finito; {bearbeitungsende}
              end;
         end verarb;
```

Der Monitor M hat dann folgenden Aufbau:

```
m: monitor
a: array [1:16] of element;
busy: array [1:16] of (true, false);
count1: integer; {zahl der bearbeiteten feldelemente}
count2: integer; {zahl der in bearbeitung befindlichen
                  feldelemente}
await: entry
do
while count < 16 do empty.wait end;
end;

put: entry (feld: array [1:16] of element)
do
```

```
a:= feld;
count1, count2:= 0;
busy:= false;
while (full.status=non_empty) do full.signal end;
end;

get: entry (result e:element)
i: integer;
do
while count2=16 do full.wait end;
count2:= count2+1;
i:=1;
while (i < 16) & (busy[i] = true) do i:= i+1 end;
busy[i]:= true;
e:= a[i];
end;

finito: entry
do
count1:= count1+1;
if count1 = 16 then empty.signal;
end;

begin
do
count1, count2:= 16;
busy:= true;
end;
end m;
```

Man kann sich leicht davon überzeugen, daß der vorgegebene Initialzustand des Monitors die korrekte Synchronisation aller beteiligten Prozesse unabhängig von der Reihenfolge garantiert, in der Monitoraufrufe produziert werden.

4.3 Botschaften-gekoppelte Prozeßsysteme

Bei der Kopplung von Prozeßsystemen über Botschaften (messages) kommunizieren Prozesse ausschließlich durch den Austausch von Daten zwischen disjunkten Speichern. Die Daten müssen dazu in bestimmten Formaten vorliegen und werden dann als Botschaften bezeichnet. Für den Botschaftentransport stehen gewöhnlich zwei Operationen zur Verfügung, mittels derer Botschaften von einem Sender an ein *Transportsystem* abgeliefert (`send`), bzw. von einem Empfänger aus dem Transportsystem übernommen (`receive`) werden können. Existierende Realisierungen des Botschaftenkonzepts lassen sich drei Modellvorstellungen zuordnen:

Die Botschaftenkopplung über speicherlose Transportsysteme wird in 4.3.2 behandelt. Speichernde Transportsysteme werden in 4.3.3 diskutiert. Ein relativ neues Strukturmodell für Botschaften-gekoppelte Prozeßsysteme, das unter dem Begriff „Remote Invocation" bekannt ist, wird abschließend in 4.3.4 vorgestellt. In 4.3.1 werden als Voraussetzung für das Verständnis des Nachfolgenden wichtige Grundbegriffe anhand eines Basismodells für Botschaften-gekoppelte Prozeßsysteme geklärt.

4.3.1 Ein Basismodell für Botschaften-gekoppelte Prozeßsysteme

Botschaften-gekoppelte Prozeßsysteme bestehen aus Kommunikationspartnern – den kommunizierenden Prozessen –, deren disjunkte Speicher über ein Transportsystem verbunden sind. Ein Kommunikationsmodell für solche Systeme muß es gestatten, diese Verbindungsstruktur zwischen Kommunikationspartnern und Transportsystem in allgemeiner Form darzustellen. Ein leistungsfähiges Modell zeigt Abb. 4.5:

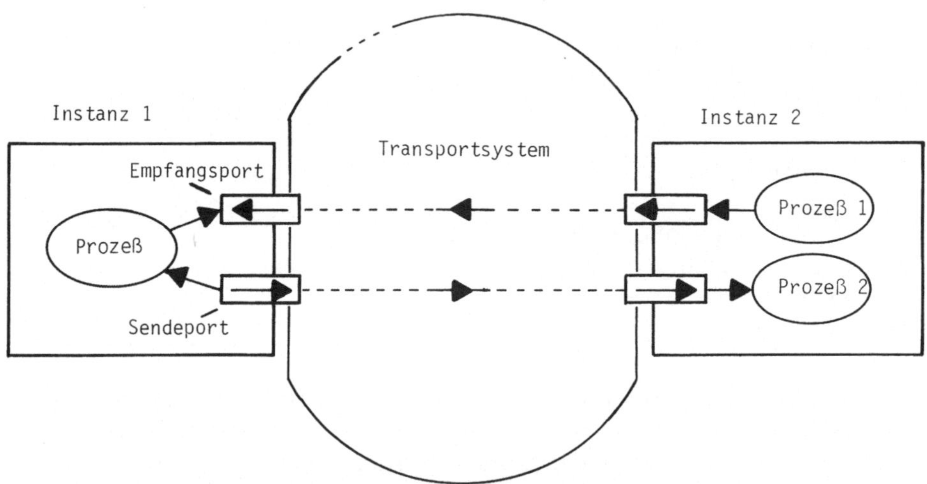

Abb. 4.5. Basismodell für Botschaften-gekoppelte Prozeßsysteme

Es zeichnet sich gegenüber anderen Modellen durch zwei wesentliche Abstraktionen aus. Kommunikationspartner sind nicht einzelne Prozesse, sondern Prozeßgruppen, die jeweils in einem zusammenhängenden Speicher liegen. Sie werden hier als Instanzen bezeichnet. Dieser Abstraktion liegt die Beobachtung zugrunde, daß sich komplexe Kommunikationsabläufe in der Regel zwischen mehreren, in zwei disjunkten Speichern angesiedelten Prozessen abspielen. Die zweite wichtige Abstraktion besteht in der Einführung sog. Ports. Ports bilden die Verbindungsglieder (Kupplungen) zwischen Instanzen und dem Transportsystem [4.11]. Aus der Sicht des Transportsystems stellen Ports die Quellen und Senken für Botschaften dar. In [4.15, 4.16] wurden Vorschläge zur Einbettung des Portkonzepts in Programmiersprachen unterbreitet. Das Portkonzept gestattet es,

Kommunikationsstrukturen unabhängig von den Kommunikationspartnern durch logische Verbindungen zwischen Ports und den darüber fließenden Botschaften zu beschreiben.

Ports werden in *Sendeports* und *Empfangsports* unterschieden. Sendeports definieren Austrittstellen von Botschaften; Empfangsports definieren Eintrittstellen für Botschaften.

Präziser kann man sich unter einem Port ein 6-Tubel

```
(type, z, p, a, e, timeout)
```

mit folgender Bedeutung vorstellen:

type — kennzeichnet den Porttyp und kann die Werte (Sendeport, Empfangsport) annehmen.

z — definiert den momentanen Belegungszustand eines Ports und kann die Werte (Belegt, Frei) annehmen. Belegt bedeutet, daß momentan eine Portoperation läuft.

p — enthält im Falle einer laufenden Portoperation die Identifikation des Prozesses, der die Portoperation eingeleitet hat.

a — enthält im Falle einer laufenden Portoperation die Anfangsadresse der Botschaft im Arbeitsspeicher der zugehörigen Instanz.

e — enthält im Falle einer laufenden Portoperation die aktuelle Botschaftenlänge bei Sendeports bzw. Maximallänge bei Empfangsports.

timeout — enthält im Falle einer laufenden Portoperation ein Zeitintervall, nach dessen Verstreichen eine früher gestartete Portoperation unabhängig vom Erfolg der Übertragung abgebrochen wird.

Timeout-Mechanismen sind von den hardwarenahen Ebenen der Datenübertragungssysteme her bekannt. Sie helfen verhindern, daß bei Defekten einer Datenübertragungseinrichtung bzw. einer Kommunikationsinstanz die intakte Instanz für alle Zeiten in einer Portoperation blockiert wird.

Auf der logischen Ebene könnten wir derartige Hardwareausfälle prinzipiell ignorieren und beliebig zuverlässige Systeme voraussetzen. In der Praxis wäre eine solche Annahme jedoch unrealistisch.

Permanente Hardwareausfälle schlagen in der Regel auf die logische Ebene durch und induzieren dort den Ausfall von logischen Komponenten des Systems, wie z. B. Ausfälle von Instanzen oder Teilen des Transportsystems der Abb. 4.5. Aus diesem Grund wurde ein Timeout-Parameter in die Beschreibung von Ports aufgenommen. Er ermöglicht die Realisierung von Timeout-Mechanismen für Portoperationen auch auf der hier betrachteten logischen Ebene und unterstützt deshalb insgesamt eine praxisgerechtere Behandlung von Hardwareausfällen in verteilten Systemen.

Nachfolgend wird das hier entwickelte Portkonzept als fester Bestandteil aller Modellvariationen vorausgesetzt.

Unterschiede in den Strukturmodellen ergeben sich primär durch verschiedene Modellvorstellungen für das Transportsystem. Darauf konzentrieren sich 4.3.2 und 4.3.3.

4.3.2 Speicherlose Transportsysteme

Wir betrachten hier Transportsysteme, die über keine Einrichtungen zur temporären Zwischenspeicherung von Botschaften auf dem Übertragungswege verfügen.

4.3.2.1 Das Kanalkonzept

Wir wollen hier die Eigenschaften eines speicherlosen Transportsystems untersuchen, das durch eine gerichtete Verbindung zwischen einem Sende- und Empfangsport entsteht. Wir nennen dieses elementare Transportsystem „Kanal" (Abb. 4.6).

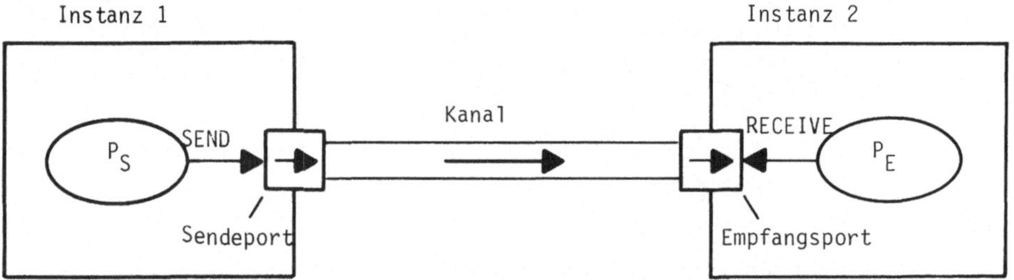

Abb. 4.6. Der Kanal als gerichtete Verbindung ohne Speicherfähigkeit zwischen einem Sende- und Empfangsport

Der Kanal hat lediglich die Aufgabe, eine zu sendende Botschaft aus dem lokalen Speicher der Instanz 1 in den lokalen Speicher der Instanz 2 zu kopieren. Da der Kanal selbst keine Möglichkeit der internen Zwischenspeicherung besitzt, kann eine Übertragung erst dann stattfinden, wenn der Senderprozeß P_S und der Empfängerprozeß P_E gleichzeitig zur Übertragung bereit sind. Das bedeutet, daß eine `send`- und eine `receive`-Operation gleichzeitig am Kanal anstehen müssen, bevor eine Botschaft übertragen werden kann. Man spricht dann auch von einem *Rendezvous* zwischen Sender und Empfänger [4.12]. Der Prozeß, der eine Portoperation zuerst initiiert muß daher solange verzögert werden, bis die korrespondierende Portoperation auf der Kanalgegenseite ebenfalls ansteht.

Mit diesen Erläuterungen sind wir nun in der Lage, Spezifikationen für die beiden Operationen

portname. `send` (botadr, botlänge, timeout, erfolg)

und

portname. `receive` (botadr, botlänge, timeout, erfolg)

anzugeben. Die Parameter haben folgende Bedeutung:

botadr ist die Anfangsadresse der zu übertragenden Botschaft im lokalen Adreßraum des Senders bzw. Empfängers.

botlänge — ist die aktuelle Botschaftenlänge beim Sender und die maximale Botschaftenlänge beim Empfänger.

timeout — stellt die Zeitbegrenzung für die zugehörige Portoperation dar.

erfolg — ist ein Result-Parameter, der Auskunft über den Erfolg der Operation erteilt. Er kann die Werte (OK, TIMEOUT) annehmen.

Es sei ferner angenommen, daß in der `send`-Operation die aktuellen Parameterwerte botadr = ADR_S, botlänge = LG_S, timeout = TIM_S, und in der `receive`-Operation die Parameterwerte botadr = ADR_E, botlänge = LG_E, timeout = TIM_E übergeben werden. Im Rückgabeparameter ‚erfolg' werde der Wert ERFOLG zurückgegeben.

Die den Zustand des Sendeports kennzeichnenden Werte des 6-Tupels (vgl. 4.3.1) werden als $TYPE_S$, Z_S, P_S, A_S, L_S, $TIMEOUT_S$, und die entsprechenden Werte des Empfangsports als $TYPE_E$, Z_E, P_E, A_E, L_E, $TIMEOUT_E$ bezeichnet. In den Spezifikationen beider Operationen müssen drei Fälle unterschieden werden:

a) Der Prozeß findet die Gegenoperation noch nicht vor.
b) Der Prozeß findet die Gegenoperation bereits vor.
c) Ein Timeout-Signal wird ausgelöst, weil seit Aufruf der zugehörigen Portoperation das Zeitintervall Δt = timeout verstrichen ist. Das Timeout-Signal wird wie eine dritte unabhängige Operation behandelt.

(4–8)

Spezifikation der Operation send

1) $(type'_s=sendeport)$ & $(z'_s=frei)$ & $(z'_e=frei)$ &
$(p'_s=aktiv)$ {send}
$(TYPE_s=TYPE'_s)$ & $(z_s=belegt)$ & $(z_e=z'_e)$ &
$(a_s=ADR_s)$ & $(l_s=LG_s)$ & $(timeout_s=TIM_s)$ & $(p_s=blockiert)$

2) $(type'_s=sendeport)$ & $(z'_s=frei)$ & $(z'_e=belegt)$ &
$(LG_s \leq l'_e)$ {send} $(\sum_{i=0}^{lg_s} (<A_e+i>=<ADR_s+i>)$ &
$(z_s=frei)$ & $(z_e=frei)$ & $(P_e=aktiv)$ & $(erfolg=ok)$

3) $(\Delta t=TIMEOUT_s)$ & $(z'_s=belegt)$ & $(P'_s=blockiert)$ {timeout}
$(z_s=frei)$ & $(P_s=aktiv)$ & $(erfolg=TIMEOUT)$

Mit spitzen Klammern werden in 2) die *Inhalte* der Speicherzellen bezeichnet, auf die durch die innerhalb der Klammern stehenden Adressen verwiesen wird.

Spezifikation der Operation receive *(4–9)*

1) $(\mathtt{TYPE'_e=empfangsport})\ \&\ (\mathtt{z'_e=frei})\ \&\ (\mathtt{z'_s=frei})\ \&$
$(\mathtt{p'_e=aktiv})\ \{\mathtt{receive}\}$
$(\mathtt{type_e=TYPE'_e})\ \&\ (\mathtt{z_e=belegt})\ \&\ (\mathtt{z_s=z'_s})\ \&$
$(\mathtt{a_e=ADR_e})\ \&\ (\mathtt{l_e=LG_e})\ \&\ (\mathtt{TIMEOUT_e=TIM_e})\ \&\ (\mathtt{P_e=blockiert})$

2) $(\mathtt{TYPE'_e=empfangsport})\ \&\ (\mathtt{z'_e=frei})\ \&\ (\mathtt{z'_s=belegt})\ \&$
$(\mathtt{L'_s \leq LG_e})\ \{\mathtt{receive}\}\ (\ \sum_{i=0}^{L} (<\mathtt{ADR_e+i}> = <\mathtt{A_s+i}>)\ \&$
$(\mathtt{z_e=frei})\ \&\ (\mathtt{z_s=frei})\ \&\ (\mathtt{P_s=aktiv})\ \&\ (\mathtt{erfolg=ok})$

3) $(\Delta\mathtt{t=TIMEOUT_e})\ \&\ (\mathtt{z'_e=belegt})\ \&\ (\mathtt{P'_e=blockiert})\ \{\mathtt{timeout}\}$
$(\mathtt{z_e=frei})\ \&\ (\mathtt{P_e=aktiv})\ \&\ (\mathtt{erfolg=TIMEOUT})$

Man erkennt leicht, daß die durch *(4–8)* und *(4–9)* vorgegebenen Spezifikationen in abstrakter Weise die Leistungen eines einfachen Übertragungsmediums definieren. Diese Kommunikationsform eignet sich deshalb besonders gut zur Beschreibung kommunizierender Prozesse, die in separaten Rechnern lokalisiert und lediglich über „Drähte" verbunden sind.

Die in Abb. 4.6 gezeigte Konstellation gestattet die Botschaftenübermittlung nur in einer Richtung. Eine echte Kommunikation zwischen zwei Instanzen ist erst möglich, wenn beide über wenigstens einen Sende- und Empfangsport verbunden sind.

In Abb. 4.7 ist ein einfaches Auftragssystem dargestellt: die Instanz 1 erzeugt zyklisch über den Sendeport SP_1 Aufträge an die Instanz 2, die diese nach Bearbeitung über ihren Sendeport SP_2 quittiert.

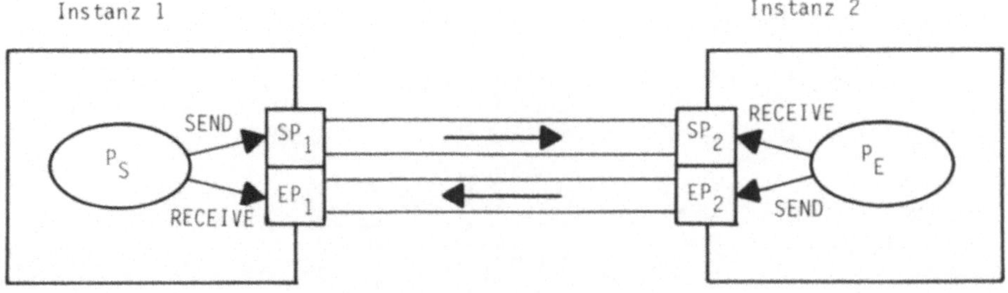

Abb. 4.7. Auftragssystem bestehend aus einem Auftraggeber (Instanz 1) und einem Auftragnehmer (Instanz 2)

Die innerhalb der Instanzen vorausgesetzten Prozesse P_S und P_E haben dann bezüglich der Botschaftenkommunikation folgende Struktur:

```
ps: process
    .
    .
    .
do
loop do
    sp1.send (...); {sende auftrag}
    .
    .
    .
    .
    ep1.receive (...); {empfange quittung}
    end;
end ps;

pe: process
    .
    .
    .
    do
    loop do
         ep2.receive (...); {empfange auftrag}
         .
         .  auftrags-
         .  bearbeitung
         .
         sp2.send (...); {sende quittung}
         end;
end pe;
```

Unterstellt man, daß jede Instanz über eine prinzipiell unbeschränkte Zahl von Sende- und Empfangsports mit anderen Instanzen verbunden sein kann, dann erhält man das erste allgemeine Modell für Botschaften-gekoppelte Prozeßsysteme (Abb. 4.8).

Ein System wird hier als ein durch Kanalverbindungen realisiertes Instanzennetz dargestellt. Instanzen sind diejenigen Einheiten, denen ein logisch zusammenhängender Speicher zugeordnet ist. Aus der Sicht verteilter Systeme stellen sie die *Verteilungseinheiten* dar, die auf verschiedenen Netzknoten eines Rechnernetzes ablaufen können. Man beachte, daß das zugrundegelegte Kanalkonzept dazu zwingt, für jede gewünschte Verbindung zwischen Instanzen ein eigenes Paar von Sende- und Empfangsports einzurichten. In der Systemimplementierungssprache Lady [4.13] wurde dieses Strukturmodell zugrundegelegt. Die Sprache enthält syntaktische Elemente zur Beschreibung von Instanzen, Ports und Botschaften. Instanzen bestehen in Lady aus einer Menge von Prozessen, die intern über Monitore kommunizieren. Damit stehen für Prozesse insgesamt zwei Kommunikationsmechanismen zur Verfügung:

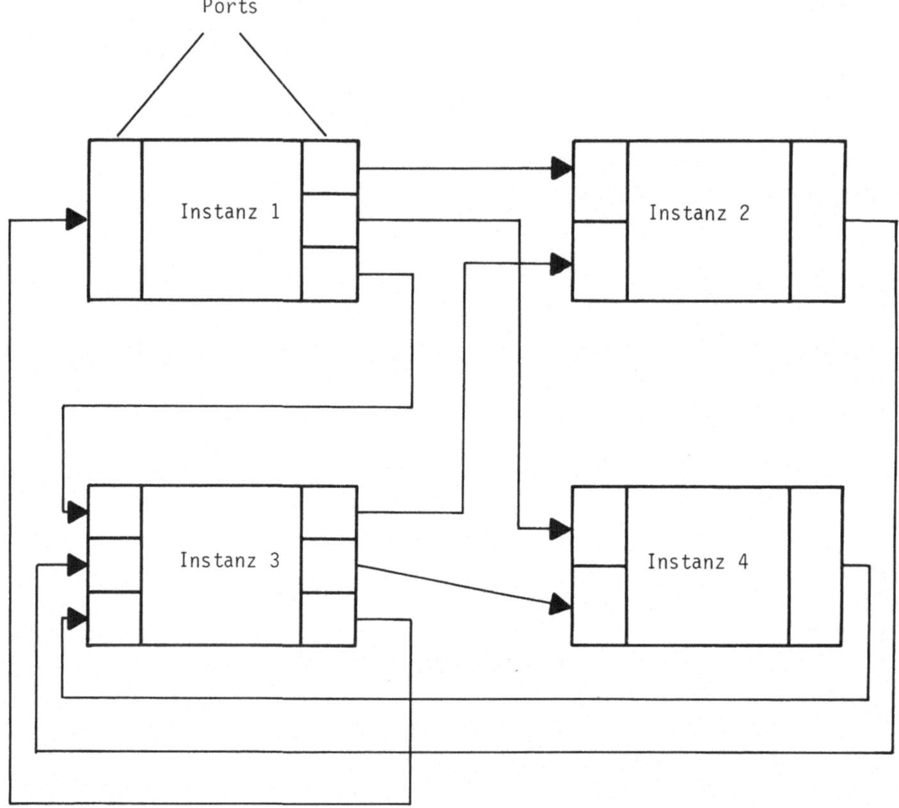

Abb. 4.8. Beispiel eines Instanzennetzes mit Kanalkopplung über Sende- und Empfangsports

a) Monitore für Prozesse, die innerhalb einer Instanz liegen und den gemeinsamen Speicher fest voraussetzen können, und
b) Kanäle für Prozesse, die in verschiedenen Instanzen lokalisiert sind und über keinen gemeinsamen Speicher verfügen.

Die in Lady zur Verfügung stehenden Kommunikationskonzepte gestatten es damit, zwischen relativ eng (Monitore) und relativ lose (Kanäle) gekoppelten Prozessen zu unterscheiden und tragen deshalb dem Verlangen nach einer stärkeren Differenzierung von Kommunikationsstrukturen besser Rechnung.
Ähnliche Wege geht Liskov [4.14] mit dem Guardian-Konzept.

4.3.2.2 Multiplexer und Konzentratoren

Das Kanalkonzept gestattet es lediglich, Zweipunktverbindungen zwischen Paaren von Sende- und Empfangsports zu definieren. Komplizierte Kommunikationsstrukturen müssen durch Vermaschung der Kommunikationspartner mit einer entsprechenden Anzahl von Kanälen realisiert werden. Das hat den Vorteil, daß jede gewünschte Verbindung zwischen zwei Instanzen explizit durch ein eigenes Paar von Sende- und Empfangsports eingerichtet werden muß. Ungewollte

Kommunikationswege werden so vermieden. Der Nachteil dieses Strukturmodells wird bei relativ komplexen Systemen mit einem hohen Vermaschungsgrad sichtbar. Die Zahl der benötigten Ports zur Herstellung aller erforderlichen Verbindungen steigt schnell an und reduziert damit die Übersichtlichkeit der resultierenden Systemstrukturen. Einen Ausweg aus dieser Situation bieten leistungsfähigere logische Transportsysteme.

Anstelle des durch eine 1:1-Verbindung zwischen einem Sende- und Empfangsport charakterisierten Kanals sollen nun Transportsysteme betrachtet werden, die eine 1:n- bzw. n:1-Verbindungstopologie besitzen. Man spricht hier auch von Mehrpunktverbindungen. Ein Transportsystem, das logische Übertragungswege von einem Sendeport zu n Empfangsports unterstützt, wird als Multiplexkanal (kurz Multiplexer) bezeichnet (Abb. 4.9).

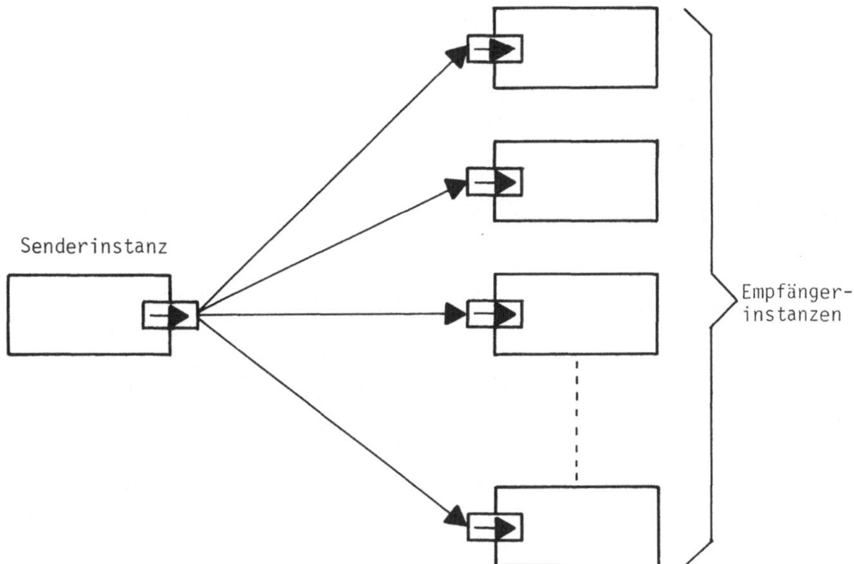

Abb. 4.9. Multiplexkanal mit 1:n-Verbindungstopologie zwischen Sende- und Empfangsports

Unter einem Konzentratorkanal (kurz Konzentrator) verstehen wir dagegen ein Transportsystem, das Kanäle von n Sendeports auf einen Empfangsport bündelt (Abb. 4.10).

In den Funktionen `send` und `receive` wird gegenüber den bereits bekannten Funktionen zum Betreiben eines Kanals lediglich ein weiterer Parameter benötigt, in dem der Zielport bei der `send`-Operation bzw. Sendeport bei der `receive`-Operation angegeben wird:

portname.`send` (zielport, botadr, botlänge, timeout, erfolg)
portname.`receive` (sendeport, botadr, botlänge, timeout, erfolg)

Der Parameter ‚sendeport' in der `receive`-Operation ist ein Resultatparameter, in dem bei erfolgreicher Übertragung für den Empfänger einer Botschaft eindeu-

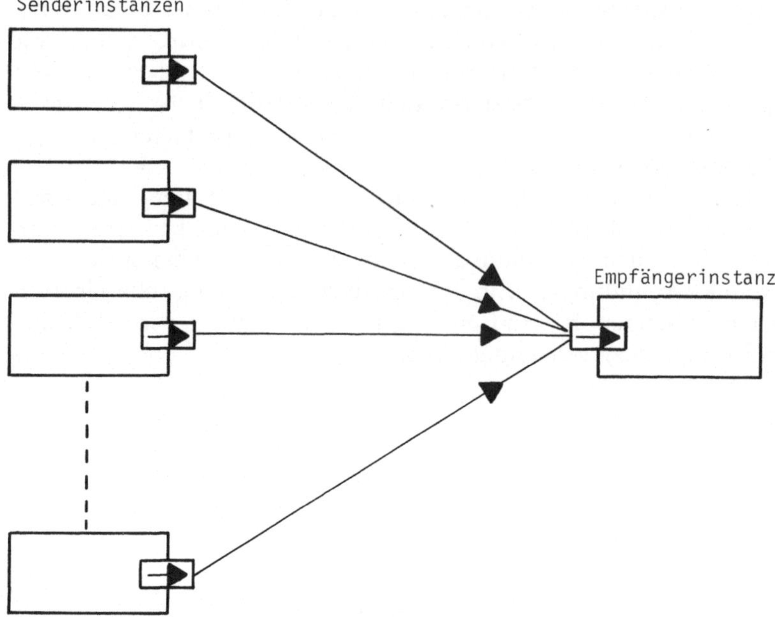

Abb. 4.10. Konzentratorkanal mit n:1-Verbindungstopologie zwischen Sende- und Empfangsports

tig der Absender hinterlegt wird. Die Wirkung beider Operationen ist ansonsten identisch mit den in *(4–8)* und *(4–9)* angegebenen Spezifikationen für den elementaren Kanal. Bei mehrfach vorhandenen Rendezvous zum gleichen Zeitpunkt wird angenommen, daß die zugehörigen Botschaftentransporte zeitlich nacheinander, aber in einer unbestimmten Reihenfolge durchgeführt werden. Diese Eigenschaft begründet die Bezeichnungen Multiplexer und Konzentrator.

Mit den Elementen Multiplexer und Konzentrator können wir nun das zweite allgemeine Strukturmodell für Botschaften-gekoppelte Prozeßsysteme definieren:

Es entsteht dadurch, daß man

a) jeder Instanz genau einen Sende- und Empfangsport zuordnet und
b) jeden Sendeport mit den Empfangsports aller anderen Instanzen verbindet.

Aus der Sicht jeder einzelnen Instanz bedeutet das, daß sie über einen Multiplexer und einen Konzentrator mit den Sende- und Empfangsports aller anderen Instanzen verbunden ist. Wir nennen dieses Transportsystem ein *speicherloses Vermittlungssystem,* da es die Kommunikation zwischen *allen* angeschlossenen Instanzen in beiden Richtungen ermöglicht (Abb. 4.11).

Der Vorteil dieses Strukturmodells besteht in einer Begrenzung der Zahl benötigter Ports auf exakt zwei pro Instanz. Der Nachteil des Konzepts ist darin zu sehen, daß es auch logische Verbindungen zwischen Instanzen unterhält, die bei korrekter Arbeitsweise des Systems niemals miteinander kommunizieren. „Irrtümlich“ gesendete Botschaften müssen daher durch zusätzliche Überwachungs-

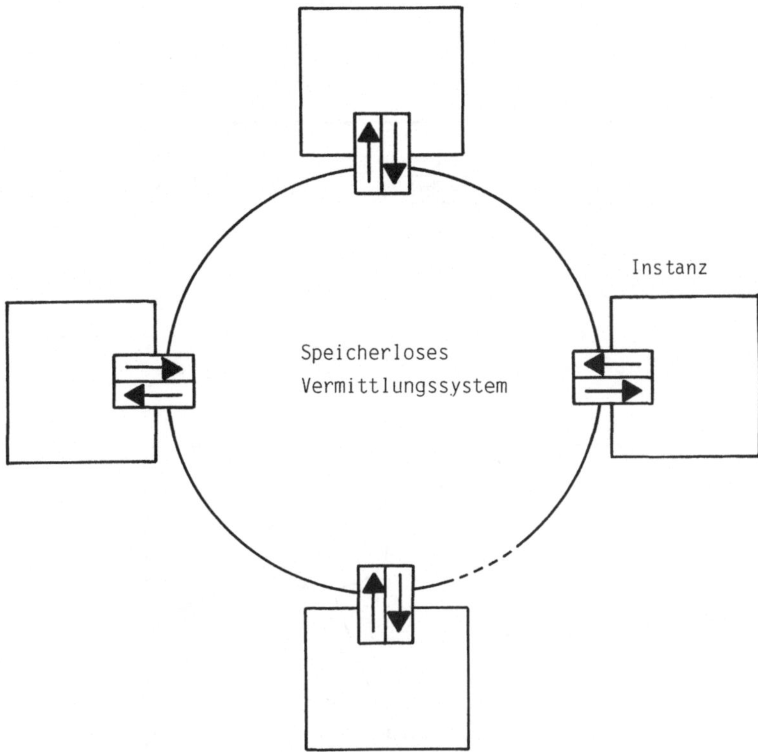

Abb. 4.11. Instanzenkommunikation über ein speicherloses Vermittlungssystem

maßnahmen – z. B. durch spezielle Kontrollmechanismen auf Empfangsseite – unwirksam gemacht werden.

In einer Variante dieser Systemstruktur wird eine gesendete Botschaft grundsätzlich an *alle* potentiellen Empfänger übertragen, die zum Sendezeitpunkt am Vermittlungssystem angeschlossen sind. Man nennt Vermittlungssysteme mit dieser Eigenschaft auch Broadcastsysteme.

4.3.3 Speichernde Transportsysteme

Die bisher betrachteten Transportsysteme besitzen die Fähigkeit, eine Botschaft aus dem lokalen Speicher eines Senders in den lokalen Speicher eines Empfängers ohne temporäre Zwischenspeicherung im Transportsystem zu kopieren. Aus dieser Randbedingung folgte unmittelbar die Notwendigkeit des Rendezvous zwischen Sender und Empfänger. Diese Randbedingung geben wir nun auf und erweitern die Fähigkeiten des logischen Transportsystems um die Möglichkeit, eine endliche, aber von außen unbekannte Zahl von Botschaften auf dem Übertragungswege zwischenzuspeichern. In einem ersten Schritt werden wir zeigen, daß diese Fähigkeit durch eine Reihenschaltung von mindestens zwei Kanälen erreicht wird. Abbildung 4.12 zeigt die betrachtete Anordnung.

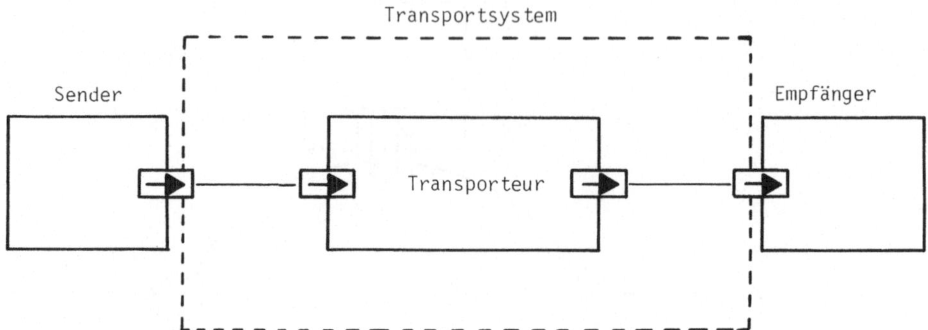

Abb. 4.12. Basisanordnung für ein speicherndes Transportsystem

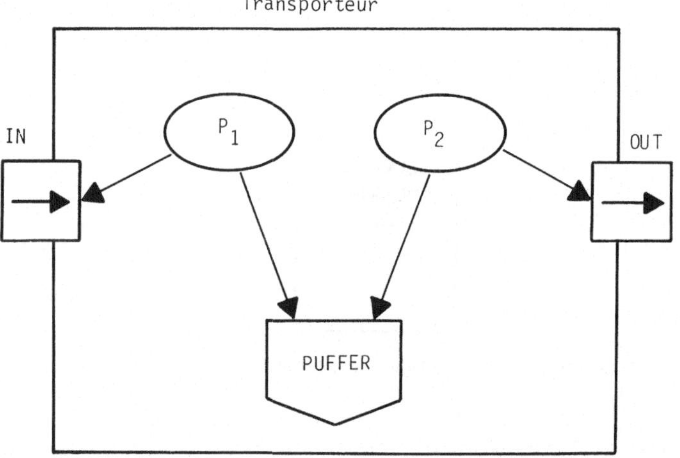

Abb. 4.13. Implementierung für die Instanz Transporteur, bestehend aus zwei Prozessen P_1 und P_2 und einem Monitor PUFFER

Sender- und Empfängerports sind nicht direkt, sondern über eine innerhalb des Transportsystems verborgene Instanz „Transporteur" miteinander verbunden. Wird vom Sender eine `send`-Operation ausgeführt, so muß für eine erfolgreiche Übernahme der Botschaft durch das Transportsystem zunächst das Rendezvous mit dem Transporteur hergestellt werden. Nach erfolgtem Rendezvous wird die Botschaft in den lokalen Speichern des Transporteurs übernommen. Der Transporteur kann nun seinerseits die Botschaft durch eine `send`-Operation an den Empfänger weiterleiten. Dazu ist jedoch das Rendezvous mit dem Empfänger notwendig.

Abbildung 4.13 zeigt eine mögliche Implementierung für den Transporteur. Der Prozeß P_1 übernimmt die Botschaften vom Empfangsport und legt sie im Monitor `Puffer` ab. Der Prozeß P_2 holt die Botschaften der Reihe nach aus dem Puffer und sendet sie dem Empfänger.

P_1 muß warten, wenn der Puffer voll ist und P_2 muß warten, wenn der Puffer leer ist. Die Algorithmen für P_1, P_2 und `puffer` haben deshalb folgendes Aussehen:

Beispiel: Transporteur

```
puffer : monitor

buffer : botschaftenpuffer;
non_empty : condition;
non_full : condition;

put : entry (--parameter--)
do
while full(buffer) = true do non_full.wait end;
ablegen der botschaft im puffer;
non_empty.signal;
end;

get : entry (--parameter--)
do
while empty (buffer) = true do non_empty.wait end;
auslesen einer botschaft aus puffer;
non_full.signal;
end;

begin
do
buffer := empty;
end;
end puffer;
p1 : process
in : empfangsport;
botschaft : puffer für eine botschaft;
do
loop do
     in.receive(addr(botschaft),...);
     puffer.put(addr(botschaft),...);
     end;
end p1;

p2 : process
out : sendeport;
botschaft : puffer für eine botschaft;
do
loop do
     puffer.get(addr(botschaft),...);
     out.send (addr(botschaft),...);
     end;
end p2;
```

Nachdem wir uns eine präzisere Vorstellung von der Funktion des Transporteurs in einem speichernden Transportsystem gemacht haben, können wir die in Abb. 4.12 dargestellte Basisanordnung verallgemeinern. Abbildung 4.14 zeigt ein Transportsystem aus n in Reihe geschalteter Transporteure. Jeder der Transporteure hat die identische Funktion des Transporteurs der Basisanordnung nach Abb. 4.12. Bezeichnet man die direkt hinter der Hülle des Transportsystems angesiedelten Transporteure als Interface-Transporteure, dann gilt die durch *(4–8)* und *(4–9)* angegebene Semantik für die Operationen `send` und `receive` unverändert, wenn als direkte Kommunikationspartner Sender und Interface-Transporteur, bzw. Empfänger und Interface-Transporteur fungieren.

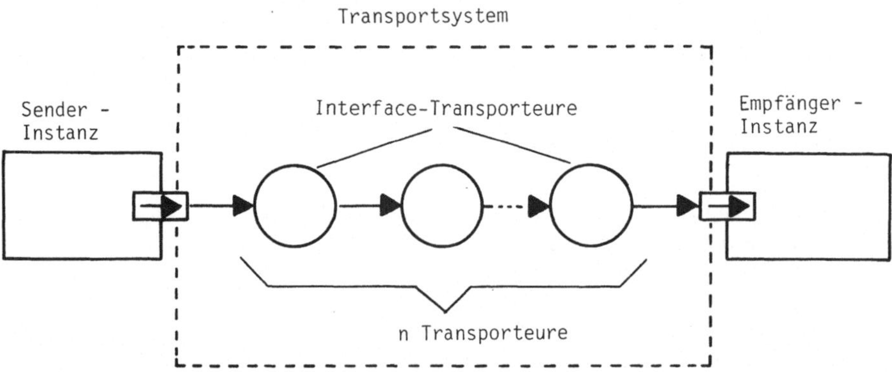

Abb. 4.14. Reihenschaltung von n Transporteuren in einem speichernden Transportsystem

Anders ausgedrückt bedeutet dies, daß die `send`-Operation bis zur Ablieferung der Botschaft an das Transportsystem definiert ist. LISKOV [4.14] bezeichnet in einer an der Dauer der `send`-Operation orientierten Klassifikation diese Form des `send` als No-Wait-Send.

Die allgemeinste Form eines speichernden Transportsystems ist in Abb. 4.15 dargestellt. Wie in dem speicherlosen Vermittlungssystem der Abb. 4.11 ist jede Kommunikationsinstanz über einen Sende- und Empfangsport mit dem Transportsystem verbunden und in der Lage, mit allen gegenwärtig an das Transportsystem angeschlossenen Instanzen zu kommunizieren. Wir sprechen dann von einem speichernden Vermittlungssystem. Das interne Verbindungsnetz zwischen den Transporteuren enthält gewöhnlich einen gewissen Redundanzgrad, so daß eine Botschaft auf verschiedenen Wegen durch das Transportsystem vom Sender zum Empfänger geschleust werden kann. Aus diesem Grund sind bei der Kommunikation über speichernde Transportsysteme zwei Techniken der Botschaftenübermittlung bekannt:

- die Datagrammtechnik und
- die Technik der „virtuellen Kanäle".

Bei der Datagrammtechnik wird jeder Botschaft die Anschrift des Empfängers beigefügt. Der Weg, den eine Botschaft durch das Transportsystem nimmt, bleibt letztlich dem Zufall überlassen.

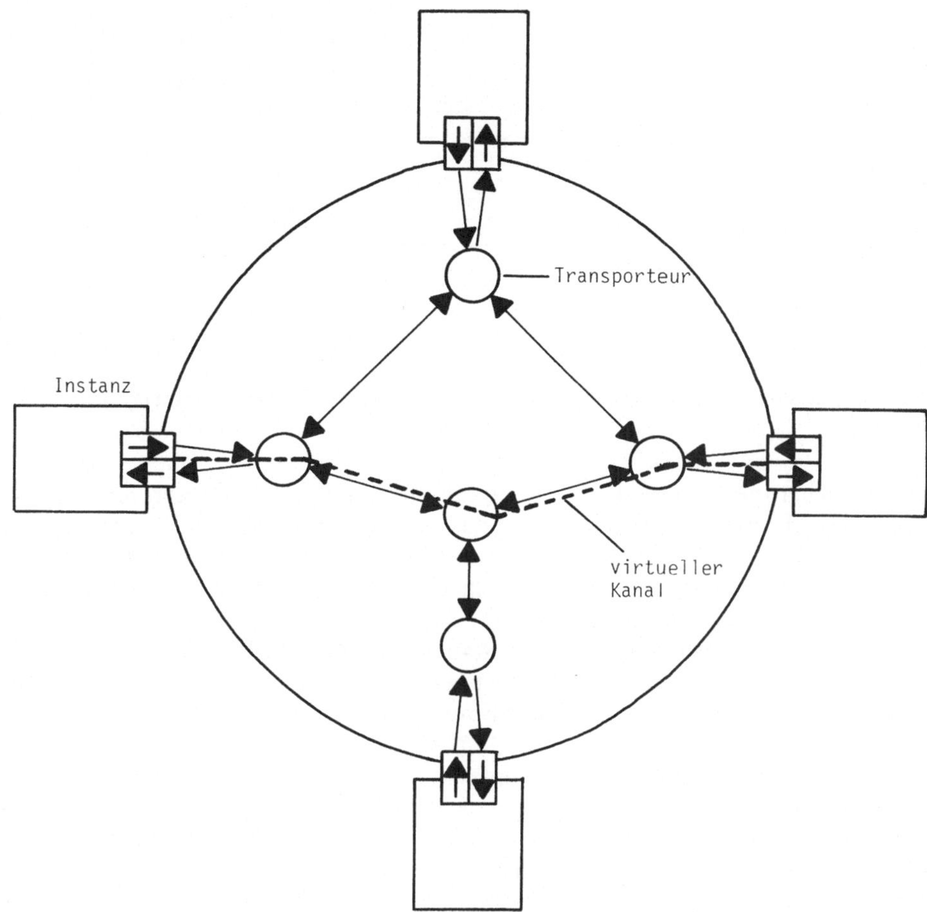

Abb. 4.15. Speicherndes Vermittlungssystem (Kreise bezeichnen Transporteure mit Speicherfähigkeit)

Bei der Technik der virtuellen Kanäle wird in einer Eröffnungsphase eine eindeutige Übertragungsstrecke zwischen zwei Kommunikationspartnern ausgewählt, auf der alle Botschaften für die Dauer der Kommunikation übertragen werden (Abb. 4.15).

Die Datagrammtechnik ist dann das überlegene Übertragungskonzept, wenn die Kommunikationspartner in unregelmäßigen Zeitabständen Daten geringen Umfangs austauschen. Dagegen wird die Technik der virtuellen Kanäle dann das leistungsfähigere Konzept sein, wenn die Kommunikationspartner vergleichsweise selten in eine intensive, durch hohe Botschaftenrate gekennzeichnete Kommunikationsphase eintreten.

Nachdem wir zunächst gezeigt haben, daß speichernde Transportsysteme durch eine Menge von Kanälen modelliert werden können, die über spezielle Instanzen – die Transporteure – gekoppelt sind, wollen wir nun demonstrieren, daß auch die umgekehrte Betrachtungsweise möglich ist: wir werden versuchen, das abstrakte Konzept des Kanals zwischen zwei Kommunikationspartnern auf ei-

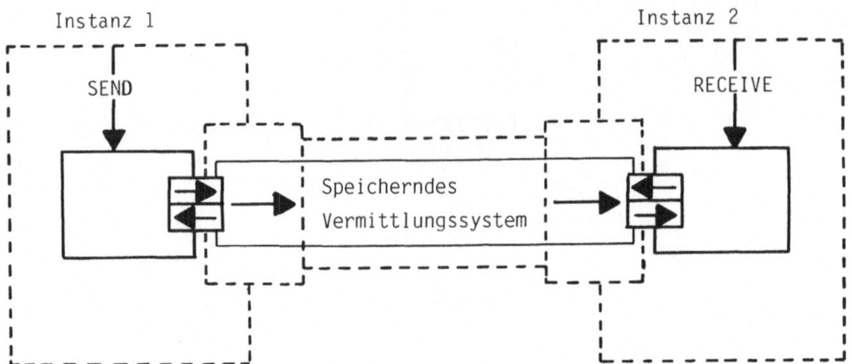

Abb. 4.16. Realisierung eines virtuellen Kanals mittels eines speichernden Vermittlungssystems

nem speichernden Vermittlungssystem zu realisieren. Zur Erläuterung diene die Abb. 4.16. Mit gestrichelten Linien ist das zu realisierende Kanalkonzept mit der durch *(4–8)* und *(4–9)* vorgegebenen Semantik für die Operationen send und receive dargestellt. Durchgezogen gezeichnet ist das speichernde Vermittlungssystem, das als Realisierungsbasis dient.

Um auf der Ebene der Instanzen Instanz 1 und Instanz 2 das Erscheinungsbild eines Kanals zu erzeugen, darf die dort bereitgestellte send-Operation erst dann abgeschlossen werden, wenn von der Empfangsseite die erfolgreiche Ankunft der Botschaft signalisiert wurde. Diese „Quittierung" erfordert eine Rückbotschaft – auch Quittung genannt – vom Empfänger zum Sender. Bezeichnet man mit $\mathtt{send}_k$ und $\mathtt{receive}_k$ die zu realisierenden Operationen für das in Abb. 4.16 gestrichelt dargestellte Kanalkonzept, dann kann die folgende, den Spezifikationen *(4–8)* und *(4–9)* genügende Implementierung unter Benutzung der Operationen send und receive für ein speicherndes Vermittlungssystem angegeben werden:

Operation $\mathtt{send}_k$

```
port1. send (. . . .);    {senden der botschaft}
port2. receive (. . . .); {erwarten der quittung}
```

Operation $\mathtt{receive}_k$

```
port1. receive (. . . .); {erwarten der botschaft}
port2. send (. . . .);    {senden der quittung}
```

Dieses Beispiel zeigt, daß das Kanalkonzept das *weiterreichende* Konzept ist, da die send-Operation erst nach erfolgreicher Übertragung der Botschaft vom Sender zum Empfänger abgeschlossen ist. Bei spreichernden Transportsystemen als Übertragungsmedium erfordert deshalb die Realisierung des Kanalkonzepts die Rückübertragung einer speziellen Quittungsbotschaft.

Zum Abschluß dieses Abschnitts soll ein Grenzfall für speichernde Vermittlungssysteme betrachtet werden. Man erhält ihn, wenn man eine zentralisierte

Rechnerarchitektur mit einem allen Prozessen gemeinsam zugänglichen Arbeitsspeicher voraussetzt. Das speichernde Vermittlungssystem entartet dann zu einem Monitor, der prozeßspezifische Botschaftenpuffer – sog. Mailboxes – verwaltet.

Mailboxsysteme stellen die historisch älteste Variante von Botschaften-gekoppelten Prozeßsystemen dar.

Im einfachsten Fall ist jedem Prozeß eine Mailbox zugeordnet, die als Auffangstelle für alle an einen Prozeß gerichteten Botschaften dient. In der `send`-Operation kann jeder Prozeß jede Mailbox adressieren. Dagegen kann ein Prozeß mittels der `receive`-Operation nur an ihn gerichtete Botschaften aus seiner eigenen Mailbox auslesen. Für die Zwischenspeicherung der Botschaften müssen vom Mailboxverwalter Botschaftenbehälter (envelopes) in ausreichender Zahl zur Verfügung gestellt werden. Abb. 4.17 veranschaulicht die Struktur eines Mailboxsystems.

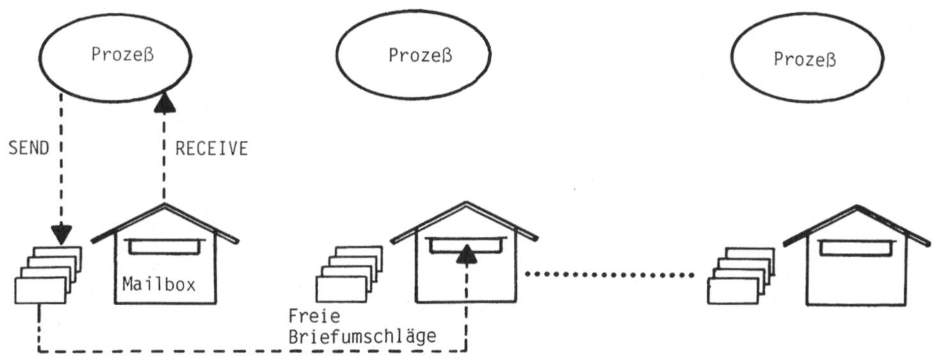

Abb. 4.17. Modell eines Mailboxsystems

Anschließend soll die Struktur eines einfachen Mailboxsystems skizziert werden.

Betrachtet sei ein Prozeßsystem bestehend aus „`pmax`" Prozessen, denen jeweils eine Mailbox fest zugeordnet ist. Jedem Prozeß stehe ein festes Sortiment von freien Briefumschlägen zur Ablage von Botschaften zur Verfügung. Das resultierende Gesamtkontingent an benötigten freien Briefumschlägen sei „`bmax`". Die Werte von „`bmax`" und „`pmax`" werden dem Monitor zum Zeitpunkt der Monitorinitialisierung als Paramter übergeben und legen dort die Feldgrenzen von Datenstrukturen fest.

Ein Briefumschlag zur Aufnahme einer Botschaft fester Länge habe folgendes Format:

```
envelope = structure
           belegt : (ja, nein);
           senderid : 0 . . . pmax;
           botschaft : array [1:W] of word;
           end;
```

Die Parameter `senderid` und `empfid` stellen Prozeßidentifikationen des sendenden bzw. empfangenden Prozesses dar und sind der Einfachheit halber als Integervariable im Bereich 1..pmax definiert. Sie können deshalb direkt zur Indizierung von Feldern im Monitor benutzt werden.

Die Synchronisation der Prozesse, die in der receive-Operation auf die Ankunft einer Botschaft in der ihnen zugeordneten Mailbox warten, geschieht durch das Feld von Conditionvariablen nonempty [1..pmax].

Damit zeichnet sich der nachfolgende Aufbau für den Monitor mailbox ab:

```
mailbox : monitor (pmax : integer, bmax : integer)

pool : array [1:bmax] of envelope; {freie briefumschläge}
mailbox : array [1:pmax] of (queue of envelope); {briefkästen}
nonempty : array [1:pmax] of condition;

send : entry (senderid : integer, empfid : integer,
              botschaft : array [1:W] of word)
do
bestimme index I eines freien briefumschlages;
pool[I].botschaft := botschaft;
pool[I].senderid := senderid;
pool[I].belegt := ja;
einketten von pool[I] in mailbox [empfid];
nonempty[empfid].signal;
end;

receive : entry (empfid : integer, senderid : integer,
                result botschaft : array [1:w] of word)
do
while (mailbox[empfid]=empty) do nonempty[empfid].wait end;
ausketten eines vollen briefumschlags pool[k] aus mailbox[emp-
fid];
botschaft := pool[k].botschaft;
senderid := pool[k].senderid;
pool[k].belegt := nein;
end;

begin
x : integer;
do
for x=1 to bmax do pool[x].belegt := nein; end;
for x=1 to pmax do mailbox[x] := empty; end;
end;
end mailbox;
```

Bekanntgewordene Realisierungen von Mailboxsystemen gehen in verschiedenen Punkten über die Fähigkeiten des hier dargestellten einfachen Systems hinaus. Wesentliche Erweiterungen betreffen die Möglichkeit, Botschaften variabler

Länge zu verarbeiten, Botschaften nach Aufträgen und Quittungen zu unterscheiden, bzw. Mailboxes in beliebiger Zahl dynamisch einzurichten und zu vernichten [4.17, 4.18].

4.3.4 Das Remote-Invocation-Konzept

Remote Invocation ist ein abstraktes Strukturmodell für konkurrente Programmsysteme, das von Brinch Hansen [4.19] entwickelt wurde. Die Kommunikation zwischen Prozessen wird in diesem Konzept durch den Aufruf von Prozeduren durchgeführt, die jeder Prozeß in seinem Prozeßrumpf beherbergt.

Auf der gewählten Abstraktionsebene hat ein Prozeß folgende allgemeine Gestalt:

```
name : process
interne variable
externe prozeduren
initialisierung
end name
```

Für Prozesse dieser Form wurde von Brinch Hansen folgende Semantik angegeben: Nach der Erzeugung und dem Start eines Prozesses wird zunächst die Initialisierung durchgeführt, bevor der Prozeß die Bearbeitung jeweils einer externen Prozedur aufnimmt. Stehen mehrere externe Prozeduren zur Ausführung an, so wird im Prinzip eine Zufallswahl getroffen, welche Prozedur als nächste ausgewählt wird. Ist für keine der Prozeduren die Bedingung zur Ausführung erfüllt, so wird der Prozeß vorübergehend blockiert. Alle Prozeduren und die Initialisierungsanweisung schließen sich zeitlich gegenseitig aus, d.h. sie sind als Operationen im Sinne von *(3–1)* aufzufassen. Der Aufruf einer externen Prozedur in einem anderen Prozeß erfolgt durch einen Aufruf der Form

```
Q.R (--parameterliste--)
```

wobei Q der Name des fremden Prozesses und R der Name der innerhalb von Q beheimateten externen Prozedur ist. Das äußere Erscheinungsbild dieser Abstraktion vermittelt also tatsächlich den Eindruck, als handele es sich um einen simplen Prozedurmechanismus, durch den die Kommunikation zwischen Prozessen geregelt wird (daher auch der Name „Remote Invocation"). In der Tat ist auch die Wirkung eines „Fernprozeduraufrufs" identisch mit einem gewöhnlichen Prozeduraufruf: der aufrufende Prozeß erhält die Kontrolle erst dann zurück, wenn die aufgerufene Prozedur ihre Ergebnisse an den Aufrufer abgeliefert hat.

An einem einfachen Beispiel soll zunächst die Mächtigkeit des Konzepts demonstriert werden. Es soll gezeigt werden, daß ein allgemeines Semaphor durch einen Prozeß `sem` implementiert werden kann, der die Semaphoroperationen `cause` und `delay` als externe Prozeduren bereitstellt.

```
sem : process
s : integer;
entry delay when s>0 do s:=s-1 end;
entry cause do s:=s+1 end;
s:=0;
end sem;
```

Zu Beginn wird das Semaphor im Initialisierungsteil zu 0 initialisiert. Danach ist der Prozeß im Prinzip bereit, auf Anforderung entweder die Prozedur delay oder die Prozedur cause auszuführen.

Aufrufe der delay-Operation bleiben jedoch so lange unbearbeitet, wie die in der when-Klausel angegebene Bedingung (S>0) nicht erfüllt ist. Es handelt sich hier um einen sog. Guard [4.21], der dem Anweisungsteil vorangestellt ist. Man kann sich leicht überzeugen, daß die Wirkung des Prozesses sem exakt den durch *(3–12)* und *(3–13)* angegebenen Operationen cause und delay auf ein Semaphor sem entspricht. In einer syntaktischen Variante wurde dieses Kommunikationskonzept in die Programmiersprache ADA [4.20] übernommen.

Tatsächlich wird die Wirkung des Fern-Prozeduraufrufs durch eine Botschaftskopplung zwischen allen beteiligten Prozessen implementiert. Die geforderte Identität mit der Wirkung eines gewöhnlichen Prozeduraufrufes verlangt eine Rückübertragung der gesamten Botschaft im Zuge der Abwicklung eines Remote Invocation.

Der Aufruf Q.R (--Parameterliste--) wird deshalb im aufrufenden Prozeß P durch die Sequenz der folgenden Botschaftenoperationen durchgeführt:

```
port1. send (--parameterliste--); {senden der botschaft an Q}
port2. receive (--parameterliste--); {erwarten der rückbotschaft}
```

Es spielt dabei keine Rolle, ob es sich bei dem zugrundeliegenden Transportsystem um ein speicherloses oder ein speicherndes Transportsystem handelt.

In dem angesprochenen Prozeß Q muß die Entry-Prozedur

entry R (--Parameterliste--) Anweisungsteil **end;**

in die Folge

port1. receive (--Parameterliste--); {Empfang des Auftrages zur Durchführung von R}

Anweisungsteil von R;
port2. send (--Parameterliste--); {Rückübertragung der Botschaft}

transformiert werden. Das Invocation-Send-Konzept ist demnach primär ein Sprachkonzept, das im allgemeinen Fall durch einen Botschaftenmechanismus implementiert wird.

Ein entscheidender Nachteil des Konzepts für verteilte Prozeßsysteme ist der Zwang zur aufwendigen Rückübertragung aller Botschaften.

Literatur

[4.1] P. Brinch Hansen: A Comparison of two Synchronizing Concepts, Acta Informatica 1, 190–199 (1972)

[4.2] P. J. Courtois, F. Heymans, D. L. Parnas: Concurrent Control with „Readers“ and „Writers“, CACM 14, 667–668 (1971)

[4.3] P. Brinch Hansen: Operating System Principles, Prentice Hall, Englewood Cliffs (N. J.) (1973)

[4.4] C. A. R. Hoare: Monitors: An Operating System Structuring Concept, CACM 17, 549–557 (1974)

[4.5] B. H. Liskov, S. N. Zilles: Programming with Abstract Data Types, Proc. ACM SIGPLAN Conf. on Very High Level Languages, Sigplan Notices 9, 50–59 (1974)

[4.6] D. L. Parnas: A Technique for Software Module Specification with Examples, CACM 15, 330–336 (1972)

[4.7] H. Kemen: Die virtuelle Netzwerkmaschine – Ein Werkzeug zur Entwicklung verteilter Betriebssysteme, GI/NTG – Fachtagung, Informatik Fachberichte Nr. 27, 86–101 (1980)

[4.8] J. H. Howard: Signaling in Monitors Proceedings of the 2nd Int. Conference on Software Engineering, 47–52 (1976)

[4.9] S. K. Shrivastava: Systematic Programming of Scheduling Algorithms, SOFTWARE-PRACTICE AND EXPERIENCE 6, 357–370 (1976)

[4.10] H. A. Schmid: On the Efficient Implementation of Conditional Critical Regions and the Construction of Monitors, Acta Informatica 6, 227–249 (1976)

[4.11] M. V. Zelkowitz: Structured Operating System Organization, Information Processing Letters 3, 39–42 (1971)

[4.12] D. C. Walden: A System for Interprocess Communication in a Resource Sharing Computing Network, CACM 15, 221–230 (1972)

[4.13] R. Massar, W. Racke: LADY – eine Implementierungssprache für verteilte Betriebssysteme, in „Implementierungssprachen für nichtsequentielle Programmsysteme“, Teubner-Verlag, Stuttgart (1981)

[4.14] B. H. Liskov: Primitives for Distributed Computing, Proceedings of the 7th Symp. on Operating System Principles, 33–42 (1979)

[4.15] C. A. R. Hoare: Communicating Sequential Processes, CACM 21, 666–677 (1978)

[4.16] T. W. Mao, R. T. Yeh: Communication Port: A Language Concept for Concurrent Computing, 1st Int. Conference on Distributed Computing Systems, 252–260 (1979)

[4.17] P. Brinch Hansen: The Nucleus of a Multiprogramming System, CACM 13, 238–250 (1970)

[4.18] G. Goos et al.: The Operating System BSM Viewed as a Community of Parallel Processes, Rechenzentrum an der TU München (Mai 1972)

[4.19] P. Brinch Hansen: Distributed Processes: A Concurrent Programming Concept, CACM 21, 934–941 (1978)

[4.20] J. D. Ichbiah et al.: Rationale for the Design of the ADA Programming Language, Sigplan Notices 14, No. 6 (1979)

[4.21] E. W. Dijkstra: Guarded Commands, Nondeterminacy and Formal Derivation of Programs, CACM 18, 453–457 (1975)

5. Ein allgemeines Realisierungskonzept für verteilte Systeme – das OSI-Referenzmodell von ISO

Im vorangegangenen Kapitel wurden Strukturkonzepte für konkurrente, verteilte Programme losgelöst von ihrer Realisierung diskutiert. Die Ausführung verteilter Programme auf lokalen Rechnernetzen wirft eine Reihe schwieriger Probleme auf, für die hier ein allgemeingültiges Realisierungskonzept entwickelt werden soll.

Dabei wird es zunächst nötig sein, einige ständig wiederkehrende Begriffe festzulegen. Wir lehnen uns dabei an das ISO-Referenzmodell für „Open Systems Interconnection" an, das für den Bereich der öffentlichen Kommunikationsnetze entwickelt wurde [5.1].

Betrachtet man ein Rechnernetz nach Abb. 5.1 mit einer zunächst nicht näher definierten Netztopologie, dann lassen sich die involvierten Rechner in der Regel als Arbeitsrechner (AR) oder Vermittlungsrechner (VR) einstufen. Arbeitsrechner leisten „Nutzarbeit" im System, indem sie Programmteile von Anwendungsprogrammen abwickeln. Sie sind gewöhnlich über einen zugeordneten Vermittlungsrechner an das Kommunikationssystem angeschlossen. Das Kommunikationssystem wird aus allen Vermittlungsrechnern gebildet, die in einem Netz zusammengeschlossen sind. Vermittlungsrechner führen folgende Aufgaben innerhalb des Kommunikationssystems durch:

a) Zwischenspeicherung von Nachrichten
b) Wegewahl für Nachrichten bei alternativen Übertragungswegen
c) Reservierung von Übertragungswegen
d) Transformation der Nachrichten
e) Teilen bzw. Zusammensetzen von Nachrichten.

Bei bestimmten Netzformen können mehrere der Aufgaben a–c auch entfallen. Besteht eine 1 : 1-Zuordnung zwischen einem Arbeitsrechner und einem Vermittlungsrechner, dann können beide Funktionen auch in einem Rechner vereinigt sein.

Das Spektrum der Aufgaben a–e läßt bereits erkennen, daß Kommunikationssysteme sehr komplex sind. Es hat sich deshalb als nützlich erwiesen, die Funktionen eines Rechners sukzessive durch eine Reihe aufeinander aufbauende *Schichten* – auch abstrakte Maschinen genannt – zu realisieren. Dieses Konstruktionsprinzip hat sich beim Aufbau von Betriebssystemen bewährt [5.2]. Dadurch ergibt sich für Netzwerke die übergeordnete Architektur nach Abb. 5.2, die dem Vorschlag des ISO-Referenzmodells für öffentliche Netze folgt. Wir wollen dieses Architekturmodell nachfolgend kurz besprechen, um einige wichtige Begriffe zu klären und um die wesentlichen Funktionen, die bei der Kommunikation von

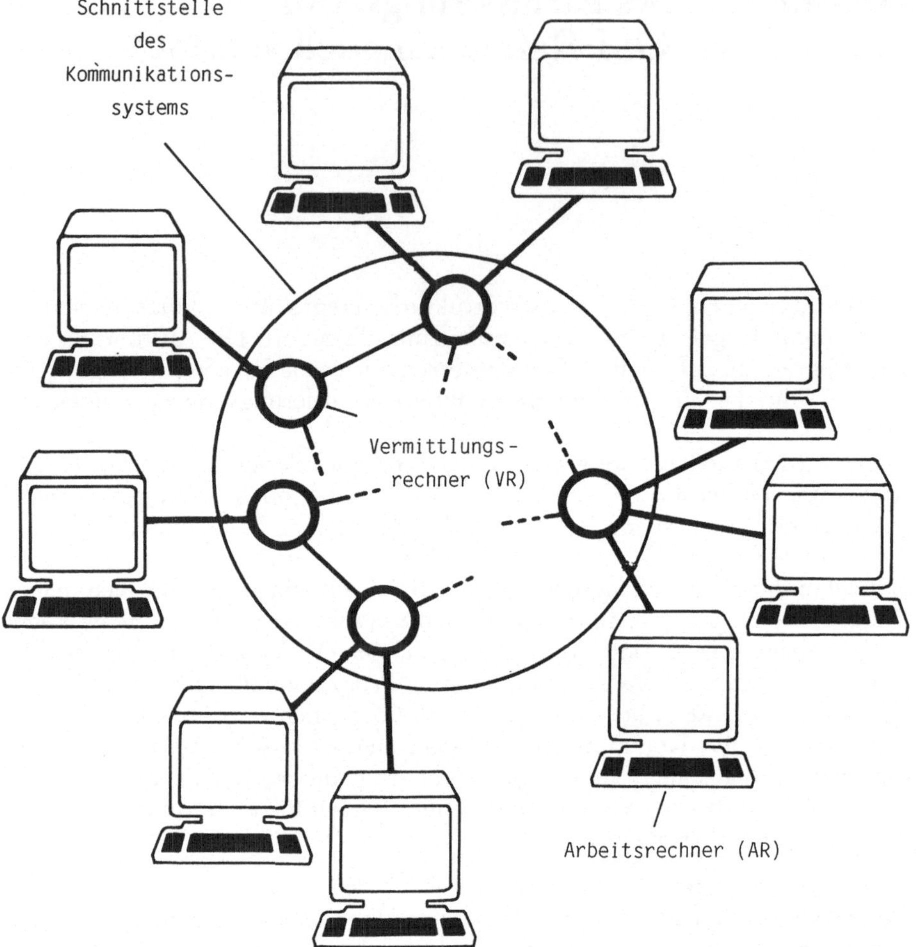

Abb. 5.1. Rechnernetz als Menge von Arbeitsrechnern, die über ein Kommunikationssystem gekoppelt sind

Programmteilen in Rechnernetzen zur Verfügung gestellt werden müssen, kennenzulernen.

Abbildung 5.2 zeigt, daß zwei kommunizierende Arbeitsrechner A und B im allgemeinen sieben logische Ebenen zur Durchführung einer anwendungsspezifischen Kommunikation durchlaufen. Jeder der in den Ebenen 1–7 dargestellten Kästen kann als Kommunikationsinstanz aufgefaßt werden, die mit einem Kommunikationspartner in einem anderen Rechner auf gleichem Niveau in einer auf diesem Abstraktionsniveau festgelegten Weise kommuniziert. Wir bezeichnen die Regeln, nach denen der Datenaustausch zwischen zwei Kommunikationspartnern zu erfolgen hat, als Kommunikationsprotokoll oder kurz *Protokoll.* Protokolle sind durch gestrichelte horizontale Verbindungen zwischen Kommunikationspartnern dargestellt. Die Kästen in den sieben Protokollebenen können demnach als *Protokollmaschinen* aufgefaßt werden, die ein vorgegebenes Proto-

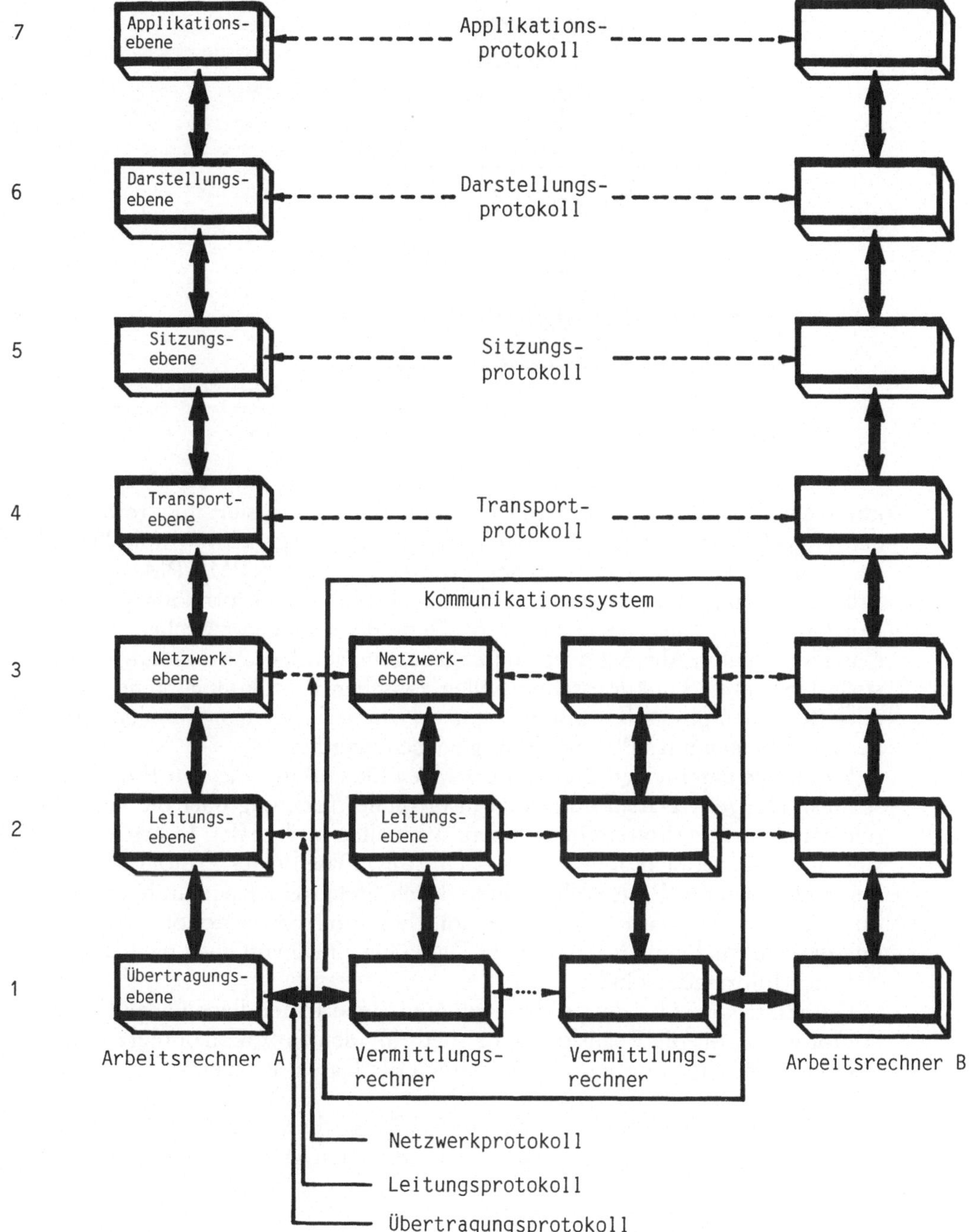

Abb. 5.2. Die Netzwerkarchitektur des ISO-Referenzmodells für offene Systeme

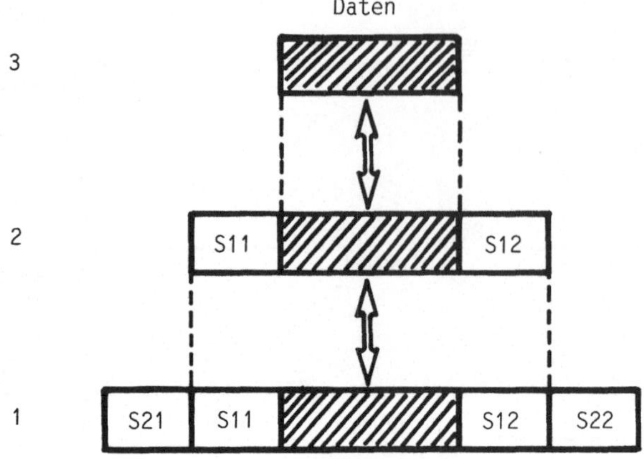

Abb. 5.3. Rahmung von Daten zwischen benachbarten Protokollebenen

koll realisieren. Jede Protokollmaschine der Abb. 5.2 realisiert ihr Protokoll, indem sie sich der Leistungen der unmittelbar darunterliegenden Protokollmaschine bedient. Dazu verfügt jede der Protokollmaschinen PM_1–PM_6 über eine Schnittstelle mit Funktionen, die von der nächst höheren Protokollmaschine zur Erledigung ihrer Aufgabe benutzt wird. Diese Beziehungen zwischen Protokollmaschinen sind in Abb. 5.2 durch durchgezogene vertikale Verbindungen dargestellt. Über diese Funktionsschnittstellen zwischen Protokollmaschinen werden auch die Daten physisch transportiert, die zwischen zwei Kommunikationspartnern im Rahmen ihres Protokolls ausgetauscht werden.

Protokolle beschreiben also den *virtuellen* Datenfluß zwischen Protokollmaschinen. Der *reale* Datenfluß erfolgt in vertikaler Richtung über die Funktionsschnittstellen der Protokollmaschinen. Virtueller und realer Informationsfluß sind in der Regel nicht identisch. Üblich ist es, Daten einer Protokollschicht in der nächst tieferen Protokollmaschine durch Steuerfelder einzurahmen. Abbildung 5.3 zeigt den vertikalen Informationsfluß durch die Protokollschichten 1–3 und die schritthaltende Rahmung der Daten bei einem von oben nach unten gerichteten Informationsfluß.

Die additiv auf jeder Ebene hinzugefügten Steuerfelder dienen dazu, die Steuerinformation für die Realisierung der betreffenden Protokolle unterzubringen. Bei umgekehrtem Informationsfluß werden die Daten dagegen stufenweise entrahmt.

Nach Erläuterung allgemeiner Zusammenhänge dieses Netzwerkmodells werden nachfolgend die konzeptuellen Besonderheiten jeder Protokollebene kurz diskutiert.

Übertragungsebene

Das Protokoll auf dieser Ebene beschreibt das Steuerungsverfahren, nach dem eine Folge von Bits möglichst störungssicher über ein vorgegebenes physikalisches

Übertragungsmedium – z.B. ein Koaxialkabel – übertragen wird. Es legt die elektrischen und mechanischen Anschlußbedingungen an das Übertragungsmedium fest und regelt solche Probleme wie Zeitpunkt von Beginn und Ende einer Übertragung, Simultanität des Übertragungsmediums (`Simplex`, `Halbduplex`, `Duplex`), Topologie des Übertragungsmediums (z.B. Zweipunktverbindung, Mehrpunktverbindung) usw. Für den Bereich der offenen Paketvermittlungsnetze ist der Standard X.21 ein Beispiel für ein Übertragungsprotokoll.

Leitungsebene
Die Aufgabe des Leitungsprotokolls besteht darin, eine physikalische Übertragungseinrichtung der Ebene 1 in eine „virtuelle Leitung" zu transformieren, die praktisch frei von Übertragungsfehlern ist. Diese Aufgabe wird in allen Leitungsprotokollen durch ein strenges Quittierungsprinzip erreicht: jede übertragene Nutzinformation wird von der Empfangsseite quittiert. Negativ oder nicht quittierte Daten werden nach Ablauf einer bestimmten Zeit erneut gesendet. Ein Beispiel für eine Leitungsprozedur ist die internationale Norm `HDLC` (High Level Data Link Control).

Netzwerkebene
Durch die Protokolle der Netzwerkebene wird die Arbeitsweise des Kommunikationssystems (vgl. Abb. 5.1) gesteuert. Zwei wesentliche Aufgaben sind auf dieser Protokollebene zu lösen:

a) Die Multiplexstrategie, nach der die physikalischen Übertragungswege im Netz für konkurrierende Übertragungsanforderungen reserviert werden. Bekannte Verfahren sind:
- das „circuit switching", bei dem ein physischer Übertragungsweg mit allen eingeschlossenen Übertragungskanälen für die Dauer einer Kommunikation dieser fest zugeordnet wird,
- das „message switching", bei dem die Dauer der Reservierung des Übertragungswegs auf alle Datenpakete einer Botschaft (message) beschränkt wird, und
- das „packet switching", bei dem jeder Kanal auf dem Übertragungsweg nur für die Dauer der Übertragung eines Datenpakets reserviert wird.

b) Die Strategie der Wegewahl durch das Netz. Die Möglichkeiten reichen hier von der statischen Festlegung aller Wege vor Beginn des Netzbetriebs über eine semidynamische Strategie durch die Einrichtung „virtueller Kanäle" in einer Eröffnungsphase bis hin zur voll dynamischen Strategie durch „datagrams" [5.3].

Der internationale Paketvermittlungsstandard X.25 [5.4] schnürt die Ebenen 1–3 des ISO-Referenzmodells zu einem Bündel von Protokollstandards zusammen.

Während die Protokollebenen 1–3 zwischen Protokollmaschinen in physisch benachbarten, d.h. über ein Übertragungsmedium ohne zwischengeschaltete Vermittlungsrechner verbundenen, Rechnern definiert sind, werden alle höheren Protokolle zwischen den Endpartnern einer Kommunikation vereinbart. Gewisse, auf der Netzwerkebene noch sichtbare Eigenarten des Kommunikationssystems werden nun unsichtbar.

Transportebene
Die Aufgabe der Transportebene ist es, Botschaften unbestimmter Länge zwischen zwei beliebigen Arbeitsrechnern zu übertragen. Zu dieser Aufgabe gehört in der Regel die Zerlegung einer Botschaft in Pakete und deren serielle Ablieferung an das Kommunikationssystem auf der Sendeseite. Auf der Empfangsseite müssen ggf. die einzeln gesendeten Pakete unter Beachtung der ursprünglichen Reihenfolge wieder zu einer Botschaft zusammengesetzt werden.

Sitzungsebene
Die Sitzungsebene ist die Ebene, auf der die eigentlichen Netzwerk-Anwenderprogramme laufen. Das Sitzungsprotokoll legt fest, in welcher Form zwei Benutzerprogramme in zwei verschiedenen Arbeitsrechnern unter Zuhilfenahme der Funktionen der Transportebene eine vollständige Kommunikationssitzung ordnungsgemäß beginnen, durchführen und beenden.

Darstellungsebene
Die Aufgabe der Darstellungsebene ist es, applikationsabhängige Darstellungsvarianten für Botschaften in eine Standardform auf der Sitzungsebene zu transformieren. Als Beispiel sei die Umwandlung von Dezimalzahlen erwähnt, die z. B. als Zeichenkette von ASCII-Zeichen auf der Darstellungsebene vorliegen und in eine komprimierte Binärdarstellung auf Sitzungsebene transformiert werden.

Ein weiteres wichtiges Beispiel ist die Umwandlung von inkompatiblen Dateiformaten bei Arbeitsrechnern verschiedener Hersteller. Eine Transformation in eine Standardform schafft die Voraussetzungen, auf Sitzungsebene existierende Verarbeitungsprogramme unabhängig vom Ursprung der Dateien einzusetzen.

Applikationsebene
Auf dieser Ebene werden anwendungsabhängige Protokolle definiert, die die allgemeinen Rahmenbedingungen der Sitzungsebene beachten. Sie werden normalerweise individuell zwischen zwei innerhalb einer vorgegebenen Anwendung kommunizierenden Anwenderprogrammen vereinbart. In öffentlichen Netzen ist langfristig die Bereitstellung allgemein zugänglicher Netzdienste vorgesehen. Diese Dienste, wie z. B. der File-Transfer-Dienst, laufen auf der Applikationsebene ab und zwingen zu einer Standardisierung verschiedener Applikationsprotokolle.

Es sei nochmals betont, daß das ISO-Referenzmodell für Weitbereichsnetze entwickelt wurde. In Nahbereichsnetzen (lokalen Netze), die im Mittelpunkt dieses Buches stehen, sind wegen deren spezieller Topologie nicht alle Ebenen des ISO-Referenzmodells relevant. Oft fallen die Ebenen 2–4 in einer Protokollschicht zusammen.

Abschließend soll kurz der gegenwärtige Stand der internationalen Normungsbemühungen beleuchtet werden, soweit diese das Thema dieses Buches berühren.

Die Normungsbemühungen auf dem Netzwerksektor reichen vom Architekturmodell (OSI-Referenzmodell) über deren verschiedene Protokollebenen bis hin zu Übertragungssteuerungsverfahren für lokale Netze sowie deren höhere Protokollebenen. Eine gute Übersicht über die historische Entwicklung der Normungsanstrengungen auf diesem Gebiet findet sich in [5.5, 5.6, 5.7]. Hier soll lediglich der gegenwärtige Stand (Juli 1984) kurz festgehalten werden. Es ist bemerkenswert, daß wegen der großen internationalen Tragweite von Standards im Netzwerksektor die Gespräche von Beginn an auf internationaler Ebene geführt wurden. Es ist deshalb ausreichend, sich hier auf die internationalen Standardisierungsorganisationen ISO (International Organization For Standardization) mit dem zuständigen technischen Ausschuß TC97 und die für den europäischen Raum zuständige CCITT-Study Group VII (Data Communication Networks) sowie ECMA (European Computer Manufactures Association) zu beschränken.

Nachfolgend wird der Stand der Standardisierungsanstrengungen für jedes der gegenwärtig bearbeiteten Arbeitsgebiete kurz charakterisiert.

OSI-Referenzmodell

Hier wurden in der ersten Hälfte des Jahres 1984 die restlichen Bedenken einiger Mitgliedsländer ausgeräumt, so daß das in Abb. 5.2 vorgestellte Modell inzwischen als internationaler Standard unter der Bezugsnummer IS 7498 verabschiedet wurde. Mit der Veröffentlichung der redigierten Fassung wird bis Ende 1984 gerechnet. Die Arbeit am OSI-Referenzmodell wird fortgesetzt mit Verfeinerungen und Erweiterungen des Modells. Es ist ferner geplant, die verbindungslose Datenübertragung ebenfalls in das Modell einzubeziehen. Die diesbezüglichen Modifikationen am Dokument IS 7498 müssen jedoch vorher die üblichen formalen Bestätigungsverfahren durchlaufen und haben deshalb sicherlich noch einen langen Weg vor sich.

X. 25

Dieser Protokollstandard, der die Ebenen 1–3 des OSI-Referenzmodells umfaßt, wurde von der CCITT S6 VII empfohlen. Die USA haben inzwischen einen äquivalenten nationalen Standard unter der Bezugsnummer ANSI X3. 100–1983 übernommen, der lediglich dort in einigen Fällen von der CCITT-Empfehlung X. 25 abweicht, wo diese ausdrücklich den entsprechenden Freiheitsgrad zuläßt.

Netzwerkebene

Der Vorschlag für eine Dienstspezifikation der Netzwerkebene wurde gemeinsam von ISO TC97/SC6/WG2, CCITT S6 VII WP5/Q27 und ECMA TC24 erarbeitet und hat inzwischen den Status eines „Draft International Standard“ (DIS 8348) erreicht. Eine Erweiterung bezüglich eines verbindungslosen Netzwerkdienstes ist als „Draft Proposal“ angenommen worden. Das ISO-Internetwork-Protokoll hat inzwischen den „Draft Proposal“-Status unter DP 8473 erreicht [5.8].

Transportebene

Die bereits als „Draft International Standard“ existierenden Vorschläge für die Dienstspezifikation der Transportebene (DIS 8072) sowie die Transportprotokollspezifikation (DIS 8073) stehen kurz vor der Verabschiedung. Mit einer Veröffentlichung als offizielle internationale Standards bis Jahresende 1984 ist zu rechnen.

Sitzungsebene
Hier stehen die Arbeiten noch weitgehend am Anfang. Die als „Draft Proposal" vorliegenden Vorschläge für eine Dienstspezifikation der Sitzungsebene (DP 8326) sowie für die Protokollspezifikation (DP 8327) haben keine Zustimmung bei einem großen Teil der Mitgliedsländer gefunden, so daß in diesem Bereich noch ein weiter Weg bis zum internationalen Standard bevorsteht.

Lokale Netzwerke
Im Bereich der lokalen Netze hat die amerikanische IEEE die Vorreiterrolle übernommen. Alle diesbezüglichen Aktivitäten sind unter der Projektnummer P 802 zusammengefaßt. Die aus vier Teilen bestehende Standardisierungsempfehlung enthält:

- Dienstspezifikation und Protokollspezifikation für eine vom Übertragungsmedium und Netztyp unabhängige „Logical Link Control"-Ebene sowie
- eine Festlegung der Eigenschaften von Übertragungsmedien und diesbezüglichen Zugriffssteuerungsprozeduren für drei Netzwerktechnologien: CSMA/CD-Bus, Token-Passing-Bus und Token-Passing-Ring.

Drei dieser Empfehlungen, die auch von der ANSI übernommen wurden, sind inzwischen als IEEE-Standards akzeptiert: IEEE P 802.2 („Logical Link Control"), IEEEP802.3 („CSMA/CD Access Method and Physical Layer Specifications") und IEEE P802.4 (Token Passing Bus Access Method and Physical Layer Specification"). Alle drei IEEE-Standards sind inzwischen von ISO aufgegriffen worden und als „Draft Proposal" DP8802 auf dem Weg zu einem internationalen Standard.

Weitere Aktivitäten im Bereich der Netzwerke wie die Ebenen 6 und 7 des OSI-Referenzmodells, Telekommunikation und ISDN liegen außerhalb des Interessengebietes dieses Buches und werden deshalb nicht weiter behandelt.

Literatur

[5.1] H. Zimmermann: OSI Reference Model – The ISO Model of Architecture for Open Systems Interconnection, IEEE Trans. Comm. 28, 425–432 (1980)
[5.2] A. N. Habermann, L. Flon, L. Cooprider: Modularization and Hierarchy in a Family of Operating Systems, CACM 19, 266–272 (1976)
[5.3] J. M. McQuillan, V. G. Cerf: A Practical View of Computer Communications Protocol, IEEE Catalog No. EHO 137-0, 1–36 (1978)
[5.4] CCITT-Empfehlungen der V-Serie und der X-Serie: Band 1, Datenpaketvermittlung – Internationale Standards, R. v. Decker's Verlag, G. Schenck, Heidelberg Hamburg (1981)
[5.5] A. L. Chapin: Computer Communication Standards, ACM-CCR 13, 40–46 (1983)
[5.6] A. L. Chapin: Computer Communication Standards, ACM-CCR 13, 36–42 (1983)
[5.7] A. L. Chapin: Computer Communication Standards, ACM-CCR 14, 99–102 (1984)
[5.8] D. Piscitello: The ISO Internet Protocol Standard, ACM-CCR 14, 10–13 (1984)

6. Protokolle

In dem vorangegangenen Kapitel wurde deutlich, daß der Schlüssel zu übersichtlich strukturierten Netzwerkarchitekturen in der Definition einer Hierarchie von Protokollen liegt. Methoden zur präzisen Protokollspezifikation sowie systematische Techniken zur Umsetzung solcher Spezifikationen in geeignete Implementierungen durch Protokollmaschinen kommt deshalb eine besondere Bedeutung zu. In jüngster Zeit wird deshalb intensiv an formalen Methoden zur Modellierung von Protokollen geforscht. Gute Übersichten werden in [6.1, 6.2, 6.3] gegeben. Die älteste, vorwiegend informelle Form der Protokollspezifikation ist das Time-Line-Diagramm, das sich vor allem für die Definition von zeichenorientierten Halb-Duplex-Leitungsprotokollen bewährt hat [6.4]. In neueren Vorschlägen werden verschiedene Varianten von State-Machine-Modellen, Petrinetzen, Formalen Sprachen, Methoden der Spezifikation abstrakter Datentypen und Mischungen dieser Methoden zur Protokollspezifikation erprobt (siehe z. B. [6.5]). Sie versuchen, mit den folgenden bisher ungelösten Problemen bei der Protokollspezifikation fertig zu werden:

a) mit der Parallelität und Asynchronität von Sender und Empfänger, insbesondere in abnormalen Situationen, z. B. bei Übertragungsfehlern,
b) mit der Parallelität des Übertragungsmediums, z. B. von DUPLEX-Leitungen oder mehreren logischen Übertragungskanälen auf höheren Protokollebenen,
c) mit Einflüssen des Übertragungsmediums auf die im Rahmen eines Protokolls ausgetauschten Daten (z. B. zeitliche Verzögerung, Verfälschung oder Verlust von Daten) und
d) mit der Protokollverifikation.

Trotz erheblicher Fortschritte existiert gegenwärtig noch keine allgemein akzeptierte Methode, die allen unter a–d aufgeführten Anforderungen gerecht wird und außerdem das Kriterium der leichten Umsetzbarkeit in wohlstrukturierte Implementierungen erfüllt. Das nachfolgend vorgestellte Spezifikationsverfahren wurde vom Autor im Rahmen eines umfangreichen Projekts erfolgreich eingesetzt, das die Entwicklung eines Kommunikationsrechners für die Steuerung mehrerer bitserieller Datenübertragungsleitungen nach dem HDLC-Verfahren [6.6] zum Gegenstand hatte. Es folgt im wesentlichen dem State-Machine-Modell, integriert aber auch eine Reihe weiterer in [6.1, 6.2] angegebener Methodenelemente. Im Gegensatz zu einigen bekannten Spezifikationsverfahren (z. B. [6.1]) liegt hier das Hauptaugenmerk nicht auf einer strengen formalen Verifikation der Protokolle. Es wird vielmehr ein Protokollspezifikationsverfahren angestrebt, das eine möglichst einfache Beschreibung der unter a–c genannten Probleme erlaubt und sich ferner leicht in eine wohlstrukturierte Implementierung umsetzen läßt.

Wir werden nachfolgend zunächst die Grundelemente des Spezifikationsverfahrens kennenlernen. Im Anschluß daran wird dessen Leistungsfähigkeit anhand der Spezifikation eines `Duplex`-Leitungsprotokolls auf der Basis von HDLC demonstriert.

6.1 Ein Verfahren zur Protokollspezifikation

Zur Erläuterung der anschließenden Ausführungen diene Abb. 6.1, die eine Protokollschicht mit den hier relevanten Wechselbeziehungen zwischen den Protokollmaschinen sowie einer Protokollmaschine und den „Benutzern" enthält. In der Darstellung fehlen insbesondere die Beziehungen zur nächst tieferen Protokollschicht. Diese Unterlassung erfolgte bewußt, da diese Schnittstelle lediglich der Implementierung der hier betrachteten Protokollschicht dient und deshalb bei der Spezifikation ignoriert werden kann.

Wir wollen nun annehmen, daß der Zustand jeder der Protokollmaschinen in Abb. 6.1 im Sinne eines State-Machine-Modells zu jedem Zeitpunkt durch die Werte einer Menge von Variablen definiert ist. Es hat sich als überaus nützlich erwiesen, die Variablenmenge in einen Zustandszähler S und die übrigen Variablen V zu gliedern. Der Zustandszähler S kann nur eine endliche Anzahl Werte

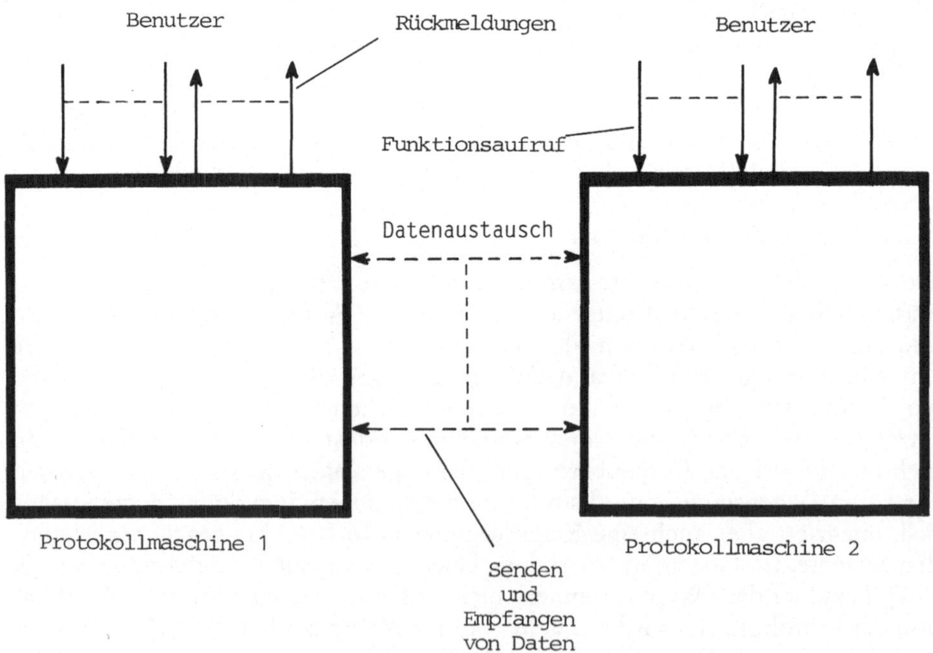

Abb. 6.1. Eine Protokollschicht des ISO-Referenzmodells

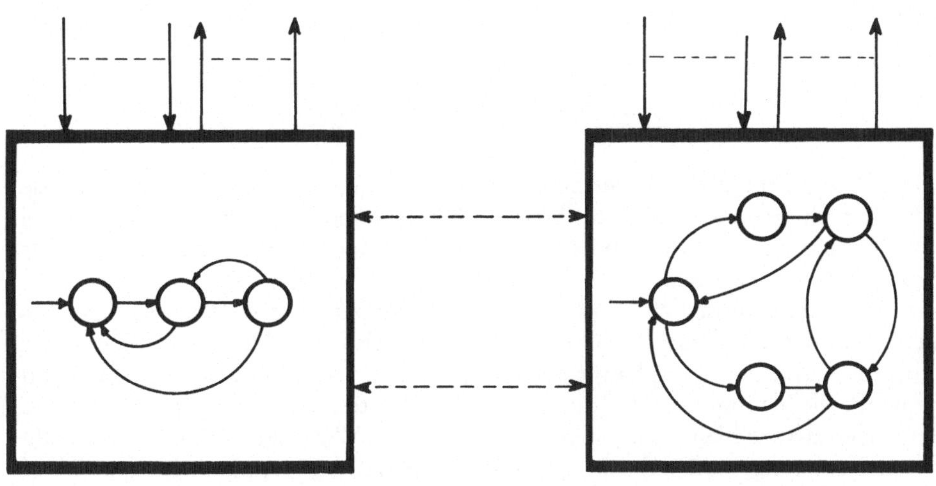

Abb. 6.2. Zustandsdiagramm zur Spezifikation jeder Protokollmaschine

vom Aufzähltyp annehmen. Sie stellen die wesentlichen Phasen dar, die eine Protokollmaschine durchläuft. In dem restlichen Zustand V wird zwar ebenso wichtige, aber doch untergeordnete Zustandsinformation geführt. Die Auftrennung in Zustandszähler und sonstige Zustandsinformation ermöglicht die graphische Darstellung von Protokollen in übersichtlichen *Zustandsdiagrammen*, denen sehr schnell die wesentlichen Abläufe eines Protokolls entnommen werden können. Um die existierende Parallelität zwischen den kommunizierenden Protokollmaschinen zu erfassen, setzen wir für jede Protokollmaschine ein separates Zustandsdiagramm voraus (Abb. 6.2). Zustandsübergänge in jeder Protokollmaschine können auf zwei Arten ausgelöst werden:

(a) durch Empfang oder Senden eines Datenpakets,
(b) durch Aufruf einer Funktion bzw. Rückmeldungen der Protokollmaschine an der Benutzerschnittstelle.

Für die Belange der Protokollspezifikation können beide Einflußarten auf den Zustand einer Protokollmaschine im abstrakten Sinn als *Ereignisse* aufgefaßt werden. Zustandsübergänge werden im Zustandsdiagramm jeder Protokollmaschine demnach durch Ereignisse verschiedenen Typs bewirkt.

Im allgemeinen wird in dem hier zugrundeliegenden Zustandsmodell jeder Zustandsübergang eine Veränderung des Globalzustands S und der übrigen Zustandsvariablen V nach sich ziehen, d. h.

$$S_i, V_i \xrightarrow{\text{Zustandsübergang}} S_k, V_k.$$

Wir tragen dieser Tatsache in der graphischen Notation Rechnung, indem wir an einer Kante zwischen zwei Globalzuständen neben dem auslösenden Ereignis auch die Wirkung V_i---> V_k des Zustandsübergangs auf die Zustandsvariablen V angeben. Wir tun dies in der Form:

(i) Ereignis(-Parameter-)/Wirkung > (k)

Die mit dem Ereignis assoziierten Parameter können entweder Parameter an der Benutzerschnittstelle einer Protokollmaschine sein oder Daten, die über die logische Kommunikationsschnittstelle der betrachteten Protokollschicht gesendet bzw. empfangen werden.

Im Regelfall werden für ein bestimmtes Ereignis mehrere Zustandsübergänge aus einem betrachteten Globalzustand heraus existieren. Der tatsächlich ausgeführte Zustandsübergang hängt dabei gewöhnlich von einer zusätzlichen Bedingung ab, die als logisches Prädikat über den Werten der Ereignisparameter und der Zustandsvariablen V angegeben werden kann. Wir tragen dieser Tatsache dadurch Rechnung, daß wir alle Zustandsübergänge im Regelfall durch ein logisches Prädikat präfixieren. Wir schreiben dies in der Form:

(i) Präfix: Ereignis(-Parameter-)/Wirkung > (k)

Abbildung 6.3 verdeutlicht den Gebrauch der Präfixierung. Folgende Konstellationen sind prinzipiell möglich:

(a) Ein Ereignis ist in einem betrachteten Zustand grundsätzlich zugelassen. Es existieren n Zustandsübergänge derart, daß die logische Konjunktion aller unterschiedlichen Prädikate den Wahrheitswert `true` ergibt, d.h. es existiert immer *ein* vollziehbarer Zustandsübergang.
(b) Ein Ereignis ist in einem betrachteten Zustand zwar zugelassen, es existieren

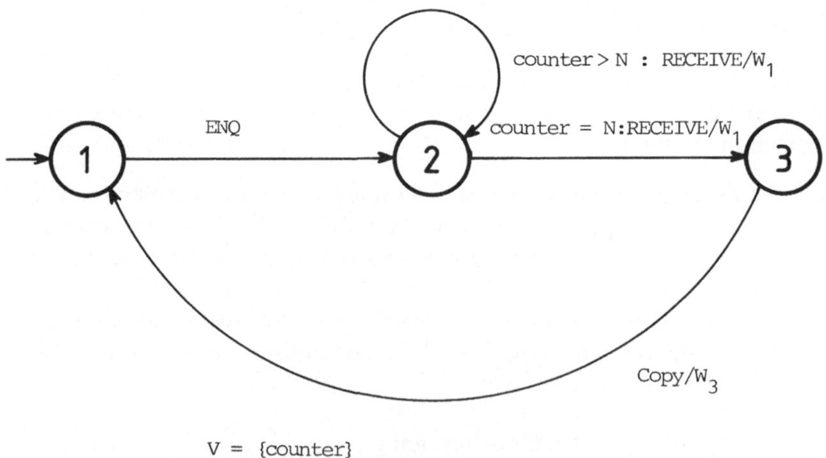

Abb. 6.3. Präfixierung von Zustandsübergängen

jedoch Bedingungen, für die ein Zustandsübergang nicht definiert ist. Das betreffende Ereignis bleibt für diese Bedingungen wirkungslos.
(c) Ein Ereignis ist in einem betrachteten Zustand für keine Bedingung zugelassen.
(d) Ein Ereignis ist in einem betrachteten Zustand ohne Einschränkungen zugelassen und löst exakt einen Zustandsübergang aus. In diesem Fall kann das logische Prädikat `true` als Präfix an dem entsprechenden Zustandsübergang unterdrückt werden.

Bei gleichzeitig anstehenden Ereignissen verschiedenen Typs soll folgende Regelung gelten: Aufgrund einer Zufallswahl wird ein Ereignis ausgewählt und der entsprechende Zustandsübergang vollzogen. Alle weiteren Ereignisse werden unterdrückt, bis der nächste definierte Zustand erreicht ist. Ein Zustandsübergang wird demnach als eine unteilbare Aktion aufgefaßt, in der keine Überholvorgänge zugelassen sind. Parallelität wird näherungsweise durch die nichtdeterministische Auswahl eines Ereignisses aus einer Menge anstehender Ereignisse modelliert. Diese Näherung ist zulässig, da die Zustandsübergänge erfahrungsgemäß geringen Zeitbedarf haben und die vorausgesetzte Unteilbarkeit deshalb eine nur geringe Verfälschung des Zeitverhaltens bei parallelen Ereignissen bewirkt.

Zur Beschreibung eines vollständigen Protokolls nach der hier vorgestellten Methode gehören immer zwei Zustandsgraphen, durch die ein Protokoll aus der jeweils lokalen Sicht beider Kommunikationspartner spezifiziert wird. Bei einem idealisierten, fehlerfreien Übertragungsmedium erscheinen Ausgabeereignisse einer Protokollmaschine wechselseitig als Eingabeereignisse der gegenüberliegenden Protokollmaschine. Um die implizierten Einflüsse des Übertragungsmediums berücksichtigen zu können (Verfälschung, Verlust, Verspätung von Botschaften), benötigen wir jedoch einen zusätzlichen Spezifikationsteil, in dem die möglichen Transformationen aus Ausgabeereignissen in Eingabeereignisse der Gegenseite beschrieben werden. Wir tun dies durch eine *Induktionsmatrix*, in der die als Ausgabeereignisse induzierten Eingabeereignisse für jede Übertragungsrichtung ereignisweise nach dem Muster der Abb. 6.4 festgehalten werden. So „induziert" z.B. das Ausgabeereignis „Datenausgabe" der Protokollmaschine 1 entweder

a) das Ereignis „Dateneingabe" oder
b) das Ereignis „gestörte Dateneingabe" oder
c) das Ereignis „Timeout"

in der Protokollmaschine 2.

In unserem Beispiel erscheint das Eingabeereignis „Timeout" als Reaktion auf den Verlust einer Botschaft.

Induktionsmatrizen sind ein anschauliches Hilfsmittel zur Darstellung der Effekte, die ein Ausgabeereignis auf der Gegenseite hervorrufen kann. Sie sind auch Voraussetzung dafür, die verschiedenen dynamischen Abläufe eines Protokolls simulieren zu können. Dazu brauchen wir lediglich jeden der Zustandsgraphen, die ein bestimmtes Protokoll beschreiben, zu markieren.

Zu Beginn einer Protokollsimulation befinden sich beide Protokollmaschinen im Initialzustand. Wir nehmen an, daß dieser Initialzustand durch eine Marke

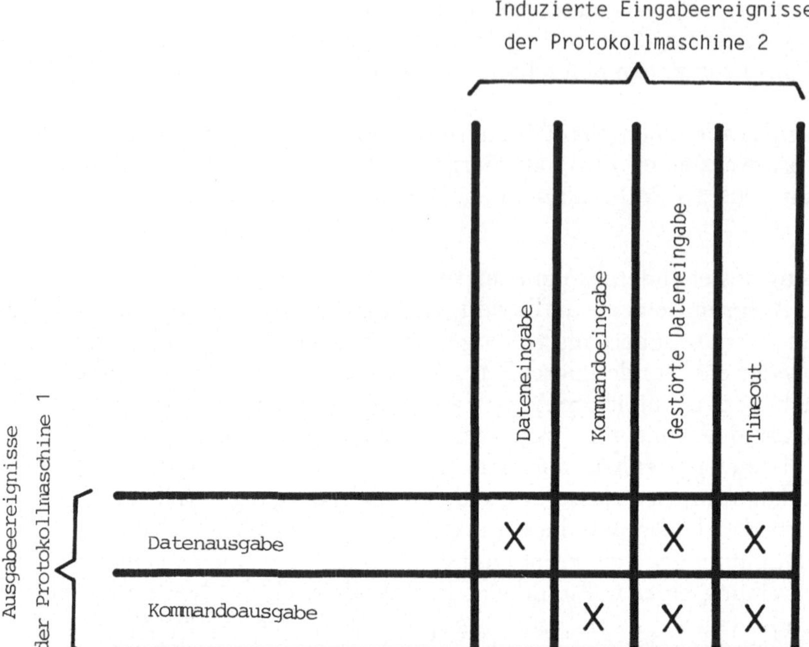

Abb. 6.5. Induktionsmatrix zur Spezifikation der Einflüsse des Übertragungsmediums auf übertragene Datenpakete

gekennzeichnet ist. Die Simulation entwickelt sich, indem innerhalb jeder Protokollmaschine ein erlaubtes Ereignis durch Zufallswahl ausgewählt, und der Zustandsübergang durch Markierung des Folgezustands und Aufzeichnung der Wirkung auf die Zustandsvariablen vollzogen wird. Eingabeereignisse können dann auftreten, wenn sie durch ein entsprechendes Ausgabeereignis zuvor auf der Gegenseite induziert werden.

Die Simulation eines Protokolls vor dessen Implementierung ist nützlich, um die Gefahr von fehlerhaften, ungewollten Protokollabläufen zu reduzieren.

6.2 Spezifikation eines HDLC-Protokolls

In diesem Abschnitt soll die oben vorgestellte Spezifikationsmethode für Protokolle anhand eines Beispiels demonstriert werden. Wir wählen ein HDLC-Protokoll, das die Leistungsfähigkeit der Spezifikationsmethode voll ausschöpft. Das Protokoll ist komplex genug, zu zeigen, daß eine systematische Protokollimplementierung ohne eine vorausgehende präzise Spezifikation praktisch unmöglich ist. Wir beginnen damit, die hier zur Anwendung kommende HDLC-Klasse inklusive der verwendeten Kommandos und Quittungen sowie die zugrundeliegende Netzkonfiguration zu definieren. Danach werden schrittweise

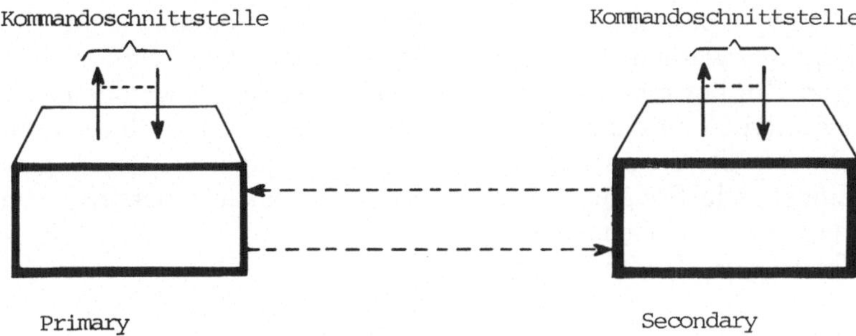

Abb. 6.5. Eine einfache HDLC-Konfiguration

- die Ereignistypen nebst Parameter,
- die Zustandsvariablen,
- die Systemzustände,
- die Induktionsmatrizen,

und daraus schließlich die Zustandsdiagramme entwickelt. Auf diese Spezifikation wird später wieder zurückgegriffen, wenn systematische Protokollimplementierungen diskutiert werden.

6.2.1 Die HDLC-Klasse

Betrachtet werde die HDLC-Klasse: Normal-Response-Mode, Modulo-8, Fensterbreite 8 [6.7]. Als Konfiguration sei lediglich eine Primary-Station und eine Secondary-Station zugelassen. Zwischen Primary und Secondary ist ein `duplex`-Verkehr vorzusehen (Abb. 6.5).

Folgende Kommandos und Quittungen (Responses) sind zugelassen:

Kommandos	**Quittungen**
SNRM	UA
DISC	DM
RR	RR
I	RNR
	I

Kommandos und Quittungen können jeweils mit gesetztem `poll`-Bit bzw. `final`-Bit auftreten.

6.2.2 Ereignistypen

Zustandsändernde Ereignisse können in dem hier vorgestellten Modell an zwei Schnittstellen jeder Protokollmaschine ausgelöst werden: an der Kommandoschnittstelle (vertikal) und an der Portschnittstelle (horizontal). An beiden Schnittstellen können entweder eingehende oder ausgehende Ereignisse auftreten. Eingehende Ereignisse wirken von außen auf die Protokollmaschine ein. Ausgehende Ereignisse werden innerhalb der Protokollmaschine erzeugt und wirken nach außen. Zur besseren Lesbarkeit der Zustandsgraphen werden nachfolgend alle Ereignistypen an der Kommandoschnittstelle mnemotechnisch mit einem „C_" eingeleitet. Alle Ereignistypen an der Portschnittstelle dagegen beginnen mit „P_". Eingehende Ereignisse werden ferner mit einem Querstrich von ausgehenden Ereignissen unterschieden.

Folgende Ereignistypen werden benutzt:

Ereignisse an der Kommandoschnittstelle

$\overline{\mathtt{C\_OPEN}}$
Eröffnung eines Übertragungsabschnitts.

$\overline{\mathtt{C\_SEND\ (D)}}$
Ablieferung eines zu sendenden Datenblocks D an die Protokollmaschine.

C_RECEIVE (D)
Übergabe eines von der Protokollmaschine empfangenen Datenblocks D an die Kommandoschnittstelle.

C_END
Gegenseite hat den Übertragungsabschnitt beendet.

$\overline{\mathtt{C\_CLOSE}}$
Aufforderung zum Beenden des Übertragungsabschnitts.

Ereignisse an der Portschnittstelle

P_OUT (F)
Ausgabe eines HDLC-Frames.

$\overline{\mathtt{P\_IN\ (F)}}$
Ankunft eines HDLC-Frames.

$\overline{\mathtt{P\_BAD}}$
Ankunft eines gestörten Frames.

$\overline{\mathtt{P\_TIMEOUT}}$
Ankunft eines Timeout-Signals anstelle eines erwarteten HDLC-Frames.

Ereignisparameter

D ist eine Bitkette beliebiger Länge.

F ist ein aus der vorgegebenen HDLC-Klasse zugelassener Kommando- oder Quittungsframe.

Bei der hier vorgegebenen Konfiguration (nur 1 Secondary) können auf der betrachteten Protokollebene (Leitungsebene) das HDLC-Adreßfeld und die Begrenzungsflags ignoriert werden. Wir setzen voraus, daß diese Information zusammen mit der CRC-Prüfinformation auf der nächst tieferen Protokollebene hinzugefügt wird. Damit ergeben sich für die verschiedenen Framearten die folgenden Datenformate:

I-Frames:

0	S	P/F	R	D

S Sendefolgezähler
P/F Poll / Finalbit
R Empfangsfolgezähler
D Datenblock

RR-, RNR-Frames:

1	0	C	P/F	R

C Kommando
R Empfangsfolgezähler
P/F Poll / Finalbit

SNRM-, DISC-, DM-, UA-Frames:

1	1	C	P/F	C

C Kommando
P/F Poll / Finalbit

In den Ein- und Ausgabeereignissen werden die relevanten Teilfelder des Parameters F durch Kommas getrennt angegeben.

Als erster Teil wird immer der Frametyp mit seiner mnemotechnischen Verschlüsselung angegeben:

SNRM Set Normal Response Mode
UA Unnumbered Acknowledgement
DISC Disconnect
DM Disconnected Mode
I Information
RR Receive Ready
RNR Receive Not Ready

Wird mit diesem Frametyp ein gesetztes Poll- oder Finalbit übertragen, so wird P oder F an den mnemotechnischen Code angefügt. Je nach Frametyp werden – durch Komma getrennt – die gesendeten bzw. empfangenen Werte der Sende- und Empfangsfolgezähler aufgeführt. Die Werte von Sende- und Empfangsfolgezähler empfangener Frames werden mit XS und XE bezeichnet.

6.2.3 Zustandsvariablen

Die nachfolgend aufgelisteten Zustandsvariablen müssen sowohl in der Primary als auch in der Secondary existieren:

DE Menge der empfangenen, aber noch nicht an den Benutzer weitergegebenen Datenpakete

DA Menge der zu sendenden Datenpakete

DAU Menge der gesendeten, aber noch unquittierten Datenpakete

N Zahl der zum Senden bereitstehenden Datenpakete

M Zahl der empfangenen, aber noch nicht an den Benutzer weitergegebenen Datenpakete

S Sendefolgezähler (modulo 8)

E Empfangsfolgezähler (modulo 8)

Q Quittierungsfolgezähler (weist auf das zuletzt quittierte Datenpaket)

ZS Zahl der gesendeten, aber noch unquittierten Datenpakete

ZE Zahl der empfangenen, aber noch unquittierten Datenpakete

TZ Timeoutzähler

Zur Vereinfachung der Protokolle wird unterstellt, daß die Mengen DA und DE unbeschränkt wachsen können, d.h. keine Beschränkungen für die Puffergrößen im Speicher existieren.

6.2.4 Systemzustände

Die Systemzustände werden anschließend getrennt für Primary und Secondary angegeben. Es sei betont, daß für die betrachteten Systemzustände Annahmen über die momentane Situation der Gegenseite gemacht werden, die aufgrund der parallelen Natur der Kommunikationspartner nicht mit der Wirklichkeit übereinstimmen müssen. Sie stellen lediglich Vermutungen dar, die mit einer hohen Wahrscheinlichkeit wahr sind.

Für jeden Systemzustand kann eine Invariante über den Zustandsvariablen angegeben werden, die für den jeweiligen Zustand stets erfüllt sein muß.

Es hat sich ferner als vorteilhaft erwiesen, aus Gründen der besseren Übersicht komplexe Zustände (in denen sehr viele Ereignisse mit komplexen Zusatzbedingungen auftreten können) in Unterzustände aufzugliedern. Man erhält dann hierarchisch strukturierte Transitionsdiagramme, bei denen man auf einem bestimmten Betrachtungsniveau von unwichtigen Details abstrahieren kann. Von dieser Möglichkeit wird im folgenden Gebrauch gemacht. Die Auflistung der Systemzustände erfolgt getrennt für Primary und Secondary.

Zustände der Primary

1 Initialisiert
(N = 0) & (M = 0) & (S = 0) & (E = 0) & (ZS = 0) & (ZE = 0) & (TZ = 0) & (DA = ∅) & (DE = ∅) & (DAU = ∅) & (Q = undefined)

2 Secondary aufgefordert zur Eröffnung
(Invariante wie 1)

3 Eröffnet
(Invariante wie 1)

4 Primary und Secondary aktiv (zerfällt in drei Unterzustände)
4.1 (ZS < 8) & (ZE < 8) & (TZ < 3)
4.2 (ZS = 8) & (ZE < 8) & (TZ < 3)
4.3 (ZS < 8) & (ZE = 8) & (TZ < 3)
5 Secondary passiv
TZ < 3

6 Schließen verlangt
M = 0

7 Secondary aufgefordert zum Schließen
M = 0

8 Sitzungsende bekanntgemacht
M = 0

9 Secondary hat geschlossen
M = 0

Zustände der Secondary

1 Initialisiert
(N = 0) & (M = 0) & (S = 0) & (E = 0) & (ZS = 0) & (ZE = 0) & (TZ = 0) & (DA = ∅) & (DE = ∅) & (DAU = ∅) & (Q = UNDEFINED)

2 Primary hat zur Eröffnung aufgefordert
(Invariante wie 1)

3 Eröffnet
(Invariante wie 1)

4 Primary und Secondary aktiv
4.1 N > 0
4.2 N = 0

5 Secondary passiv
TZ < 3

6 Primary hat zum Schließen aufgefordert

7 Schließen bestätigt

8 Sitzungsende bekanntgemacht

9 Schließen verlangt, aber passiv
M = 0

10 Schließen verlangt, aber aktiv
M = 0

6.2.5 Zustandsübergänge

Die Abbildungen 6.6 und 6.7 zeigen die vollständigen Transaktionsdiagramme mit allen Zustandsübergängen. Aus Gründen der Übersichtlichkeit wurde darauf verzichtet, die Spezifikation der Aktionen direkt an den Zustandsübergängen anzugeben. Statt dessen wurden die Abkürzungen $a_1 \ldots a_k$ verwendet. Nachfolgend werden für Primary und Secondary getrennt die funktionalen Spezifikationen in Form von Nachbedingungen angegeben. Die Vorbedingungen sind iden-

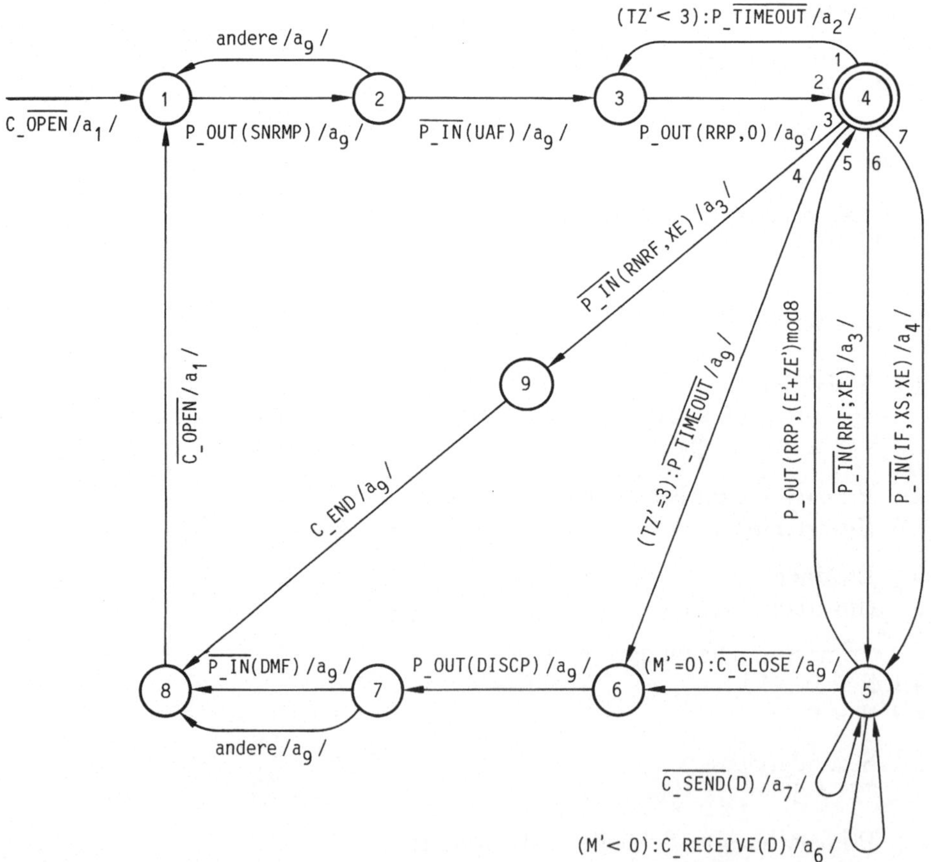

Abb. 6.6 a. HDLC-Zustandsdiagramm Primary

tisch mit den Invarianten, die an den Systemzuständen angegeben wurden, und können deshalb weggelassen werden. Wie in früheren Beispielen wird ein Apostroph zur Kennzeichnung eines alten Werts einer Zustandsvariablen vor Ausführung der Aktion benutzt. Der Operator ‚diff' wird benutzt, um den *Abstand* zweier beschränkter positiver ganzer Zahlen zu bilden. Seien X_0 und X_n zwei modulo-8 beschränkte positive ganze Zahlen, dann sei der Abstand

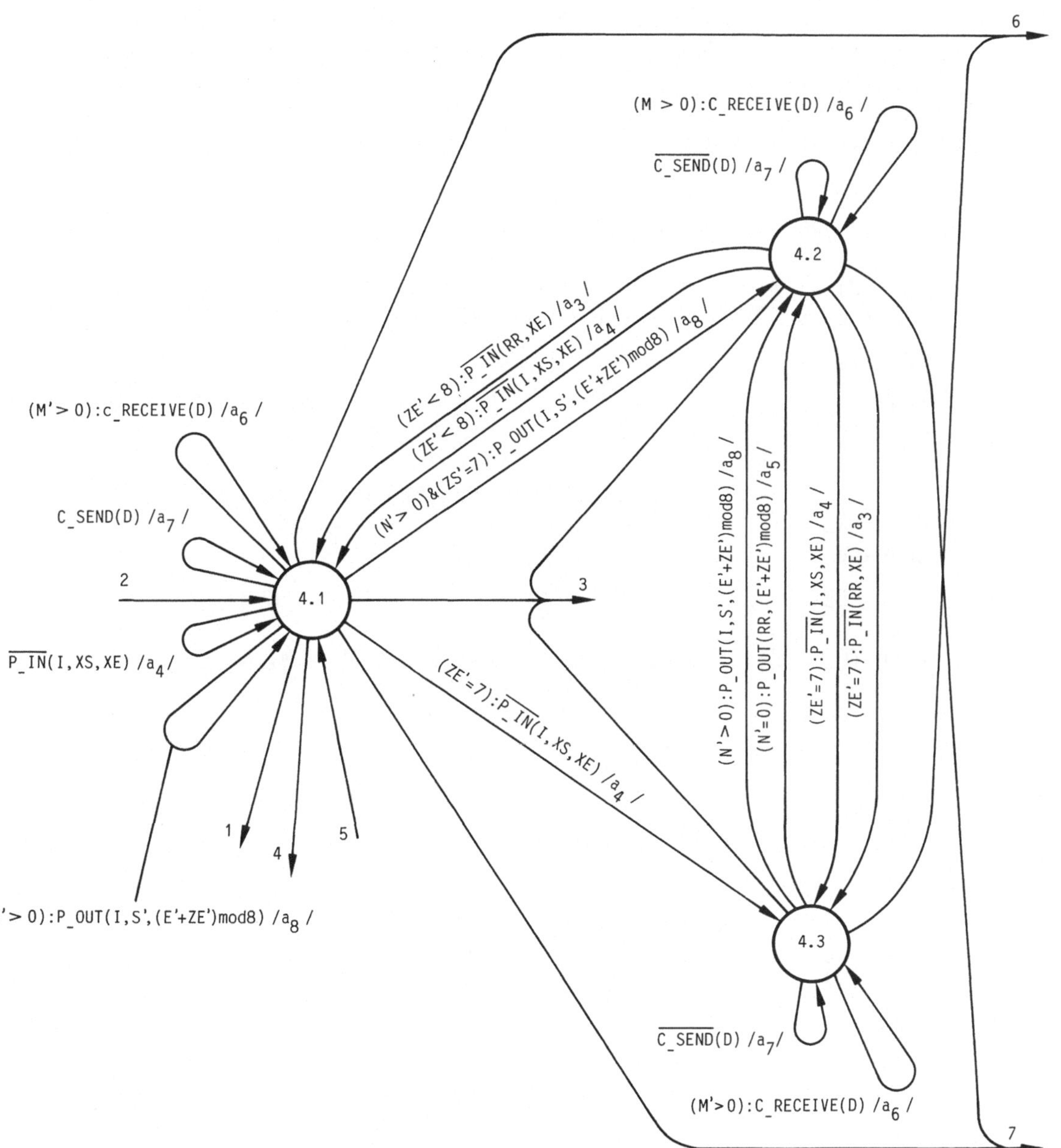

Abb. 6.6 b. HDLC-Zustandsdiagramm Primary Verfeinerung des Zustands 4

$A = X_0 \text{ diff } X_n$

wie folgt definiert:

$$A = \begin{cases} X_0 - X_n & \text{if } X_0 \geqslant X_n \\ 8 - (X_n - X_0) & \text{if } X_0 < X_n \end{cases}$$

Die Abbildungen 6.6 a und 6.7 a zeigen die globale Sicht auf den Protokollablauf. Sie enthalten jeweils einen Superzustand 4, der durch zwei ineinanderliegende Kreise dargestellt ist. Ein- und auslaufende Kanten sind durchnumeriert, damit sie in den Detaillierungen dieses Zustandes in den Abbildungen 6.6 b und 6.7 b entsprechenden Kanten eindeutig zugeordnet werden können.

Spezifikation der Aktionen der Primary

```
a1 (N = 0) & (M = 0) & (S = 0) & (E = 0) & (ZS = 0) & (ZE = 0) &
   (TZ = 0) & (DA = ∅) & (DE = ∅) & (DAU = ∅) & (Q = UNDEFINED)

a2 TZ = TZ' + 1

a3 case
   when (Q' = XE) then (DA = DA' ∪ DAU') & (DAU = ∅) &
                       (ZS = 0) & (S = Q')
                       {erneute Quittierung bereits quittierter Frames}
   when (XE ≠ Q') then (Q = XE) & (ZS = ZS' - (XE diff S'))
   endcase

a4 DE = (DE' ∪ D) & (M = M' + 1) & (ZE = ZE' + 1) &
   (case
   when (Q' = XE) then (DA = DA' ∪ DAU') & (DAU = ∅) &
                       (ZS = 0) & (S = Q')
   when (Q' ≠ XE) then (Q = XE) & (ZS = ZS' - (XE diff S'))
   endcase)

a5 (E = (E' + ZE') mod 8) & (ZE = 0) & (TZ = 0)

a6 (DE = DE' - D) & (M = M' - 1)

a7 (DA = D ∪ DA') & (N = N' + 1)

a8 (DA = DA' - D) & (DAU = DAU' ∪ D) &
   (ZS = ZS' + 1) & (S = ((S' + 1) mod 8)) &
   (E = ((E' + ZE') mod 8)) & (ZE = 0) & (N = N' - 1)

a9 null
```

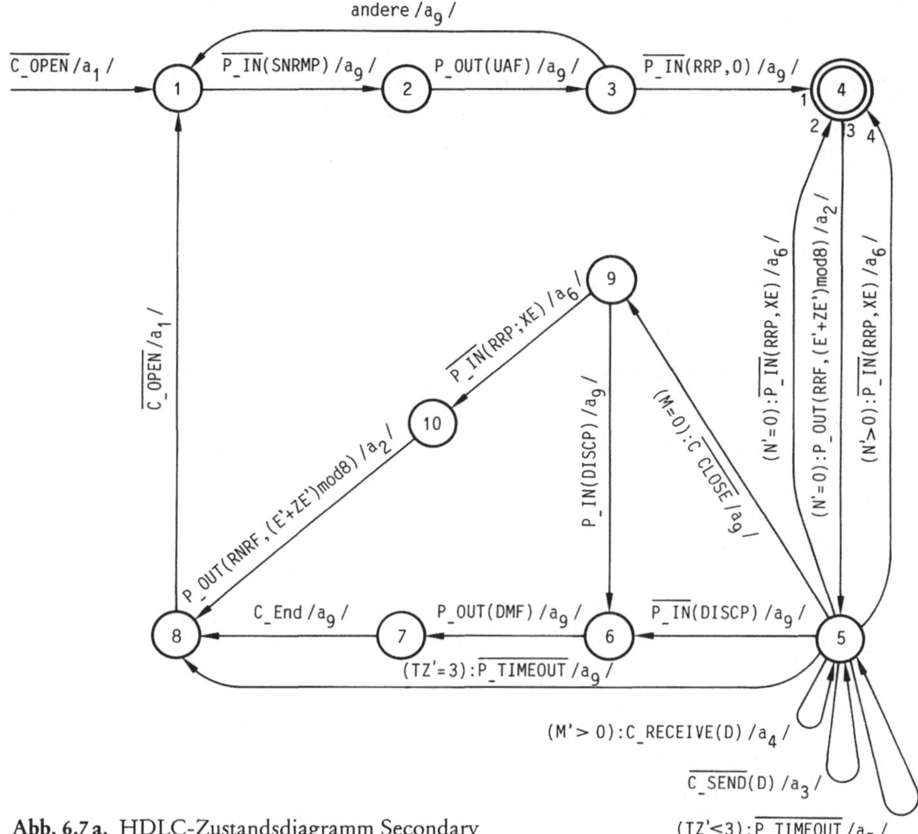

Abb. 6.7 a. HDLC-Zustandsdiagramm Secondary

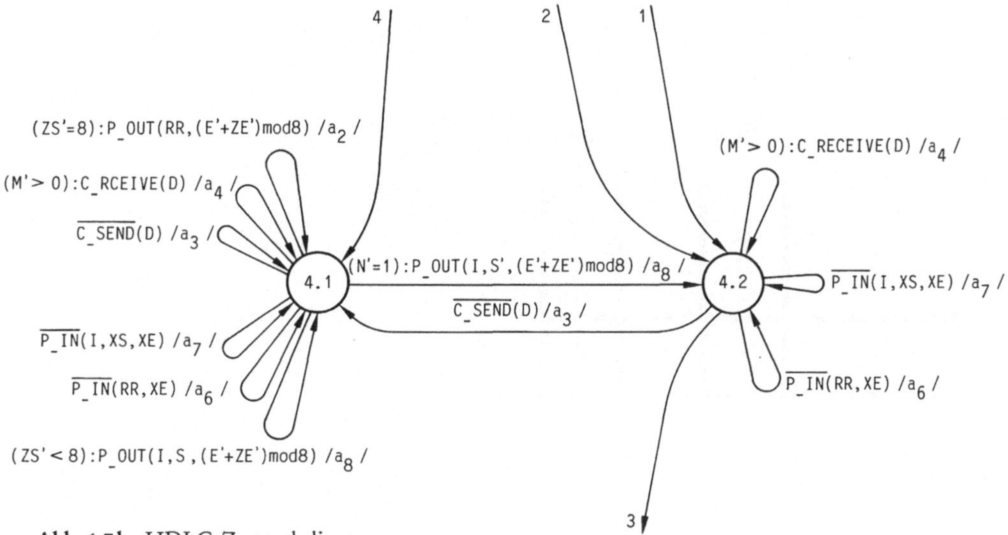

Abb. 6.7 b. HDLC-Zustandsdiagramm Secondary-Verfeinerung des Zustands 4

Spezifikation der Aktionen der Secondary

a_1
```
(N = 0) & (M = 0) & (S = 0) & (E = 0) & (ZS = 0) & (ZE = 0) &
(TZ = 0) & (DA = ∅) & (DE = ∅) & (DAU = ∅) & (Q = UNDEFINED)
```

a_2
```
(E = (E′ + ZE′) mod 8) & (ZE = 0)
```

a_3
```
(DA = D υ DA′) & (N = N′ + 1)
```

a_4
```
(DE = DE′ - D) & (M = M′ - 1)
```

a_5
```
TZ = TZ′ + 1
```

a_6
```
case
when (Q′ = XE) then (DA = DA′ υ DAU′) & (DAU = ∅) &
                    (ZS = 0) & (S = Q′) & (TZ = 0)
when (XE ≠ Q′) then (Q = XE) & (ZS = ZS′ - (XE diff S′)) &
                    (TZ = 0)
endcase
```

a_7
```
(DE = DE′ υ D) & (M = M′ + 1) & (ZE = ZE′ + 1) &
(case
when (Q′ = XE) then (DA = DA′ υ DAU′) & (DAU = ∅) &
                    (ZS = 0) & (S = Q′)
when (Q′ ≠ XE) then (Q = XE) & (ZS = ZS′ - (XE diff S′))
                    endcase)
```

a_8
```
(DA = DA′ - D) & (DAU = DAU′ υ D) &
(ZS = ZS′ + 1) & (S = ((S′ + 1) mod 8)) &
(E = (E′ + ZE′) mod 8)) & (ZE = 0) & (N = N′ - 1)
```

a_9
```
null
```

6.2.6 Induktionsmatrizen

Ereignisinduktion Primary → Secondary:

	P_IN (F)	P_BAD (F)	P_TIMEOUT
P_OUT (F)	X	X	X

Ereignisinduktion Secondary → Primary:

	P_IN (F)	P_BAD (F)	P_TIMEOUT
P_OUT (F)	X	X	X

Man erkennt leicht, daß sich Primary und Secondary bezüglich der Ereignisinduktion symmetrisch verhalten.

Literatur

[6.1] C. A. Sunshine: Formal Modeling of Communication Protocols, University of Southern California, ISI RR-81-89 (March 1981)

[6.2] Communication Protocol Modeling, ARTECH HOUSE TELECOMMUNICATION LIBRARY, Standard Book Number: 0-89006-097-5 (1981)

[6.3] O. Drobnik: Zum Entwurf von Protokollen für verteilte DV-Systeme, Habilitationsschrift Fachbereich Informatik der Universität Kaiserslautern (Juni 1981)

[6.4] B. W. Stutzman: Data Communication Control Procedures, ACM Computing Surveys 4, 197–220 (1972)

[6.5] C. A. Sunshine et al.: Specification and Verification of Communication Protocols in AFFIRM Using State Transition Models, IEEE-SE 8, 460–489 (1982)

[6.6] ISO „Data Communication – High Level Data Link Control Procedures – Elements of Procedures (independent numbering)“, Draft International Standard ISO/DIS 4335, ISO/TC 97 (Sept. 1976)

7. Netztopologien und Übertragungssteuerungsverfahren für lokale Netze

Ein verteiltes Programmsystem erfüllt die vorgesehene Aufgabe in erster Näherung unabhängig von der Struktur und den Eigenschaften des Kommunikationssystems, das die beteiligten Rechner untereinander verbindet. Bei näherer Betrachtung zeigt sich jedoch, daß der hier angestrebte Verteilungsgrad einen Kommunikationsaufwand erfordert, der nur durch räumlich konzentrierte, d.h. auf wenige Quadratkilometer ausgedehnte Netze bewältigt werden kann. Diese Netze werden auch Nahbereichsnetze oder lokale Netze genannt. Sie sind dadurch charakterisiert, daß

a) die maximale Ausdehnung zwischen zwei beliebigen Netzknoten < 10 km ist,
b) die Übertragungsrate gewöhnlich 1 MBit/sec übersteigt und
c) nur eine vergleichsweise kleine Zahl von kommunizierenden Rechnern (z.B. 256) zugelassen ist.

Als Übertragungsmedium kommen serielle Datenübertragungseinrichtungen wie Koaxialkabel, verdrillte Telefonkabel und Lichtleiter in Frage.

Für lokale Netze haben sich zwei Netztopologien als besonders vorteilhaft erwiesen: Ringnetze und Busnetze [7.1]. Eine Einordnung dieser Netztypen in ein allgemeines Klassifikationsschema wird in [7.2, 7.3] versucht. Die weitgehend disjunkten Ansätze zeigen jedoch, daß offenbar noch ein weiter Weg bis zu einer allgemein akzeptierten Taxonomie für Rechnernetze vor uns liegt.

In den nachfolgenden Abschnitten 7.1 und 7.2 werden die wichtigsten Eigenschaften von Ring- und Busnetzen diskutiert.

7.1 Ringnetze

Netze mit einer Ringtopologie sind dadurch charakterisiert, daß alle beteiligten Rechner mit einem linken und rechten Nachbarrechner gekoppelt sind. Die Verbindung der Rechner untereinander erfolgt jedoch nicht direkt, sondern indirekt über sog. Ringankopplungen. Anders als bei Busnetzen sind die Ringankopplungen aktive Elemente, die einige wichtige Transportfunktionen zu erfüllen haben (Abb. 7.1).

Der Verkehr auf dem Ring kann prinzipiell unidirektional oder bidirektional sein. Die Komplexität der Kommunikationsabläufe hat bei allen bekannten Implementierungen von Ringnetzen jedoch zur Beschränkung auf eine Übertragungsrichtung geführt. Botschaften fließen auf dem Ring vom Sender zum Empfänger, indem sie zwischen den Ringankopplungen – ggf. unter Zwischenspeicherung – weitergereicht werden. Als Übertragungsmedium dienen gewöhnlich bitserielle Datenübertragungseinrichtungen. Es existieren Ringsysteme, bei denen eine oder mehrere Botschaften gleichzeitig auf dem Ring fließen können. Botschaften können ferner feste oder variable Länge haben.

Die Steuerung des Netzzugangs sowie der Datenübertragung kann zentral oder dezentral erfolgen. Bei Ringnetzen mit zentraler Steuerung übernimmt ein Rechner Z die besondere Rolle der Zugangskoordination zum Netz sowie die Steuerung der Botschaftenübertragung. Botschaften werden in diesem Fall niemals direkt von einem Sender zum Empfänger transportiert. Die vom Sender auf den Ring gegebenen Botschaften werden stets von der Zentrale empfangen und dort vom Ring genommen. Nach Transformation der Zieladresse wird die Botschaft von der Zentrale an den eigentlichen Empfänger weitergeleitet.

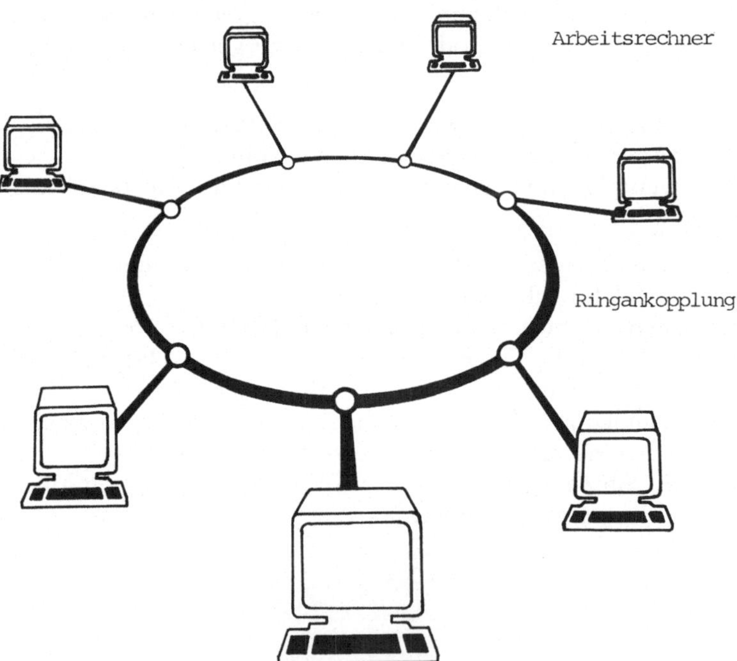

Abb. 7.1. Ringnetz

Der Vorteil der zentralen Ringsteuerung besteht darin, daß die von Sendern angegebenen Adreßinformationen logischer Natur sein können (z. B. Prozeßidentifikation) und keinen Bezug zu einer Rechneradresse herstellen müssen. Die Zuordnung zwischen logischer Einheit und Rechneradresse erfolgt in der Zentrale. Diese Zuordnungen können im Laufe der Zeit auch geändert werden, ohne daß dadurch die kommunizierenden Programme beeinträchtigt werden. Diese Funktion der Zentrale kann auch dazu benutzt werden, mehrere lokale Ringnetze zu koppeln (Abb. 7.2).

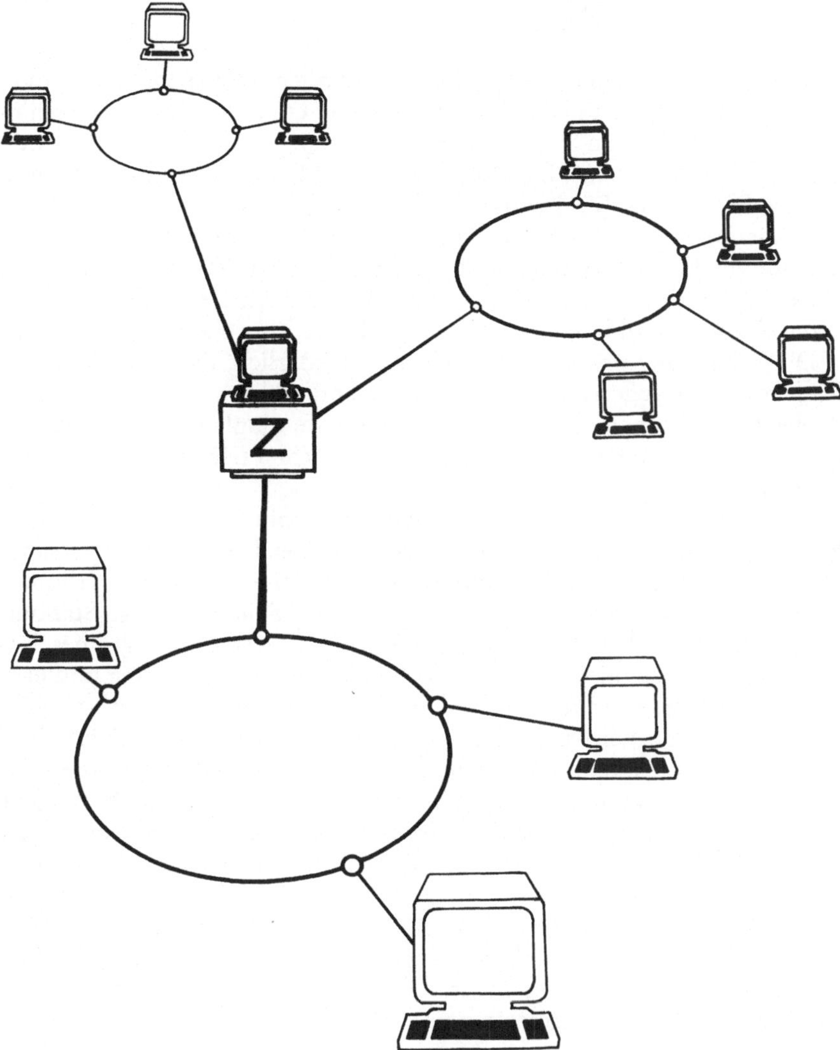

Abb. 7.2. Kopplung mehrerer Ringnetze über eine gemeinsame Zentrale Z

Ein schwerwiegender Nachteil der zentralen Ringsteuerung ist die Gefahr eines totalen Ringausfalls durch Ausfall der Zentrale. Die indirekte Form der Informationsübertragung hat gegenüber den Ringnetzen mit dezentraler Steuerung zusätzlich eine beträchtliche Verminderung der Übertragungsleistung zur Folge.

Aus diesem Grunde gewinnen Ringnetze mit dezentraler Steuerung immer mehr an Bedeutung. Drei der bekanntesten Vertreter, der Token-Ring, der Slotted Ring und der Contention-Ring, werden nachfolgend diskutiert. Weitere Varianten für dezentrale Ringnetze werden in [7.1] und [7.4] vorgestellt. Eine gute Zusammenfassung findet sich in [7.5].

7.1.1 Der Token-Ring

Der Token-Ring ist der älteste, aber immer noch populärste Typ eines dezentral gesteuerten Ringnetzes [7.6]. In diesem Ringnetz zirkuliert ein spezielles Bitmuster – das *Token* – von Station zu Station, solange keine Botschaften zu übertragen sind. Üblich ist ein 8-Bit Muster, z. B. 11111111. In Verbindung mit der Technik des Bit-Stuffing [7.4] wird erreicht, daß das Token-Bitmuster niemals in der zu sendenden Information vorkommt. Wenn eine Station ein Datenpaket senden möchte, muß sie zunächst darauf warten, bis das Token an der Station eintrifft. Durch die Entfernung des Tokens vom Ring erhält die Station automatisch die Sendeerlaubnis und kann nun die zu sendende Information auf den Ring geben.

Die Erkennung des Tokens macht es erforderlich, daß der Bitstrom auf dem Ring von jeder angeschlossenen Station ständig überwacht wird. Um bei diesem Beobachtungsvorgang die fließende Botschaft möglichst wenig zu verzögern, wird folgendes, durch Abb. 7.3 näher erläutertes Verfahren in der Ringankopplung eingesetzt.

Normalerweise befindet sich die Ringankopplung im „Sense“-Modus. Jedes Bit wird in einem 1-Bit-Speicher zwischengespeichert. Handelt es sich um eine „1“, so wird der in der Ringankopplung befindliche Zähler um 1 erhöht. Eine „0“ im Bitstrom führt zum Rücksetzen des Zählers. Sendeunwillige Stationen schieben so die durchfließende Information mit der Verzögerung eines Bits an die nachfolgende Station weiter. Ist jedoch eine Station sendewillig und erreicht der Zähler den Wert 8 (Token), so ändert die Station das letzte Bit auf Null. Der so geänderte Token wird Connector genannt. Connectoren sind für die Ringankopplungen das Erkennungszeichen, daß eine Botschaft folgt. Die sendewillige Station muß nun unmittelbar hinter einem Connector die zu übertragenden Daten senden. Sie geht damit in den „Transmit“-Modus über. Alle Stationen, die im „Sense“-Modus einen Connector mit nachfolgendem Datenblock erkennen, lesen nun die nachfolgende Empfängeradresse. Bei Übereinstimmung und empfangswilliger Station wird die nachfolgende Information in den internen Speicher der Station gelesen, ohne daß sie jedoch vom Ring entfernt wird. Die Entfernung der Botschaft vom Ring geschieht üblicherweise durch den Sender, der auch für die Regenerierung des Token verantwortlich ist. Eine sendende Station hat hier zwei Möglichkeiten:

a) Sie verbleibt solange im Besitz des Senderechts, bis alle anstehenden Botschaften beliebiger Länge übertragen sind. In diesem Fall werden aufeinanderfolgende Datenblöcke durch jeweils einen Connector getrennt:

11111110	Datenblock 1	11111110	Datenblock 2

Liegen keine Sendewünsche der Station mehr an, dann wird nach Aussenden des letzten Datenbits durch die Ringankopplung dieser Station das Token regeneriert. Die Station gibt damit das Senderecht an die nachfolgende Station ab.

b) Eine Station behält das Senderecht immer nur für die Dauer der Übertragung einer Botschaft, d. h. am Ende eines gesendeten Datenblocks wird in jedem Fall das Token regeneriert:

11111110	Datenblock	11111111

Diese Strategie hat bei gleichzeitiger Beschränkung der Datenblöcke auf einen Maximalwert den Vorteil, daß jede Station in einer endlichen, kalkulierbaren Zeit Zugang zum Ring erhält. Bezeichnet

z die Signallaufzeit des Übertragungsmediums,
d die totale Länge des Übertragungsmediums im gesamten Ring,
N die Zahl der angeschlossenen Ringstationen,
L die Stationslatenzzeit in Bits und
v die Bandbreite des Übertragungsmediums,

dann ergibt sich die Ringumlaufzeit zu

$$\text{Ringumlaufzeit } U = d*z + (N*L)/v$$

Die Maximalzahl gleichzeitig auf dem Ring befindlicher Bits ist gegeben durch

$$\text{Ringbitzahl } R = v*U = v*d*z + N*L$$

Die nachfolgende Tabelle, die [7.5] entnommen wurde, enthält die Ringumlaufzeit und die Ringbitzahl für einige typische Ringkonfigurationen bei einer typischen Signallaufzeit von 5 Mikrosekunden/km.

Bandbreite v [Bits/sec]	Ringlänge d [km]	Stationszahl N	Latenz L [Bits]	Ringumlaufzeit U [sec]	Ringbitzahl R [Bits]
10^6	2	50	1	$600*10^{-7}$	60
10^7	2	50	1	$150*10^{-7}$	150
10^6	10	100	1	$1500*10^{-7}$	150
$50*10^6$	10	100	1	$520*10^{-7}$	2600
10^7	5	20	8	$410*10^{-7}$	410
10^7	2	1000	1	$1100*10^{-7}$	1100
10^7	2	1000	4	$4100*10^{-7}$	4100
$5*10^6$	10	100	4	$1300*10^{-7}$	650

Bei gegebener Stationszahl N und Ringumlaufzeit U muß eine Station bei maximaler Länge P des Datenpakets höchstens die Zeit N*P*U abwarten, bis sie erneut die Sendeberechtigung erhält. Diese Eigenschaft macht Ringnetze auch für Echtzeitanwendungen attraktiv, da der Zugang zum Ring in einer vorgegebenen Zeitschranke garantiert werden kann.

Der innerhalb von Connector und Token liegende Datenblock hat gewöhnlich folgenden Aufbau:

Stationsadresse	Daten	Prüfbits

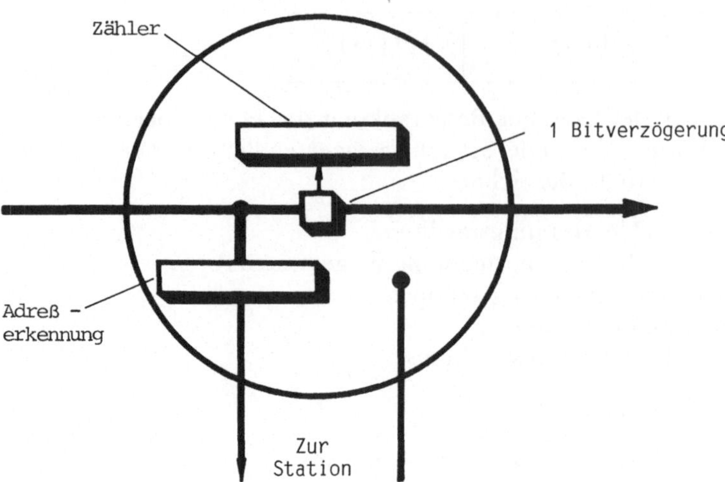

a) „Sense"-Modus

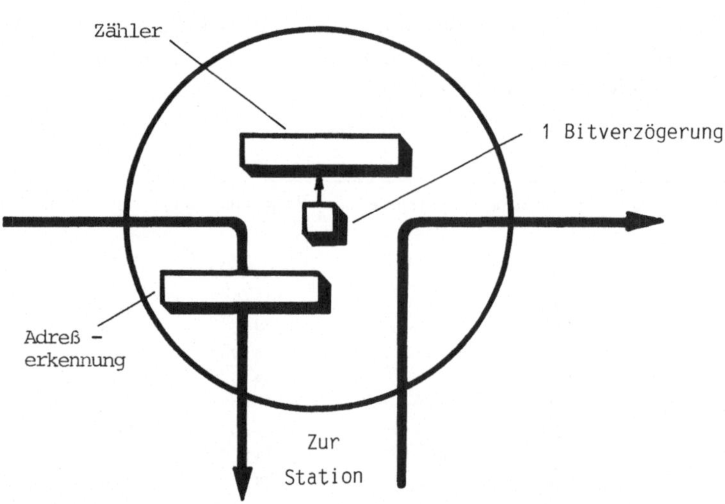

b) „Transmit"-Modus

Abb. 7.3. Die verschiedenen Betriebsmodi der Ringankopplung von Token-Ringen

Durch Ergänzung um ein Quittungsbit am Ende des Datenblocks kann zusätzlich ein einfacher Quittungsverkehr realisiert werden: wurde das gesamte Datenpaket korrekt vom Empfänger empfangen, so kann die Ringankopplung des Empfängers das Quittungsbit von 0 auf 1 ändern. Im anderen Fall bleibt das Quittungsbit unverändert. Der Sender kann daraufhin in höheren Protokollschichten geeignete Maßnahmen, wie z.B. Wiederholung der Übertragung, einleiten.

Auf eine Problematik von Token-Ringnetzen soll abschließend hingewiesen werden. Bei Ausfall der Netzspannung an einer Station ist in der Regel auch die Ringankopplung nicht mehr funktionsfähig. Zur Aufrechterhaltung der Transportfunktion des Rings werden in diesem Fall oft Ein- und Ausgang der Ringankopplung kurzgeschlossen. Die damit verlorengegangene Speicherfähigkeit der Ringankopplung durch die fehlende Latenz führt zu einer Verkürzung der Ringbitzahl. Hier muß im Entwurf sichergestellt werden, daß selbst bei Abschaltung mehrerer Stationen die Leitungen hinreichende Länge zur Speicherung des Token besitzen.

7.1.2 Der Contention-Ring

Solange Hardware und Software einwandfrei funktionieren, ist der Token-Ring ein einfaches und überzeugendes Ringkonzept. Große Schwierigkeiten treten jedoch dann auf, wenn der Token durch Fehler der Ringankopplung oder der Übertragungsleitungen verlorengeht. Zur Lösung dieses Problems startet jede Ringankopplung einen Zeitgeber, wenn ein Sendewunsch von der zugeordneten Station eintrifft. Der Zeitgeber spricht dann an, wenn bei maximaler Token-Umlaufzeit der Token nicht an der sendewilligen Station eingetroffen ist. Dieser hypothetische Grenzfall tritt dann ein, wenn alle anderen N-1 Stationen am Ring ein Datenpaket maximaler Länge senden wollen. Das Ausbleiben des Token wird als Verlust des Token interpretiert. Als Gegenmaßnahme wird von der betreffenden Ringankopplung ein neues Token generiert. Dabei kann es jedoch passieren, daß zwei oder mehrere Ringankopplungen diese Maßnahme zum nahezu identischen Zeitpunkt treffen. Als Folge existieren nun mehrere Token gleichzeitig auf dem Ring. Die fehlerhafte Betriebsweise des Rings wird dadurch insgesamt nicht verbessert.

Die koordinierte Regenerierung eines verlorengegangenen Token führt auf dasselbe Problem, das bei der dezentralen Zugangssteuerung zu einem durch mehrere Stationen gemeinsam benutzten Bus auftritt. Diese Beobachtungen veranlaßten Clark et al. [7.7] zur Entwicklung eines neuartigen Steuerungsprinzips für Ringnetze. Bei diesen Contention-Ringnetzen wird ein Konflikterkennungsmechanismus zur korrekten Regenerierung eines verlorengegangenen Token eingesetzt. Das Verfahren vermeidet insbesondere dann unnötige Ringzugriffsverzögerungen, wenn die Ringbelastung gering ist.

Anders als beim Token-Ring, bei dem auch bei leerlaufendem Ring ständig ein Token zirkuliert, geschieht in diesem Fall auf dem Contention-Ring nichts. Wenn ein Sendewunsch bei der zugehörigen Ringankopplung eintrifft, prüft diese zunächst, ob gerade ein Datenpaket durchläuft. Ist dies nicht der Fall, dann kann die Datenübertragung sofort gestartet werden. Am Ende des Datenpakets wird ein Token in gleicher Weise wie beim Token-Ring generiert. Im Gegensatz zum Token-Ring wird der Token jedoch von der sendenden Station nach Ringumlauf wieder entfernt. Findet dagegen eine sendewillige Station die Ringankopplung aktiv vor (d.h. ein Datenpaket passiert gerade die Ringankopplung), dann wartet sie, bis der Token vorbeiläuft. Entsprechend dem Token-Ring wird durch Ändern

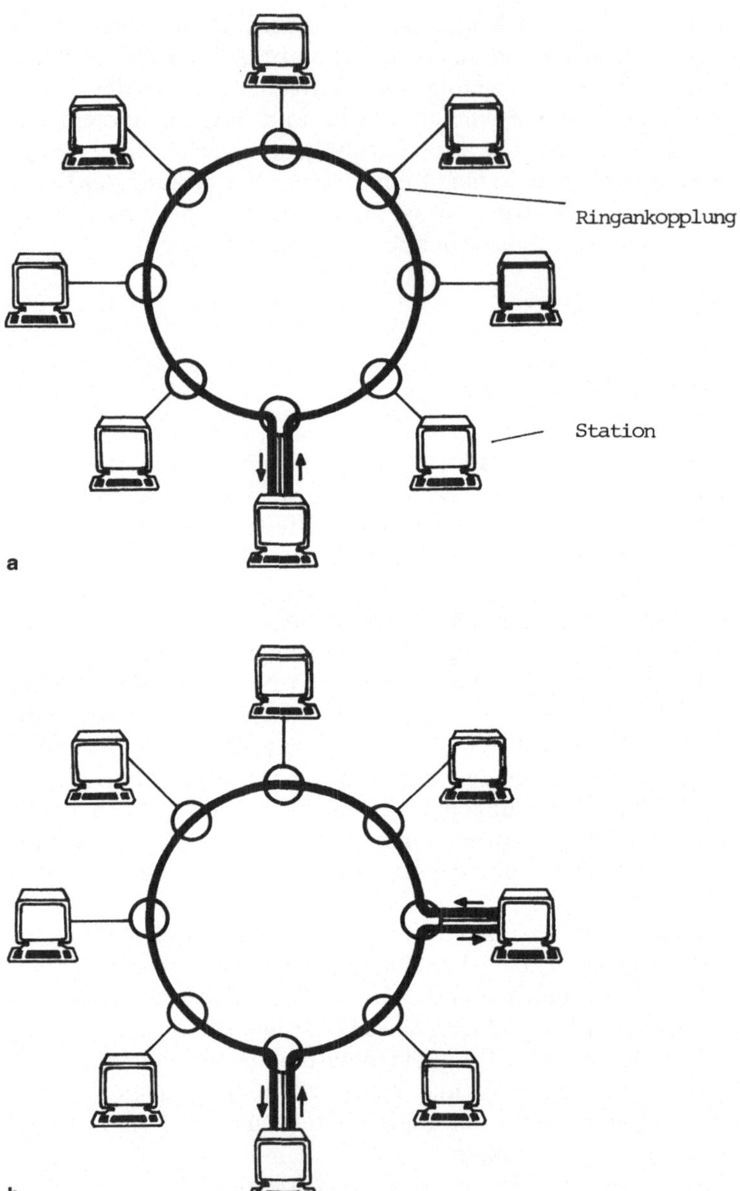

Abb. 7.4 a, b. Contention Ring. **a** Datenfluß bei normaler Operation. **b** Datenfluß bei Kollision

des letzten Bits der Token in einen Connector umgewandelt und das eigene Datenpaket auf den Ring gegeben. Da der Token nun fehlt, kann keine andere Station senden, deren Ringankopplung mit dem Transport eines durchlaufenden Datenpakets beschäftigt ist. Bei völliger Auslastung des Rings kann somit keine Station senden, solange sie nicht im Besitz des Token ist. Unter Vollast verhält sich der Contention-Ring demnach exakt wie der Token-Ring.

Wenn bei Leerlauf eine Station mit der Übertragung eines Datenblocks beginnt, kommt es zu der in Abb. 7.4a dargestellten Situation: die sendende Station entfernt nach Ringumlauf sowohl das Datenpaket als auch den Token. Starten jedoch zwei Stationen unabhängig zum selben Zeitpunkt die Übertragung eines Datenpakets, dann folgt die in Abb. 7.4b dargestellte Situation: jede Station empfängt das Datenpaket der anderen und entfernt es vom Ring. Zur Behebung dieser Ringkollision ist von den Stationen nach Empfang eines Datenpakets lediglich die Überprüfung der mitgesendeten Senderadressen erforderlich. Stimmt sie mit der eigenen Adresse überein, hat keine Kollision stattgefunden. Im anderen Fall wird die Übertragung abgebrochen und nach Verstreichen einer Zufallszeit erneut gestartet.

Dem Vorteil des schnellen Zugriffs zum Ring bei Ringleerlauf steht der Nachteil einer vergleichsweise langsamen Ringbelegungszeit gegenüber: erst nach Umlauf der gesamten Senderadresse steht fest, ob der Zugriff zur erfolgreichen Ringbelegung geführt hat oder nicht.

7.1.3 Der Slotted Ring

Während die bisher diskutierten Ringnetztypen dadurch gekennzeichnet sind, daß zu einem Zeitpunkt immer nur ein Datenpaket beliebiger Länge auf dem Ring umlaufen kann, zirkulieren beim Slotted Ring mehrere Datenpakete fester Länge gleichzeitig. Der erste Ring dieses Typs wurde 1972 von Pierce [7.8] entwickelt.

Das Prinzip des Slotted Ring beruht darauf, die Gesamtmenge der auf dem Ring inklusive Ringankopplungen umlaufenden Bits in „Waggons" mit einer festen Paketlänge zu untergliedern (Abb. 7.5). Wenn die Ringausdehnung nicht sehr groß ist, ist die Ringbitzahl gewöhnlich nicht sehr hoch und reicht in keinem Falle aus, um mehrere Pakete mit einer hinreichenden Bitlänge zu speichern. Deshalb werden normalerweise in den Ringankopplungen künstliche Verzögerungsglieder eingebaut, die die übliche 1-Bit-Verzögerung um ein Vielfaches erhöhen. Dies kann sehr leicht mit Schieberegistern erreicht werden. Jeder Waggon trägt am Beginn eine 1-Bit-Kennung, ob er frei oder belegt ist. Eine sendewillige Station wartet auf den ersten freien Waggon, belegt ihn und legt das zu sendende Datenpaket darin ab. Die Freigabe eines Waggons kann auf zwei Arten erfolgen:

a) Durch den Sender nach Rückerhalt seiner Botschaft. Der freigegebene Waggon darf nicht ein zweites Mal vom gleichen Sender belegt werden.
b) Durch den Sender nach Rückerhalt seiner Botschaft, wobei der Waggon durch den Sender sofort wieder belegt werden darf.

Organisationsform a) garantiert jeder sendewilligen Station in fairer Weise Zugang zum Übertragungsmedium. Diesen wünschenswerten Effekt erkauft man sich durch eine gegenüber b) verringerte Nutzung des Mediums.

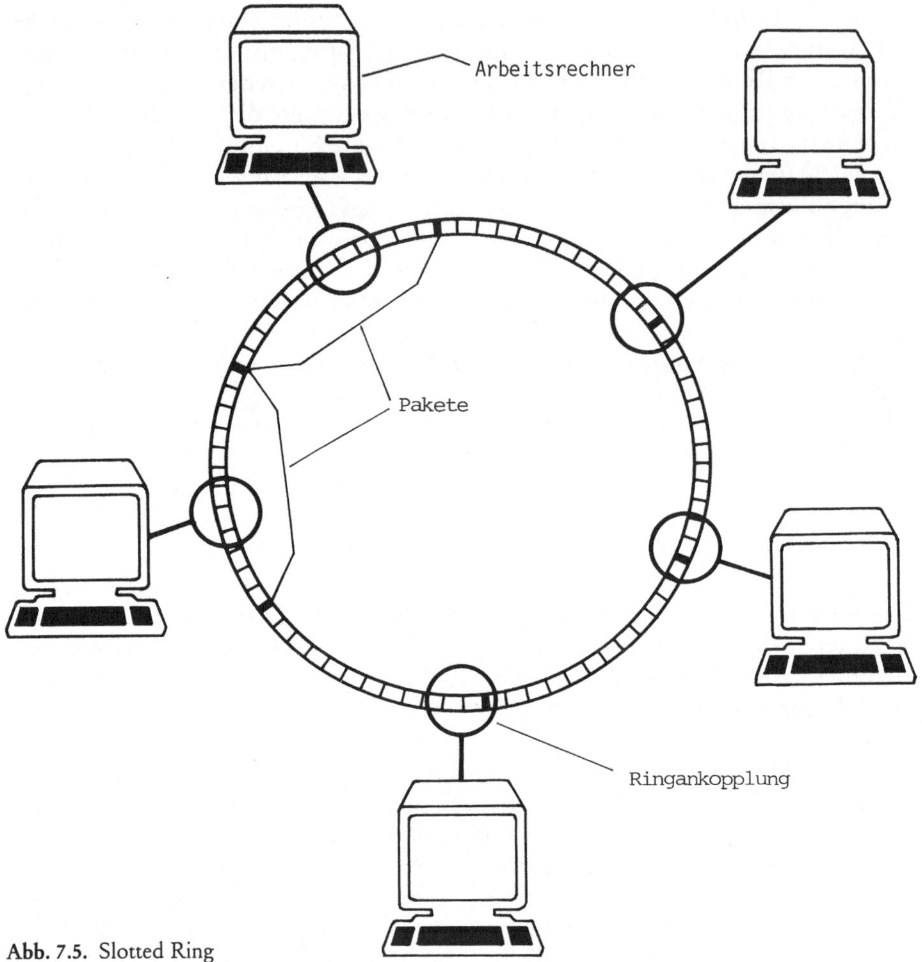

Abb. 7.5. Slotted Ring

7.2 Busnetze

Unter Busnetzen versteht man eine Netztopologie, bei der alle beteiligten Arbeitsrechner über ein passives Übertragungsmedium – den Bus – miteinander verbunden sind (Abb. 7.6).

Im Gegensatz zum Ringnetz gibt es selbst in den Ringankopplungen keine aktiven Transportfunktionen: im Falle von leitungsgebundenen Übertragungsmedien besteht die Ringankopplung lediglich aus einer galvanischen Verbindung zwischen dem Bus und der Leitungszuführung jedes Arbeitsrechners. Daraus folgt für Busnetze eine charakteristische Eigenschaft: alle von einer Station ausgesendeten Signale können gleichzeitig von allen übrigen Stationen am Bus empfangen werden. Als Verzögerungszeit tritt dabei lediglich die Leitungsverzögerung auf. Aufgrund dieser Eigenschaft werden Busnetze auch Broadcastnetze genannt.

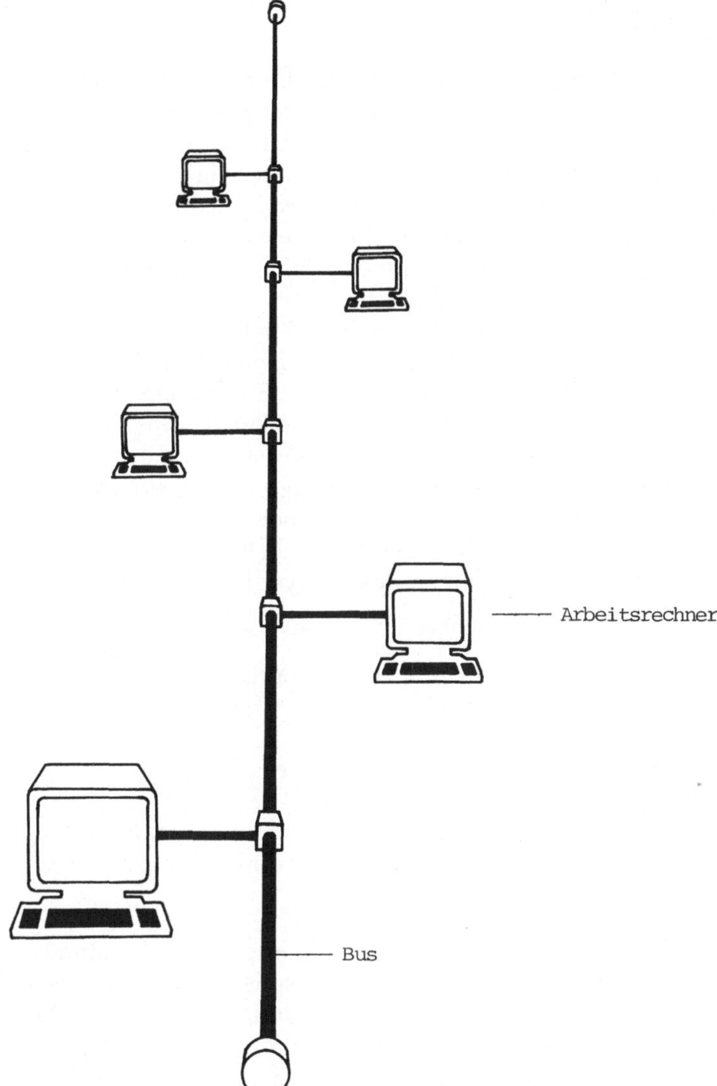

Abb. 7.6. Busnetz

Die Zugriffssteuerung zum Bus kann zentral oder dezentral erfolgen. Drei Gruppen von Steuerungsstrategien für Busse sind bekannt:

- Selektion,
- wahlfreier Buszugang und
- Reservierung.

Diese Strategien werden nachfolgend kurz charakterisiert.

7.2.1 Selektion

Diese Steuerungsstrategie stellt die älteste Form der Zugangssteuerung zu Busnetzen dar. Das Prinzip beruht darauf, daß eine Station nur nach vorher erteilter Berechtigung Botschaften senden darf. Bis zu Erteilung der Berechtigung müssen die zu sendenden Botschaften in der jeweiligen Station zwischengepuffert werden. Im Falle einer zentralen Steuerung wird diese Zugriffsberechtigung durch einen Buskontrolleur erteilt. Drei Selektionstechniken bei zentraler Zugriffssteuerung sind bekannt: *Daisy-Chaining, Polling* und *Anruf.*

Daisy-Chaining ist eine Technik, die vorzugsweise für die Organisation rechnerinterner Busse verwendet wird. Der PDP11-Unibus und der IBM 370 I/O-Kanal benutzen beide diese Technik, bei der eine Signalleitung durch alle angeschlossenen Stationen geschleust wird. Ein von einer beliebigen Station angemeldeter Zugriffswunsch wird über diese Signalleitung von Station zu Station an die Zentrale gemeldet. Bei positiver Quittung durch die Zentrale über eine spezielle Quittungsleitung wird die sendewillige Station vorübergehend zum Busmaster. Jede auf dem Weg zur Zentrale liegende Station kann jedoch das Signal stoppen und seinerseits versuchen, den Bus zu belegen.

Die Vor- und Nachteile des Daisy-Chaining resultieren aus der Einfachheit des Protokolls:

- Es wird automatisch eine feste Prioritätsstruktur für alle angeschlossenen Stationen auferlegt (die der Zentrale nächstgelegene Station hat die höchste Priorität).
- Das Verfahren hat zwangsläufig Zeitverzögerungen bei der Busbelegung zur Folge.
- Die Fehleranfälligkeit durch fehlerhaftes Arbeiten der Signal- und Quittungsleitungen sowie der diesbezüglichen Kopplungselemente ist höher als bei anderen Zugriffsverfahren.

Beim *Polling*-Verfahren wird ein potentieller Sender mittels einer speziellen Botschaft direkt durch die Zentrale angesprochen und zum Senden aufgefordert. Er kann die Aufforderung annehmen (und senden) oder ablehnen und damit der Zentrale die Möglichkeit geben, einem nächsten potentiellen Sender die Sendeberechtigung zu erteilen. Nimmt eine Station die Sendeberechtigung an, so bleibt sie Busmaster, bis sie der Zentrale das Ende der Übertragung gemeldet hat. Zur Implementierung von Polling benötigt man keine speziellen Signalleitungen. Das Verfahren kann daher mit einfachen seriellen Datenübertragungsleitungen realisiert werden. Ein prominenter Vertreter ist das HDLC-Verfahren, dessen Verbindungstopologie Abb. 7.7 zu entnehmen ist [6.6].

Anstelle eines für beide Übertragungsrichtungen benutzten Bus wird der Arbeitsrechner der Zentrale (Primary) mit den angeschlossenen Unterstationen (Secondaries) über zwei separate SIMPLEX-Busnetze verbunden. Dadurch wird zwischen Primary und Secondary ein Vollduplex-Verkehr möglich, der auch durch das HDLC-Protokoll unterstützt wird.

Bei der *Anruf*technik wenden sich sendewillige Stationen über spezielle Signalleitungen direkt an die Zentrale. Die Zentrale ordnet alle gleichzeitig anstehen-

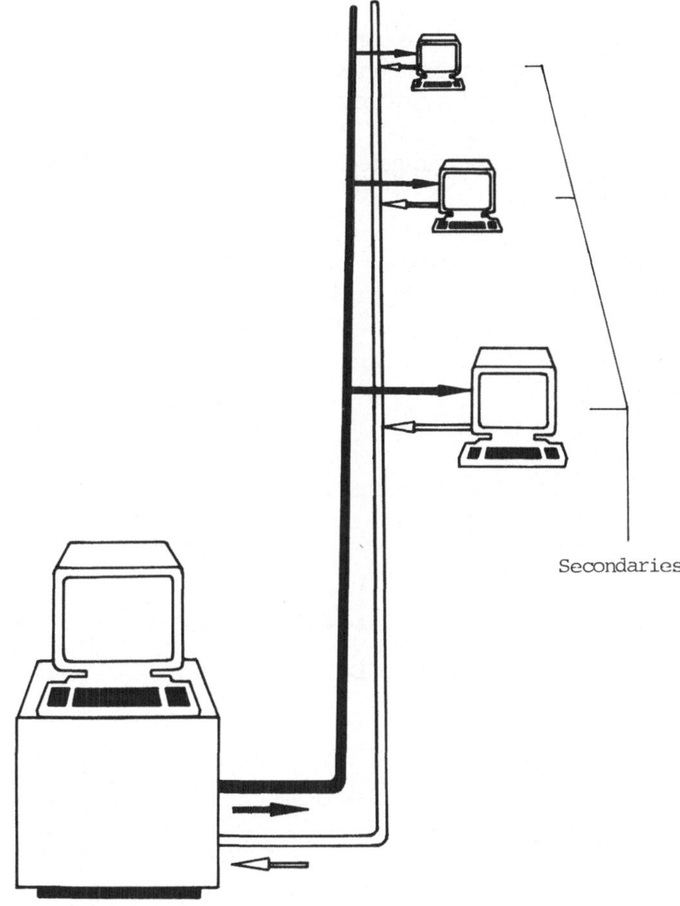

Abb. 7.7. Bustopologie bei HDLC-Netzkonfigurationen

den Sendewünsche und teilt entsprechend einem unterlegten Prioritätenschema die Sendeberechtigungen der Reihe nach zu.

Der Nachteil dieser Technik besteht in der hohen Zahl von zusätzlich benötigten Signal- und Quittungsleitungen.

Für das Selektionsverfahren sind auch dezentrale Techniken entwickelt worden. Eine gute Zusammenfassung findet sich in [7.9].

7.2.2 Wahlfreier Buszugang

Wahlfreie Zugriffstechniken sind dadurch charakterisiert, daß die sendewilligen Stationen unkoordiniert zum Bus zugreifen. Jede Station sendet ihre Botschaften unmittelbar nach Eintreffen eines Sendewunsches und kann daher nicht sicher sein, daß eine andere Station nicht zum selben Zeitpunkt sendet.

Der Vorteil von wahlfreien Zugangstechniken zum Bus liegt darin, daß bei erfolgreicher Busbelegung die gesamte Übertragungsbandbreite dem Sender zur Verfügung steht. Dieser Vorteil wird erkauft durch die Gefahr von Kollisionen.

Sie haben zur Folge, daß die kollidierenden Botschaften verfälscht werden und deshalb mehrfach übertragen werden müssen. Die verschiedenen Varianten wahlfreier Buszugangstechniken unterscheiden sich deshalb vorrangig in der Art und Weise, in der das Auftreten von Kollisionen reduziert wird.

Anhand der von LUCZAK [7.9] angegebenen Taxonomie (Abb. 7.8) werden die bekanntesten Buszugangstechniken für den wahlfreien Zugriff anschließend kurz diskutiert.

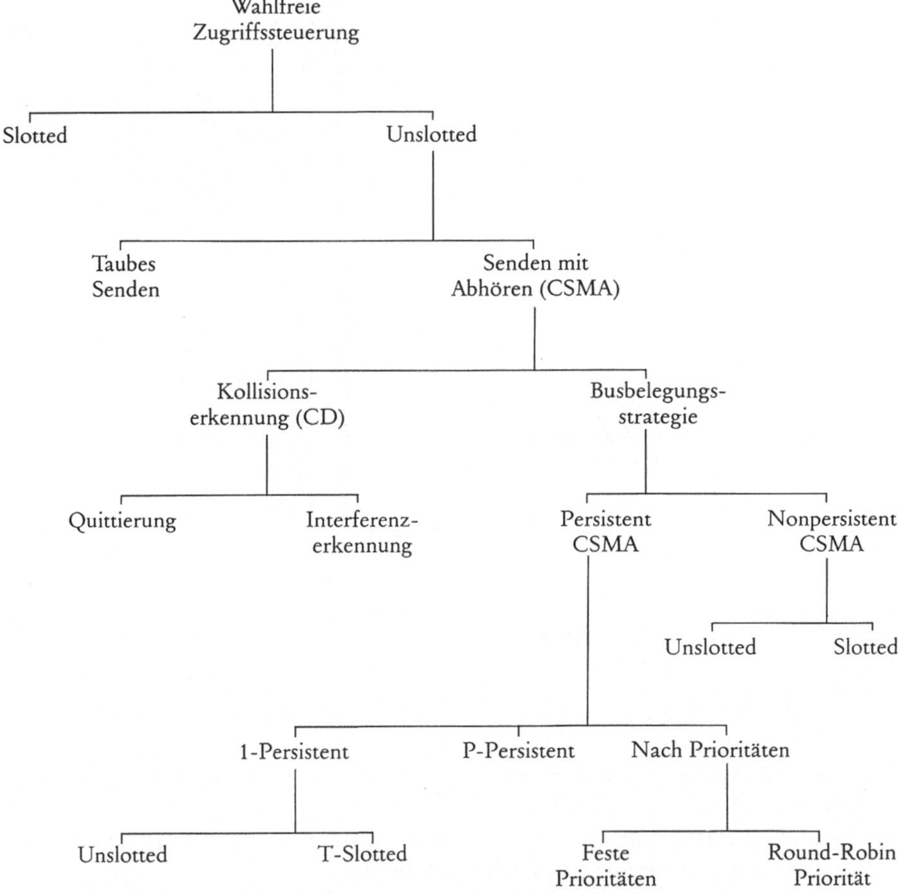

Abb. 7.8. Übersicht über die wichtigsten Techniken für einen wahlfreien Buszugriff nach [7.9]

Alle Zugriffstechniken lassen sich grob den Klassen „slotted" oder „unslotted" zuordnen. In den „Slotted"-Techniken werden alle Stationen am Bus durch eine zentrale Uhr synchronisiert. Die Zeit wird in Zeitschlitze gleicher Länge unterteilt. Wenn bei einer Busstation eine Botschaft zum Senden vorliegt, wird diese zunächst in Pakete gleicher Länge derart zerlegt, daß jedes Paket in einen Zeitschlitz paßt. Die Pakete werden dann der Reihe nach in aufeinanderfolgenden Zeitschlitzen gesendet. Für eine präventive Kollisionserkennung werden keinerlei

Maßnahmen getroffen. Bleibt eine positive Empfangsbestätigung innerhalb einer vorbestimmten Zeit aus, nimmt der Sender den Verlust eines Datenpakets an und sendet es erneut.

„Unslotted“-Techniken erlauben grundsätzlich die Übertragung beliebig langer Botschaften. In der einfachsten Variante werden die Botschaften taub, d.h. ohne gleichzeitiges Abhören des Bus gesendet. Eine Kollision (und damit der Verlust der Botschaft) wird wie bei den „Slotted“-Techniken durch Ausbleiben einer positiven Empfangsbestätigung bemerkt.

Es ist augenscheinlich klar, daß beide Techniken mit steigender Busbenutzung zu einem starken Anwachsen der Kollisionen und damit zu einer Reduzierung der effektiven Übertragungsleistung des Bus führen. Deshalb sind in jüngster Zeit verbesserte Verfahren entwickelt worden, die die Reduktion von Kollisionen zum Ziel haben. Sie beruhen darauf, unmittelbar vor und während des Sendens einer Botschaft gleichzeitig das Übertragungsmedium abzuhören, um so eine Kollision rechtzeitig zu erkennen. Die Gesamtheit der Steuerungstechniken, die dieses Prinzip anwendet, wird CSMA (Carrier Sense Multiple Access) genannt. Sie machen sich die Eigenschaft zunutze, daß aufgrund der begrenzten räumlichen Ausdehnung lokaler Netze der Parameter

$$a = \frac{\text{max. Signallaufzeit zwischen zwei Stationen}}{\text{Übertragungsdauer einer Nachricht}}$$

wesentlich kleiner als 1 ist (die Übertragungsdauer ist proportional zur Nachrichtenlänge und umgekehrt proportional zur Bandbreite des Übertragungsmediums). Dadurch wird es möglich, die Kollisionserkennung in einer vergleichsweise kurzen Zeit durchzuführen, die weder eine erhebliche Verzögerung der Botschaftenübertragung noch eine nennenswerte Busbelastung zur Folge hat. Man unterscheidet CSMA-Techniken der Kollisionserkennung und der eigentlichen Busbelegung.

Die Techniken der Kollisionserkennung basieren darauf, daß eine sendende Station unmittelbar mit Beginn einer Übertragung für eine kurze Zeit den Bus abhört. Die zweifache Zeit der maximalen Signallaufzeit zwischen zwei Stationen ist bereits hinreichend. Sie garantiert, daß im Falle gleichzeitigen Sendebeginns von zwei oder mehr Stationen jede sendende Station ihre eigene Botschaft wieder empfängt und mit dem Ursprung vergleichen kann. Kollisionen können so durch die Verfälschung der Botschaft eindeutig erkannt werden. Stellt eine Station eine Kollision fest, so wird der Sendevorgang für den Rest der Botschaft gestoppt.

Durch die Busbelegungsstrategie wird festgelegt, nach welcher Strategie eine Station vorgeht, um Zugang zum Bus zu erhalten. Zwei unterschiedliche Verfahren kommen hier zum Einsatz. Bei den „Nonpersistent“-CSMA-Techniken geht eine sendewillige Station wie folgt vor:

- Ist der Bus frei, wird unmittelbar mit der Übertragung der Botschaft begonnen.
- Ist der Bus belegt, wird nach einem festgelegten Algorithmus (z.B. Zufallszahlengenerator) eine Verzögerungszeit ermittelt, nach der Schritt 1 wiederholt wird.

Diese Technik wird deshalb „nonpersistent" genannt, weil das Abhören des Bus nach einer festgestellten Belegung nicht fortgesetzt wird. Die Schwäche des Verfahrens liegt darin, daß die sendewilligen Stationen selbst dann nicht senden, wenn der Bus innerhalb der Verzögerungszeit frei wird. Diesen Nachteil versuchen die „Persistent"-Techniken zu vermeiden. Bei ihnen hören die sendewilligen Stationen den Bus nach Vorliegen einer zu übertragenden Botschaft ständig ab und beginnen mit dem Senden, sobald der Bus frei wird (1-Persistent). Die Schwäche dieser Verfahren besteht darin, daß eine Kollision mit Sicherheit dann auftritt, wenn wenigstens zwei sendewillige Stationen auf das Ende derselben Übertragung warten.

Diesen Nachteil versuchen P-Persistent-Techniken zu mindern. Die Zeitachse wird hier in Schlitze eingeteilt, deren Dauer durch die doppelte maximale Signallaufzeit zwischen zwei Netzstationen vorgegeben ist. Sendewillige Stationen hören den Kanal ununterbrochen ab, beginnen aber eine Übertragung nach Freiwerden des Mediums nur mit einer Wahrscheinlichkeit p. Mit Wahrscheinlichkeit 1-p warten sie einen Zeitschlitz ab, hören den Bus nochmals ab und wiederholen diesen Schritt, sofern der Bus nun belegt ist. Ist der Bus jedoch frei, so wird – wie im vorhergehenden Schritt erläutert – die Übertragung mit der Wahrscheinlichkeit p sofort gestartet, mit Wahrscheinlichkeit 1-p jedoch ein weiterer Zeitschlitz abgewartet.

P-Persistent-Techniken versuchen demnach, einen Bus so schnell wie möglich nach einer Belegung bei gleichzeitiger Reduzierung der Kollisionswahrscheinlichkeit zu belegen. P ist gewöhnlich eine kleine Zahl und schwankt zwischen 0.03 und 0.1.

Die letzte Kategorie von CSMA-Belegungsstrategien basiert auf der Zuordnung von Prioritäten zu Stationen. Die Ermittlung von Verzögerungszeiten nach einer Busbelegung orientiert sich direkt an den Stationsprioritäten. Ist der Bus unmittelbar vor dem Senden frei, wird die Botschaft sofort gesendet. Im anderen Fall wird durch die zugeordneten Prioritäten unter den Stationen eine Verzögerungsreihenfolge $d_1, d_2, \ldots, d_N$ hergestellt. Hohe Prioritäten haben dabei niedrige Verzögerungszeiten zur Folge. Eine detaillierte Darstellung mit Leistungsbetrachtungen findet sich in [7.5].

7.2.3 Reservierung

Reservierungstechniken beruhen darauf, allen am Bus angeschlossenen Stationen Zeitschlitze für ihren individuellen Bedarf zuzuordnen. Die Zuordnung von Zeitschlitzen kann statisch oder dynamisch erfolgen.

TDMA (Time Division Multiple Access) ist ein bekanntes statisches Reservierungsverfahren. Jeder Station wird hier eine feste Zahl von Zeitschlitzen zugeordnet. Diese Strategie führt zu hoher Busauslastung, sofern die Anforderungen jeder Station vorher bekannt sind und keine großen Schwankungen auftreten. Bei großen Lastschwankungen sind dynamische Reservierungstechniken von Vorteil. Die Zuordnung von Zeitschlitzen geschieht hier auf Anforderung. Man unterscheidet zwischen zentralen und dezentralen Reservierungstechniken. In zentralen Reservierungstechniken werden die Anforderungen einem zentralen

Scheduler übermittelt, der die geeignete Zahl von Zeitschlitzen bestimmt. Dezentrale Reservierungstechniken werden danach unterschieden, ob spezielle Botschaften für die Anforderung von Zeitschlitzen erforderlich sind oder nicht.

Auf eine detaillierte Behandlung von Reservierungstechniken wird hier wegen ihrer untergeordneten Bedeutung in lokalen Netzen verzichtet. Der interessierte Leser wird auf [7.5, 7.9] verwiesen.

Literatur

[7.1] C. Tropper: Local Computer Network Technologies, Notes and Reports in Computer Science and Applied Mathematics, Academic Press, New York (1981)

[7.2] G. A. Anderson, E. D. Jensen: Computer Interconnection Structures: Taxonomy, Characteristics and Examples, ACM Computing Surveys 7, 197–213 (1975)

[7.3] Tse-Yun Feng: A Survey of Interconnection Networks, Computer 14, 12–27 (1981)

[7.4] A. S. Tanenbaum: Computer Networks, Prentice Hall, Englewood Cliffs, New Jersey (1981)

[7.5] O. Spaniol: Konzepte und Bewertungsmethoden für lokale Rechnernetze, Informatik-Spektrum 5, 152–170 (1982)

[7.6] D. J. Farber, K. C. Larson: The System Architecture of the Distributed Computer System – the Communication System, Symp. on Computer Networks, Polytechnic Institute of Brooklyn (April 1972)

[7.7] D. D. Clark, K. T. Pogran, D. P. Reed: An Introduction to Local Area Networks, Proc. IEEE, Vol. 66, 1497–1517 (1978)

[7.8] J. Pierce: How Far Can Data Loops Go?, IEEE Trans. Comm., Vol. COM-20, 527–530 (1972)

[7.9] E. C. Luczak: Global Bus Computer Communications Techniques, Proc. Computer Networking Symp., 58–67 (1978)

8. Das Ethernet: Ein Beispiel für lokale Netze

Das Ethernet ist ein Busnetzwerk, das in einer Prototypversion 1975 von Xerox entwickelt und erprobt wurde [8.1]. 1981 haben sich die Firmen Xerox, Intel und Digital Equipment auf eine gemeinsame Spezifikation für die Übertragungs- und Leitungsebene (die zwei untersten Schichten des OSI-Referenzmodells) des Ethernet geeinigt und ferner verschiedene funktionale Schnittstellen innerhalb dieser zwei Protokollebenen festgelegt [8.2]. Es ist zu erwarten, daß aufgrund der marktbeherrschenden Stellung dieser Firmen das Ethernet zu einem Quasistandard im Bereich der lokalen Netze werden wird. Stellvertretend für viele Entwicklungen [8.3, 8.4] wird deshalb hier dieses Netz im Detail vorgestellt.

8.1 Netztopologie und technische Daten

Nach der in Kapitel 7 vorgenommenen Klassifikation gehört das Ethernet der Klasse der Busnetze mit wahlfreiem Zugriff an. Genauer betrachtet, wird ein Steuerungsverfahren für den Bus benutzt, das zur Kollisionserkennung das Verfahren CSMA/CD (Carrier Sense Multiple Access with Collision Detection) und zur Busbelegung die „1-Persistent"-Strategie anwendet.

Abbildung 8.1 zeigt drei typische Netzkonfigurationen für kleine, mittlere und große Anwendungen. Bei der kleinen Konfiguration besteht das Netz aus einem Bussegment mit einer maximalen Ausdehnung von 500 m, an das Stationen über sog. Konnektoren an den passiven Bus angeschlossen sind. Ein Bussegment besteht aus einem beidseitig abgeschlossenen Koaxialkabel. Der Konnektor ist räumlich in den sog. Transceiver integriert, der die gerätetechnische Schnittstelle zwischen dem Netz und den Stationen bildet. Stationen werden mittels eines maximal 50 m langen Transceiverkabels mit festgelegten Steckerkonventionen an das Busnetz angeschlossen.

Bei mittelgroßen Konfigurationen sind in der Regel mehrere Bussegmente jeweils paarweise über sog. Repeater gekoppelt. Gegenüber den Transceivern verhalten sich Repeater exakt so wie Stationen. Bezüglich der Anschlußkonventionen gelten deshalb für sie auch dieselben Konventionen wie für Stationen.

In einer typischen Großkonfiguration (Abb. 8.1 c) können mehrere mittelgroße Teilnetze über sog. Remote Repeater verbunden werden. Die aus einem Koaxialkabel bestehende Punkt-zu-Punkt-Verbindung zwischen den Remote Repeatern darf maximal 1000 m betragen und gestattet daher auch den Zusammenschluß von räumlich relativ weit entfernten Teilnetzen.

In der nachstehenden Tabelle sind die wichtigsten technischen Daten des Ethernet noch einmal zusammengefaßt:

Übertragungsmedium: abgeschirmtes Koaxialkabel
Übertragungsbandbreite: 10 Millionen Bit/sec
Übertragungsart: Halb-Duplex, CSMA/CD
max. Entfernung zwischen zwei Stationen: 2,5 km
max. Stationszahl: 1024
max. Länge eines Bussegments: 500 m
max. Zahl von Repeatern zwischen zwei Stationen: 2

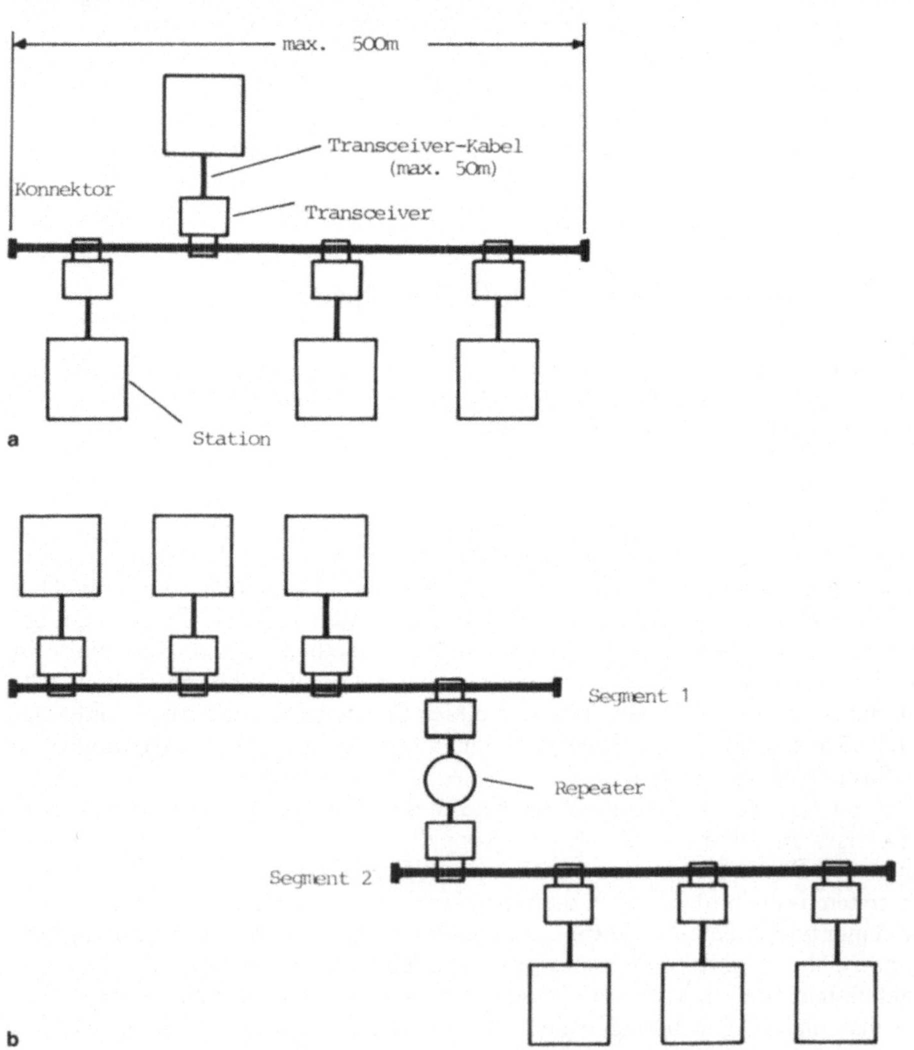

Abb. 8.1 a. Kleine ethernet-Konfiguration. **b** Mittelgroße ethernet-Konfiguration

max. Länge zwischen zwei Transceivern: 1,5 km
max. Länge des Transceiverkabels: 50 m
max. Länge zwischen Remote Repeatern: 1 km

Bei den angegebenen maximalen Kabellängen ergibt sich für das ethernet eine maximale Signalumlaufzeit von ca. 45 µsec.

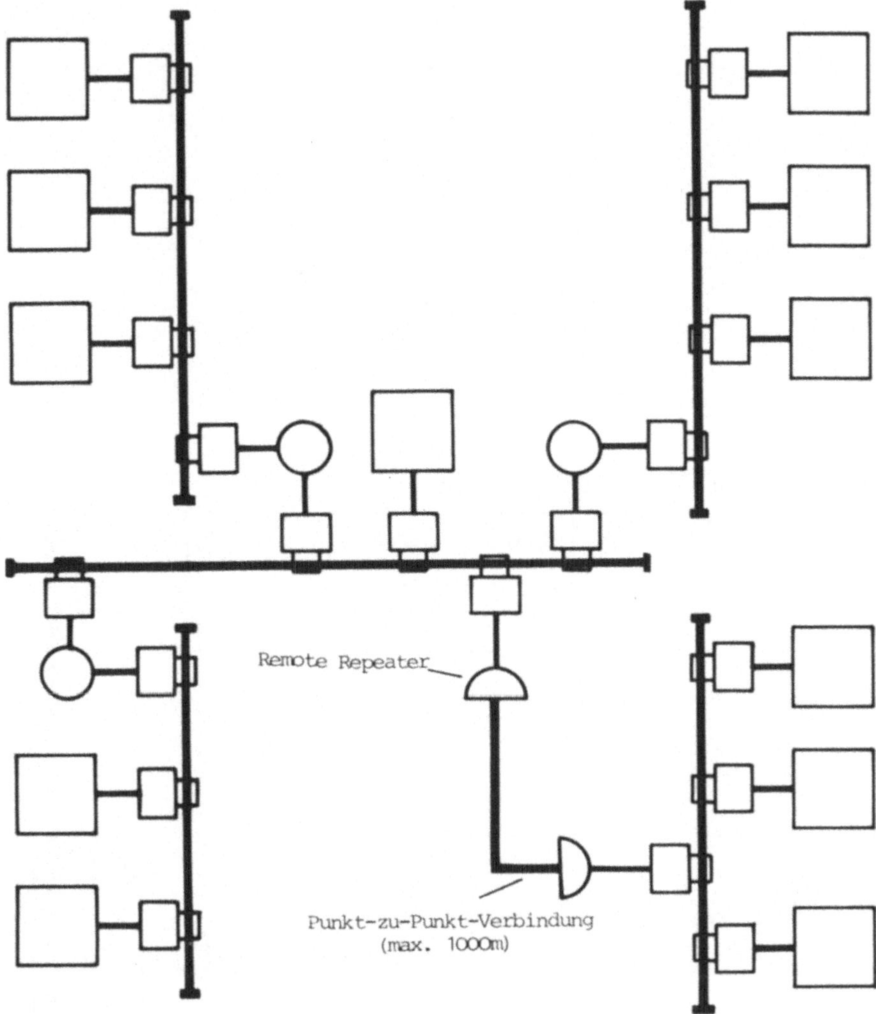

Abb. 8.1 c. Große ethernet-Konfiguration

8.2 Ein Funktionsmodell der Ethernet-Architektur

Es existieren zwei verschiedene Sichten auf das Ethernet. Die Architektur vermittelt eine Übersicht über die logische Gliederung des Systems in Funktionskomponenten sowie deren Schnittstellen. Die Implementation betont dagegen die tatsächlich vorhandenen Komponenten des Systems, ihre Zusammenfassung zu größeren Komplexen (z. B. unter dem Gesichtspunkt der räumlichen Nachbarschaft oder der gleichartigen Implementierung in Hard- oder Software) sowie deren Verbindungen untereinander.

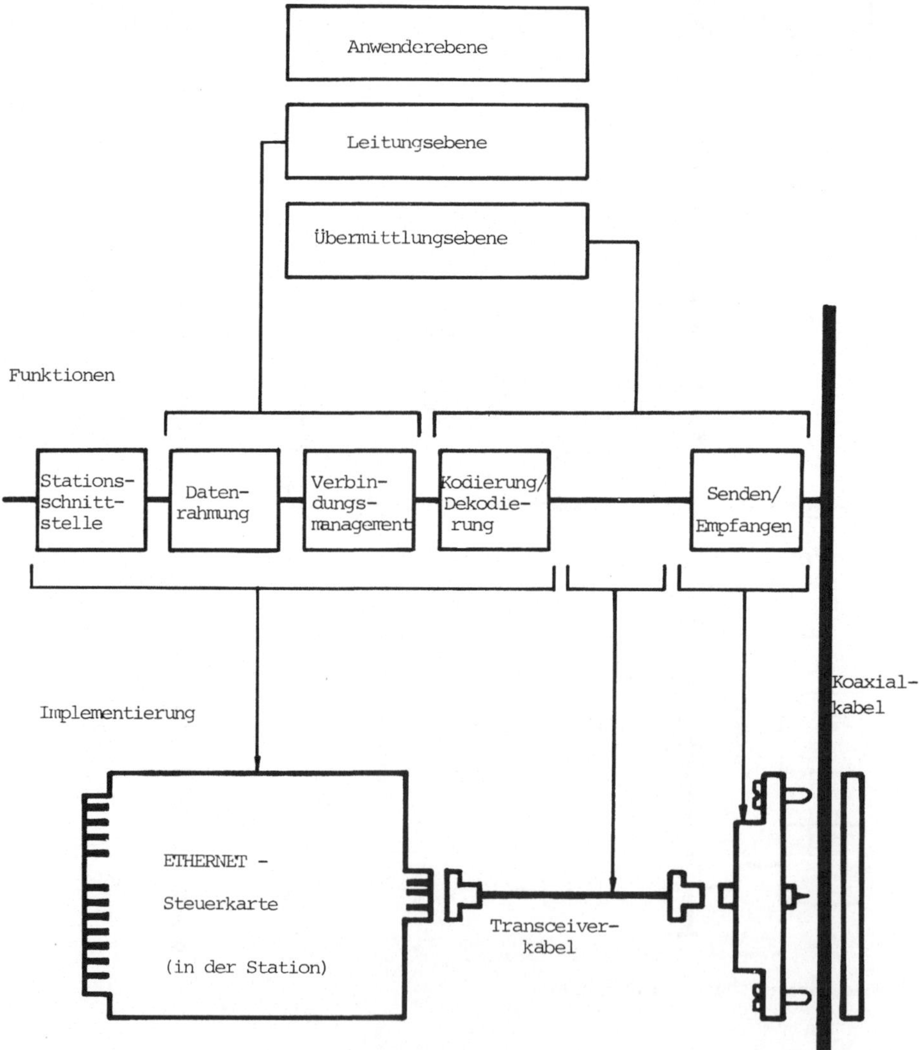

Abb. 8.2. ethernet-Architektur und -Implementierung

Abbildung 8.2 illustriert beide Sichten auf das Ethernet und zeigt insbesondere die unterschiedliche Verteilung der Funktionen auf abstrakte Maschinen der Architektur einerseits, auf Gerätekomponenten einer typischen Implementation andererseits. Die nachfolgende Beschreibung orientiert sich an der Architektur des Ethernet, die eine grobe Gliederung in zwei Schichten – die Leitungsebene und die Übermittlungsebene – vorsieht. Diese zwei Schichten korrespondieren mit gewissen Einschränkungen mit den zwei untersten Schichten des OSI-Referenzmodells [5.1].

8.2.1 Die Leitungsebene

Durch die Leitungsebene des Ethernet wird eine Kommunikationsleitung definiert, die auf alle Broadcast-Übertragungsmedien mit dem Netzzugangssteuerungsverfahren CSMA/CD anwendbar ist. Die Kompatibilität mit anderen Übertragungssystemen wie z. B. Token-Ringen stellt zwar ein interessantes Forschungsproblem dar, wurde aber bei der Entwicklung der Ethernet-Spezifikation bewußt ausgeklammert.

Entsprechend den Konventionen des OSI-Referenzmodells müssen durch die Leitungsebene drei wesentliche Funktionen bereitgestellt werden:

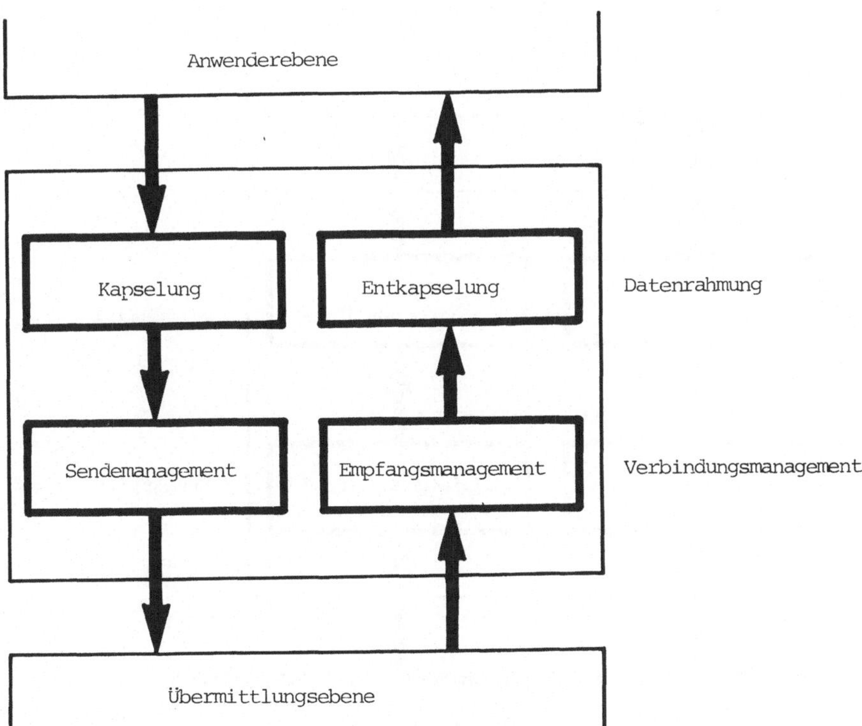

Abb. 8.3. Funktionelle Gliederung der Leitungsebene des Ethernet

Datenrahmung
Darunter versteht man die Einbettung der eigentlichen Nutzinformation durch definierte Begrenzer, die auch die Ziel- und Absenderadressen enthalten.

Fehlerbehandlung
Hierzu gehört die Erkennung von Übertragungsfehlern und deren Behebung, soweit es sich um temporäre, auf äußere Einflüsse zurückzuführende Störungen handelt.

Verbindungsmanagement
Unter diesem Begriff werden hier die Buszugangstechnik sowie die Kollisionsbehandlung zusammengefaßt.

Diese Aufteilung wird grob durch die in Abb. 8.3 vorgenommene Untergliederung der Leitungsebene in die Schichten „Datenrahmung" und „Verbindungsmanagement" reflektiert.

8.2.2 Übertragungsebene

Die Übertragungsebene des Ethernet eröffnet über entsprechende Funktionen den Zugang zu einem 10 MBit/sec schnellen Übertragungsmedium, dem Koaxialkabel. Alle essentiellen physikalischen Eigenschaften des Ethernet, wie die

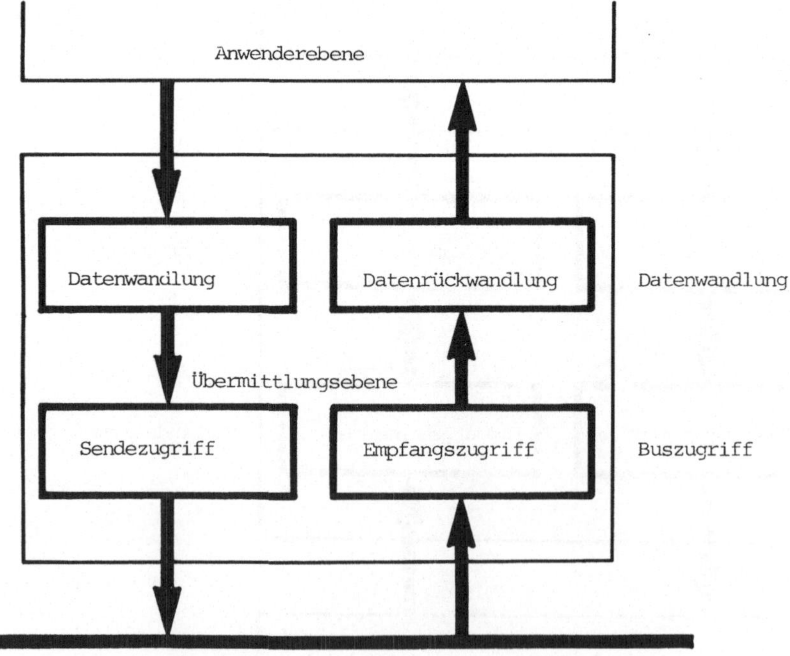

Abb. 8.4. Funktionelle Gliederung der Übermittlungsebene des Ethernet

Codierung der Sendedaten, Zeitbedingungen, Spannungspegel usw., werden durch diese Schicht festgelegt, bleiben aber für die darüberliegende Leitungsebene unsichtbar.

Ähnlich wie bei der Leitungsebene kann die Übertragungsebene in zwei Funktionsschichten untergliedert werden:

Datenwandlung
Dieser Funktionskomplex beinhaltet die Generierung und Vernichtung der für die Synchronisation der Stationen notwendigen *Präambeln* sowie die Wandlung von binär gespeicherten Daten in eine phasencodierte Form und deren Rückwandlung.

Buszugriff
Dieser Funktionskomplex ist für das Senden und Empfangen bereits gewandelter Binärdaten verantwortlich. Darüber hinaus ist hier die Funktionseinheit für das ständige Abhören des Bus und die Kollisionserkennung lokalisiert. Diese Untergliederung ist in Abb. 8.4 dargestellt.

8.3 Die Betriebsweise des Ethernet

8.3.1 Senden ohne Kollisionen

Wenn ein Programm der Anwenderebene ein Datenpaket zur Übertragung an die Leitungsebene übergibt, wird es zunächst von der Komponente „Kapselung" um eine Prüfsequenz für die Fehlererkennung ergänzt. Danach wird das erweiterte Datenpaket an die Funktionskomponente „Sendemanagement" zur weiteren Bearbeitung übergeben. „Sendemanagement" versucht, eine Kollision mit anderen zu sendenden Datenpaketen zu vermeiden, indem vor dem Start der Übertragung der Zustand des *Carrier-Sense*-Bits abgefragt wird. Ist der Bus frei, dann wird die Übertragung nach Verstreichen einer kurzen Verzögerungszeit begonnen, die anderen Leitungssteuerungen genügend Zeit für ein potentielles Rücksetzen nach einem gerade übertragenen Datenpaket gewährt. Die Übermittlungsebene wird anschließend mit einem seriellen Strom von Bits versorgt.

Die Komponente „Datenwandlung" der Übertragungsebene sendet vor Übertragung des Datenpakets eine Präambel, die alle Empfänger und Repeater am Bus synchronisiert. Danach transformiert diese Komponente das Datenpaket bitweise in eine phasencodierte Form und übergibt die so gewandelten Bits der Reihe nach an die Komponente „Sendezugriff", die die aktuelle Übertragung vornimmt.

Die Funktionskomponente „Sendezugriff" generiert die elektrischen Signale auf dem Bus. Gleichzeitig hört sie den Bus ständig ab und setzt ein *Kollisionsbit,* sofern eine Kollision festgestellt wurde. In dem hier betrachteten kollisionsfreien Fall wird dieses Signal niemals generiert.

Nach Beendigung der Übertragung wird die Anwenderebene von der erfolgreichen Übertragung informiert. Die Leitungsebene erwartet daraufhin das nächste Datenpaket.

8.3.2 Empfangen ohne Kollisionen

Auf der Empfangsseite einer Station wird die Ankunft eines Datenpakets innerhalb der Funktionskomponente „Empfangszugriff" der Übertragungsebene, die sich auf die Präambel einsynchronisiert und das *Carrier-Sense*-Bit setzt, durch den Empfang der Präambel erkannt. Die phasencodierten Signale des Datenpakets werden direkt an die Komponente „Datenrückwandlung" zwecks Rücktransformation in eine binäre Darstellung übergeben. Die Komponente „Datenrückwandlung" entfernt ebenfalls die zur Präambel gehörenden führenden Bits, bevor sie das Datenpaket an die Leitungsebene übergibt.

Mittlerweile hat die Komponente „Empfangsmanagement" der Leitungsebene durch Abfrage des *Carrier-Sense*-Bits davon Kenntnis erhalten, daß der Eingang eines Datenpakets unmittelbar bevorsteht. Sie übernimmt daraufhin solange Bits von der Übertragungsebene, bis das *Carrier-Sense*-Bit zurückgesetzt wird. Das Datenpaket wird sodann zur weiteren Behandlung an die Komponente „Entkapselung" übergeben.

Die Funktionskomponente „Entkapselung" prüft die mitgelieferte Zieladresse des Datenpakets und verwirft es, sofern es für eine andere Station bestimmt ist. Stimmt die Adresse überein, so wird nach Überprüfung der Fehlerprüfsequenz das Datenpaket ohne Fehlerprüfsequenz an die Anwenderebene übergeben. In der ebenfalls übergebenen Statusinformation kann auf Anwenderebene erkannt werden, ob Übertragungsfehler aufgetreten sind und das Datenpaket die korrekte Länge (ganzes Vielfaches eines Bytes) hat.

8.3.3 Behandlung von Kollisionen

Wenn mehrere Stationen zum nahezu identischen Zeitpunkt eine Übertragung starten, können trotz der beschriebenen Vorgehensweise zur Vermeidung unerwünschter Interferenzen Kollisionen entstehen. Unter einer Kollision wird hier eine Situation verstanden, bei der sich wenigstens zwei unabhängige Übertragungen zeitlich überlappen.

Eine Kollision kann nur während einer kurzen Zeitspanne – auch *Kollisionsfenster* genannt – unmittelbar nach Beginn einer Übertragung entstehen. Die zeitliche Länge eines Kollisionsfensters ist durch diejenige Zeit vorgegeben, die verstreicht, bis alle Stationen am Ethernet die Präambel empfangen haben. Findet in dieser Zeit nach Beginn eines Sendevorgangs durch eine Station A kein simultaner Übertragungsversuch durch eine andere Station B statt, dann hat Station A das Zugriffsrecht zum Bus erworben. Andere sendewillige Stationen haben inzwischen durch den Empfang der Präambel das *Carrier-Sense*-Bit gesetzt und verschieben anstehende Übertragungen, bis das *Carrier-Sense*-Bit wieder zurückgesetzt wird.

Findet jedoch innerhalb des Kollisionsfensters eine Kollision statt, so wird diese durch die Funktionskomponente „Sendezugriff" an der Deformierung der gesendeten Präambel erkannt. Daraufhin wird das „Kollision erkannt"-Bit gesetzt. Die Komponente „Sendemanagement" der Leitungsebene, die dieses Statusbit ständig abprüft, leitet anschließend die Kollisionsbehandlung ein. Die Strategie zur Belegung des Bus folgt der „1-Persistent"-Strategie aus 7.2.2. Als erste Reaktion wird durch „Sendemanagement" anstelle der eigentlichen Daten eine Bitfolge „Störungsmeldung" gesendet. Diese Nachricht ist so lang, daß alle gleichzeitig sendenden Stationen die Kollision eindeutig erkennen. Danach wird durch alle Stationen, die die Kollision mitverursacht haben, die Übertragung abgebrochen und eine Zufallszeit ausgewählt, nach der die Übertragung wiederholt wird. Übertragungswiederholungen können mehrfach auftreten, wenn sich die Kollisionen wiederholen. Da Kollisionen ein Anzeichen für eine hohe Busbelastung sind, wird mit jedem Wiederholungsversuch die ausgewählte Zufallszeit vergrößert. Durch diese Maßnahme wird die Busbelastung allmählich reduziert und die Wahrscheinlichkeit von Kollisionen verringert.

Auf der Empfangsseite werden Bits eines ungültigen, durch eine Kollision zustandegekommenen Datenpakets genauso empfangen und decodiert wie von einem gültigen Datenpaket. Der Empfang eines kollidierten Datenpakets löst insbesondere *nicht* das Setzen des „Kollision erkannt"-Signals aus. Erst durch die Komponente „Empfangsmanagement" der Leitungsebene wird das ungültige Paket erkannt und verworfen. Die Erkennung kollidierter Pakete ist auf einfache Weise möglich, da sie stets kürzer als das kleinste zulässige Datenpaket sind.

8.4 Schnittstellen

Ziel dieses Abschnitts ist die präzise Festlegung der Schnittstellen zwischen den verschiedenen Ebenen des Ethernet. Wir tun dies in Anlehnung an die in Kapitel 2 eingeführte Beschreibungsmethodik in einer prozeduralen Form. Jede Schnittstelle wird dann durch eine Menge von prozedurähnlichen Funktionsvereinbarungen und von beiden Ebenen gemeinsam benutzten Variablen definiert. Die Wirkung der Funktionen wird informell durch begleitenden Text erläutert.

8.4.1 Schnittstelle Anwenderebene-Leitungsebene

Die Aufgabe der Leitungsebene ist das Senden und Empfangen von Datenpaketen. Diese Aufgabe wird durch das folgende Funktionenpaar erfüllt.

Funktionen:
 TransmitFrame
 ReceiveFrame

Die Anwenderebene sendet ein Datenpaket durch den Aufruf von Transmit Frame:

```
function Transmitframe
                    (destination: stationaddress,
                     source: stationaddress,
                     messtype: paramtype,
                     data: datatype) returns (transmitstatus);
```

Diese Operation ist ebenso wie die ReceiveFrame-Operation synchron, d.h. sie dauert inklusive interner Wiederholungen bis zu ihrem endgültigen Abschluß. Neben den Angaben für die Absender- und Zieladresse sowie den eigentlichen Daten existiert ein Parameter „Messtype", durch den der Typ der Message gekennzeichnet werden kann. Dieser Parameter dient zur Realisierung verschiedener Anwenderprotokolle in höheren Ebenen. Der Returnparameter vom Typ transmitstatus kann zwei Werte annehmen:

```
transmitstatus = (ok, excessive_collision_error);
```

Bei Rückgabe von ‚ok' wurde die Übertragung fehlerfrei durchgeführt. Im Falle von ‚excessive_collision_error' wurde der Übertragungsversuch wegen wiederholter Kollisionen abgebrochen.

Aus den Eingabeparametern der TransmitFrame-Funktion wird durch die Leitungsebene ein Paket mit dem Format nach Abb. 8.5 gebildet und der Übertragungsebene übergeben.

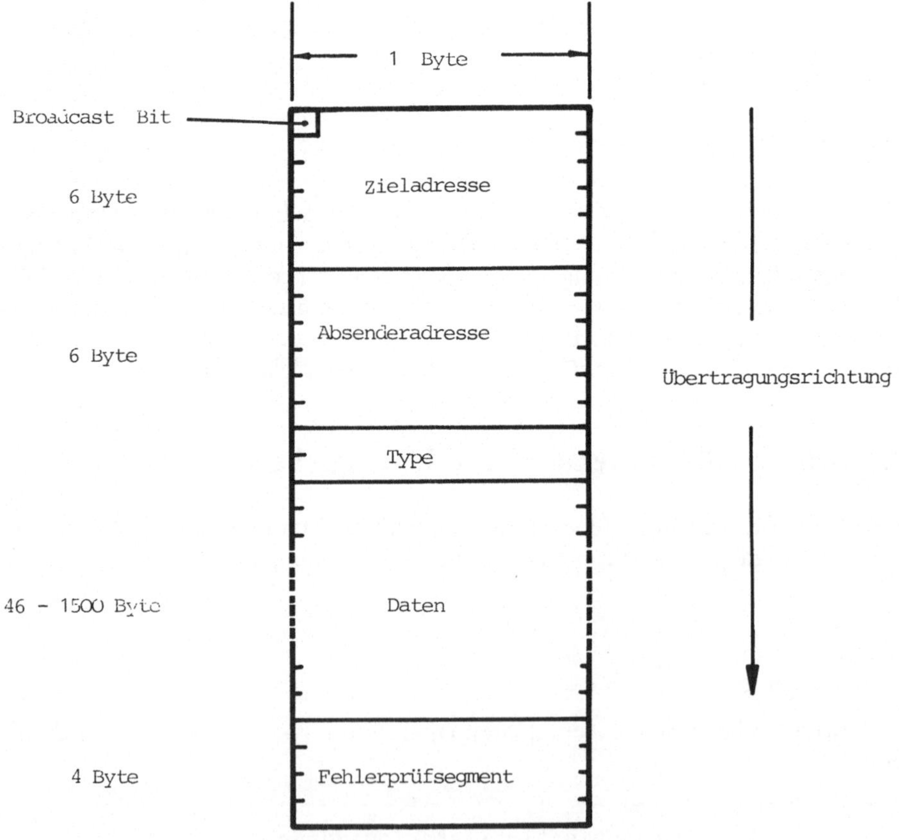

Abb. 8.5. Ethernet-Paketformat auf der Leitungsebene

Ankommende Datenpakete werden von der Leitungsebene durch Aufruf der Funktion

```
function ReceiveFrame
            (result destination: stationaddress,
             result source: stationaddress,
             result messtype: paramtype,
             result data: datatype) returns (receivestatus);
```

übernommen. Die Parameter haben dieselbe Bedeutung wie unter der TransmitFrame-Funktion erläutert. Der Returnparameter kann folgende Werte annehmen:

```
receivestatus = (ok, frame_check_error, alignment_error);
```

Der Code ‚frame_check_error' zeigt an, daß bei der Übertragung des Datenpakets ein Übertragungsfehler aufgetreten ist. Durch den Code ‚alignment_error' wird ein Übertragungsfehler angezeigt, bei dem das empfangene Datenpaket durch den Verlust von Bits nicht mehr durch ein ganzes Vielfaches von Bytes darstellbar ist.

8.4.2 Schnittstelle Leitungsebene-Übertragungsebene

Diese Schnittstelle, durch die die Leitungsebene die Einrichtungen des physikalischen Übertragungsmediums benutzt, besteht aus zwei Funktionen und drei Variablen.

Funktionen:	Variable:
ReceiveBit	CollisionDetect
TransmitBit	CarrierSense
	Transmitting

Während einer laufenden Übertragung eines zu sendenden Datenpakets werden die Bits der Reihe nach durch wiederholten Aufruf der Funktion TransmitBit an die Übertragungsebene übergeben:

```
function Transmitbit (bitvalue: bit);
```

Die Kontrolle geht nach Aufruf der Operation erst nach völligem Abschluß an die Leitungsebene zurück. Die Übertragungsebene ist daraufhin sofort wieder zur Übernahme des nächsten Bit bereit.

Die Tatsache, daß Daten gesendet werden, muß der Übertragungsebene vor dem erstmaligen Aufruf der TransmitBit-Funktion durch Setzen der Variablen ‚Transmitting' zu ‚true' mitgeteilt werden:

```
Transmitting: boolean;
```

Nach Senden des letzten Bit wird die Variable ‚Transmitting' zu ‚false' gesetzt.

Eine Kollision wird der Leitungsebene durch die Variable ‚CollisionDetect' signalisiert:

```
Collisiondetect: boolean;
```

Die Variable behält für die gesamte Dauer einer Kollision den Wert ‚true'. Sie wird nur für das Senden von Datenpaketen benutzt und darf deshalb niemals für die Erkennung von kollidierten Datenpaketen auf der Empfangsseite benutzt werden.

An einer Station eintreffende Datenpakete werden durch wiederholten Aufruf der Funktion ReceiveBit in die Leitungsebene übernommen:

```
function Receivebit returns (bit);
```

Die Ankunft eines Datenpakets wird der Leitungsebene durch Setzen der Variablen ‚CarrierSense' auf ‚true' mitgeteilt. Danach muß die Leitungsebene sofort mit der Übernahme von Bits nach Aufruf der Funktion ReceiveBit beginnen, bis ‚CarrierSense' durch die Übertragungsebene auf ‚false' gesetzt wurde. Der erste Aufruf von ReceiveBit dauert in der Regel wesentlich länger, da die Präambel, die nicht an die Leitungsebene übergeben wird, abgewartet werden muß. Am Ende der Übertragung sind Synchronisationsfehler möglich, wenn die Leitungsebene den letzten ReceiveBit-Aufruf abgesetzt hat, inzwischen aber ‚CarrierSense' durch die Übertragungsebene zurückgesetzt wurde. Die Funktion übergibt in diesem Fall einen undefinierten Wert, der durch die Leitungsebene ignoriert werden muß.

Die Variable ‚CarrierSense' wird durch die Leitungsebene auch vor dem Senden abgeprüft, um Kollisionen mit gerade laufenden Übertragungen zu vermeiden.

Zusätzlich zu den erläuterten Funktionen stellt die Übertragungsebene eine Funktion Wait zur Verfügung:

```
function Wait (bitnumber: integer);
```

Diese Funktion versetzt den Aufrufer für die der angegebenen Bitzahl entsprechende Zeit in einen Wartezustand. Sie gestattet es, Zeitintervalle als ganze Vielfache einer Bitzeit anzugeben.

Literatur

[8.1] R. M. Metcalfe, D. R. Boggs: „Ethernet": Distributed Packet Switching for Local Computer Networks, CACM 19, 395–404 (1976)

[8.2] DIGITAL, INTEL, XEROX: The ETHERNET Data Link Layer and Physical Layer Specifications, ACM Computer Communication Review 11, 20–82 (1981)

[8.3] H. A. Freeman, K. J. Thurber: Updated Bibliography on Local Computer Networks, ACM Computer Communication Review 10, 10–18 (1980)

[8.4] W. K. Giloi, P. M. Behr: Ein Softwarekonzept für verteilte Multicomputer-Systeme und seine Unterstützung durch die Architektur des UPPER-Systems, 12. Jahrestagung der GI, Informatik-Fachberichte 57, Springer-Verlag, Berlin Heidelberg New York Tokyo (1982)

9. Knotenbetriebssysteme

9.1 Konstruktionsprinzipien für Knotenbetriebssysteme

Die Bereitstellung einer vorgegebenen Kommunikationsleistung im Netz erfordert in der Regel die Unterstützung durch lokale, auf die einzelnen Netzknoten spezialisierte Knotenbetriebssysteme. Als übergreifendes Strukturierungsschema legen wir dabei eine Gliederung der Knotenbetriebssysteme in Programmschichten zugrunde, wie sie erstmals von Dijkstra [9.1] vorgeschlagen wurde. Die einzelnen Programmschichten stehen in einer gerichtet-funktionalen Beziehung zueinander, in der höhere (d.h. hardware-fernere) Schichten die Leistung niederer Schichten durch den Aufruf von Funktionen benutzen [9.2].

Ebenso wie die hardwarenächste Schicht direkt auf einer vorgegebenen Zielhardware abläuft, kann man sich vorstellen, daß eine beliebige Programmschicht k auf einer abstrakten Maschine k–1 abläuft. Programmschichten werden deshalb auch als *abstrakte Maschinen* bezeichnet, wenn sie über eine wohldefinierte Schnittstelle Funktionen für die Benutzung durch darüberliegende Programmschichten zur Verfügung stellen. In Abb. 9.1 ist der grundsätzliche Aufbau der Knotenbetriebssysteme aus einer Hierarchie abstrakter Maschinen dargestellt. Betriebssysteme, die nach diesem Abstraktionsschema konstruiert wurden, sind z.B. [9.3] und [9.4].

Bei der programmsprachlichen Darstellung von abstrakten Maschinen wollen wir diese klare Trennung zwischen dem inneren Aufbau einer abstrakten Maschine und ihrer Schnittstelle beibehalten. Wir wählen dazu folgende Notation:

```
abstract machine
    interface
      liste aller aus der programmschicht exportierten funktio-
      nen;
    end;
    body
      aufzählung aller bausteine, aus denen die abstrakte maschi-
      ne zusammengesetzt ist;
    end;
end
```

Bei den Bausteinen handelt es sich um Prozesse, Prozeduren, Klassen und Monitore. Die exportierten Funktionen können Prozeduren, Class-Entryprozeduren,

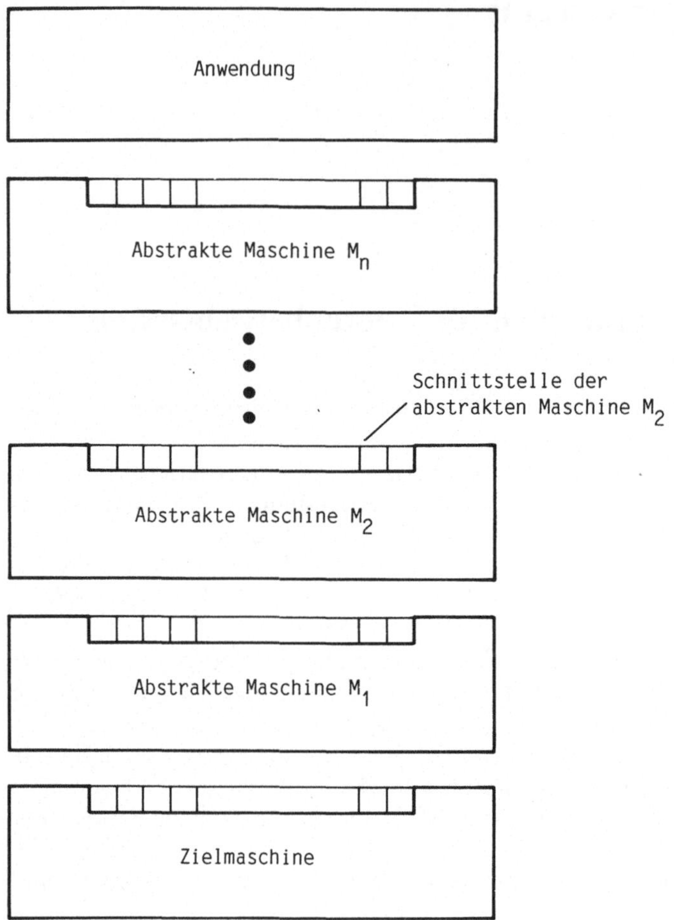

Abb. 9.1. Struktur eines Knotenbetriebssystems als Hierarchie abstrakter Maschinen

Monitor-Entryprozeduren und Traproutinen sein. Den Aufruf einer Funktion einer abstrakten Maschine geben wir in der Form

⟨abstrakte maschine⟩.⟨funktion (parameterliste)⟩

an und abstrahieren damit von der spezifischen Implementierung der Funktionen. Ein hinreichend intelligenter Übersetzer kann aus der angegebenen Beschreibung für abstrakte Maschinen die korrekten Aufrufe ohne Schwierigkeit erzeugen.

Mit diesem Strukturmodell sind wir nun in der Lage, eine Beziehung zwischen Knotenbetriebssystemen und den Protokollmaschinen des OSI-Referenzmodells (Kap. 5) herzustellen: jeder Protokollmaschine kann prinzipiell eine abstrakte Maschine des Knotenbetriebssystems zugeordnet werden. Zwei Bemerkungen sind angebracht:

– Es hat sich für die Implementierung aller Protokollebenen als sehr hilfreich erwiesen, die korrespondierenden Programmschichten als konkurrente Programme zu entwerfen. Die Ursachen liegen in der parallelen Natur der Netzschnittstellen sowie dem asynchronen Bearbeitungsrhythmus an der Port- und Kommandoschnittstelle jeder Protokollmaschine. Da andererseits Knotenbetriebssysteme in einem durchgängigen Adreßraum liegen, bietet sich nach den Diskussionen in Kapitel 4 als Strukturmodell für Protokollmaschinen ein Monitor-gekoppeltes Prozeßsystem an. Wir fordern deshalb, daß unterhalb der Protokollmaschinen eine abstrakte Maschine existiert, die alle Funktionen zur Unterstützung des Prozeß- und Monitorkonzepts enthält. Diese abstrakte Maschine, die auch eine Ein-/Ausgabeschnittstelle unterstützt, wird gewöhnlich als Betriebssystemkern bezeichnet. Sein Aufbau wird in 9.2 behandelt.
– Vielfach werden Teile der unteren Schichten des OSI-Referenzmodells bereits heute vollständig durch Hardware implementiert. Dies gilt z. B. für das Ethernet [9.5] und für den Upper-Bus [9.6]. In diesen Fällen beginnt die Softwareimplementierung der Protokollhierarchie entsprechend weiter oben im OSI-Referenzmodell. Wir wollen hier eine relativ primitive Hardwareschnittstelle voraussetzen, die etwa der Ebene 1 des OSI-Referenzmodells entspricht. Der nachfolgend skizzierte Kern eines Betriebssystems bildet die konstruktive Grundlage für alle höheren Protokollmaschinen.

9.2 Der Betriebssystemkern

Zur Entwicklung präziser Algorithmen für einen Betriebssystemkern ist es als erstes erforderlich, die Zielmaschine zu präzisieren. Da es hier auf die grundlegenden Konzepte und nicht auf maschinenabhängige Details ankommt, definieren wir zunächst eine virtuelle Zielmaschine, die abstrakte Maschine M_0. Ihr Funktionsvorrat kann als Abstraktion heute gängiger Prozessoren angesehen werden.

Aufbauend auf der Architektur der abstrakten Maschine M_0 werden schrittweise die abstrakten Konzepte Prozeß, Semaphor und Monitor durch Transformation der entsprechenden Sprachkonstruktionen in primitivere Darstellungen implementiert. Dabei ergeben sich zwangsläufig die notwendigen Funktionen des Betriebssystemkerns zur Unterstützung dieser Konzepte.

9.2.1 Die abstrakte Maschine M_0

Abbildung 9.2 zeigt die Architektur der hier zugrundeliegenden abstrakten Maschine M_0. Da wir nicht an Details wie Anzahl und Aufbau aller Maschineninstruktionen oder Zahl und Verwendungszweck der Register interessiert sind, werden diese Angaben weggelassen.

Die Struktur der abstrakten Maschine M_0 kann durch fünf Elemente charakterisiert werden:

a) den Arbeitsregistersatz (AR),
b) den Unterbrechungsregistersatz (UR),
c) die Unterbrechungssprungtabelle (UST),
d) den Unterbrechungsmodus (UM) und
e) den Unterbrechungsspeicher (US).

Der Arbeitsregistersatz enthält die programmierbaren Register, mit denen das aktuelle Programm gerade arbeitet. Dies sind im allgemeinen Fall der Instruktionszähler, Rechen-, Index- und Basisregister, Programmstatusregister sowie Spezialregister. Für uns stellen Arbeits- und Unterbrechungsregistersatz schwarze Kästen („black boxes") dar, für deren Inhalte wir uns nicht im einzelnen interessieren.

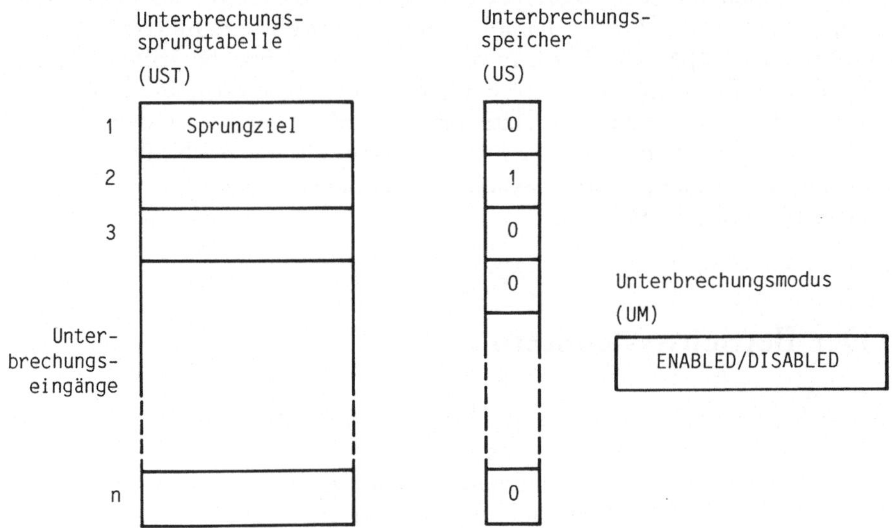

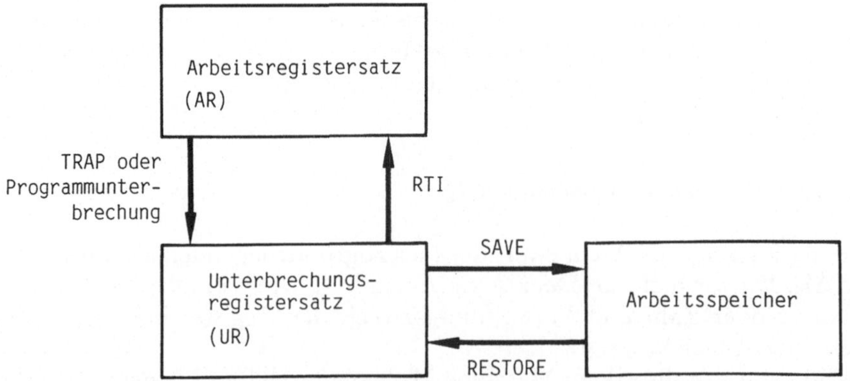

Abb. 9.2. Architektur der abstrakten Zielmaschine M_0

Gewöhnlich befindet sich der Prozessor im Unterbrechungsmodus ENABLED. In diesem Zustand sind Unterbrechungen zugelassen. Der Unterbrechungsspeicher enthält auf allen Positionen eine ‚0'. Jede Unterbrechung auf einem bestimmten Eingang i des Unterbrechungswerks löst folgende atomare Aktion aus:

a) `UR := <AR>`
b) `UM := DISABLED`
c) `BEFEHLSZÄHLER := <UST[i]>`

Trifft ein Unterbrechungssignal i auf einen bereits gesperrten Unterbrechungseingang (Modus DISABLED), so wird das Signal in US_i gespeichert (US_i:=‚1'). Nach Beendigung einer Unterbrechungsbehandlung wird durch Aufruf der Funktion RTI (Return from Interrupt) der alte Zustand wiederhergestellt:

a) `AR := <UR>`
b) `UM := ENABLED`

Gegebenenfalls zwischengespeicherte Unterbrechungssignale können nun abgearbeitet werden. Bei dem hier betrachteten einprioren Unterbrechungswerk erfolgt unter mehreren zwischengespeicherten Unterbrechungssignalen eine Zufallswahl. Bei dem ausgewählten Unterbrechungssignal i wird der zugehörige Unterbrechungsspeicher US_i wieder auf ‚0' gesetzt. Unterbrechungssignale, die auf einen gesperrten und durch ein zwischengespeichertes Unterbrechungssignal besetzten Unterbrechungseingang treffen, bleiben wirkungslos.

Interne, d.h. durch einen `trap`-Befehl per Software ausgelöste Unterbrechungen werden konzeptionell identisch behandelt. Der einzige Unterschied besteht darin, daß mit einem `Trap` ähnlich Prozeduraufrufen beliebige Parameter an die Trap-Routine übertragen werden, bei einer externen Unterbrechung jedoch lediglich die Nummer des Unterbrechungseingangs mitgeliefert wird.

Der Klarheit halber wollen wir in den später angegebenen Beispielen für Unterbrechungs- und Traproutinen die folgenden syntaktischen Darstellungen wählen:

```
Unterbrechungsroutine: interrupt (Unterbrechungseingang)
                       .
                       .
                       .
                       .
                       end
Traproutine: trap (--Parameter--)
             .
             .
             .
             .
             end
```

Nach diesen Erläuterungen über die globale Arbeitsweise der abstrakten Maschine M_0 können wir deren Funktionsumfang wie folgt definieren:

```
mo : abstract machine
     interface
        TRAP(traproutine, parameter);
        RTI;
        SAVE(savearea);
        RESTORE(savearea);
        ARM(int_Nr, int_adr);
        DISARM(int_nr);
        IN(device, anf_adr);
        OUT(device, anf_adr);
     end;
end
```

Da hier nicht der innere Aufbau der abstrakten Maschine M_0 interessiert, kann der Body-Teil der Beschreibung entfallen. Die Wirkung aller Funktionen kann der nachfolgenden Tabelle (Abb. 9.3) entnommen werden.

TRAP (Traproutine, Parameter)	UR := <AR> UM := DISABLED Befehlszähler:= Adr (Traproutine) Übergabe aller Parameter
RTI	AR := <UR> UM := ENABLED
SAVE (Savearea)	Savearea:= <UR>
RESTORE (Savearea)	UR := <Savearea>
ARM (Int_Nr, Int_Adr)	UST[Int_nr] := Int_Adr
DISARM (Int_Nr)	UST[Int_nr] := NIL
IN (Device, Anf_Adr)	Ein Datenblock fester Länge wird von dem Gerät ‚Device' in den durch ‚Anf_Adr' definierten Arbeitsspeicherbereich transportiert
OUT (Device, Anf_Adr)	Ein Datenblock fester Länge wird aus dem durch ‚Anf_Adr' bezeichneten Arbeitsspeicherbereich an das Gerät ‚Device' ausgegeben

Abb. 9.3. Die Funktionen der abstrakten Maschine M_0

Dieses einfache Modell der abstrakten Maschine M_0 ist für alle nachfolgenden Betrachtungen ausreichend. Weiterentwickelte Modellvorstellungen finden sich in [9.5, 9.6].

9.2.2 Prozeßimplementierung

Der in Kapitel 2 eingeführten Abstraktion „Prozeß" liegt die Vorstellung eines Programms mit einem zugeordneten „Pseudoprozessor" zugrunde, der ausschließlich für die Abarbeitung der Anweisungen dieses Programms zuständig ist. Diese Vorstellung führt uns unmittelbar auf die grundlegende Implementierungsidee: für jeden Prozeß wird eine den Pseudoprozessor repräsentierende Datenstruktur eingerichtet, die alle den momentanen Ausführungszustand des Prozesses kennzeichnenden Informationen aufnimmt. Hierzu gehören insbesondere alle Registerinhalte des realen Prozessors, der die tatsächliche Programmausführung übernimmt. Die Aufgabe des Betriebssystemkerns besteht dann darin, durch einen geeigneten Mechanismus den realen Prozessor zwischen allen Pseudoprozessoren zu multiplexen.

Wir beginnen damit, die Transformation von Objekten der Formation **process** in eine primitivere, aber äquivalente Darstellung zu zeigen, die unmittelbar für Zwecke der Prozeßverwaltung geeignet ist. Dazu nehmen wir an, daß ein Prozeßtyp

```
proc = process
        .
        .
        .
        .
        end
```

sowie drei Objekte dieses Typs

```
a, b, c : proc;
```

vereinbart wurden.

Der Prozeßtyp wird als erstes in eine parameterlose Prozedur transformiert, wobei vor der end-Anweisung der Aufruf einer Funktion terminate an die abstrakte Maschine M_1 eingeschoben wird. Der Aufruf hat zur Folge, daß der Prozeß dem Betriebssystemkern nicht mehr bekannt ist und deshalb fortan beim Prozessormultiplexen nicht mehr berücksichtigt wird:

```
proc : procedure
        .
        .
        .
        .
        m1.terminate;
        end
```

Anstelle der Objektvereinbarungen vom Typ proc treten Objektvereinbarungen vom Typ pseudo:

```
a, b, c : pseudo;
```

PSEUDO's sind Datenstrukturen, die die verwaltungstechnische Repräsentation der Pseudoprozessoren bilden und üblicherweise als Prozeßleitblöcke bezeichnet werden. Sie enthalten z. B.

- den aktuellen Programmzähler,
- die Register des Prozessors,
- die Prozeßpriorität,
- diverse Zustandsinformation über den Prozeß sowie
- Verweise auf den Programmcode und den Laufzeitbereich des Prozesses.

Eine mögliche Realisierung für PSEUDO ist z. B. die folgende:

```
pseudo = structure
            id  : procname;
            prio: integer;   {Priorität}
            ic  : pointer;   {Programmzähler}
            ic0 : pointer;   {Programmanfang}
            v   : pointer;   {laufzeitbereich}
            reg : savearea;
         end
```

Damit ein Prozeß durch den Prozessormultiplexer des Betriebssystemkerns berücksichtigt wird, muß sein Prozeßleitblock dort bekannt sein. Neben der Funktion `terminate` wird deshalb eine weitere Funktion `create` im Funktionsvorrat der abstrakten Maschine M_1 benötigt, durch die dem Betriebssystemkern ein Prozeßleitblock übergeben wird.

Die Wirkung der beiden Funktionen zur Prozeßverwaltung kann grob wie folgt beschrieben werden:

`create` (Prozeßleitblock)
Ein initialisierter Prozeßleitblock wird dem Betriebssystemkern übergeben und in die Menge der Prozeßleitblöcke aufgenommen, die sich um Zuteilung des realen Prozessors bewerben.

`terminate`
Der Prozeßleitblock des gerade rechnenden Prozesses wird aus allen Listen des Betriebssystemkerns entfernt und der reale Prozessor einem anderen rechenwilligen Prozeß zugeteilt.

Ähnlich wie bei der Funktion `terminate` zieht der überwiegende Teil der im Kern zur Ausführung kommenden Programme einen Kontextwechsel nach sich (d. h. es wird von einem Prozeß auf einen anderen umgeschaltet). Es ist daher angebracht, einen zentralen Modul im Kern zu definieren, der die Kontextumschaltung des Prozessors zwischen Prozessen besorgt und von allen Programmen des Kerns aufgerufen werden kann. Dieser Modul wird Dispatcher genannt. Die Funktionen des Dispatchers werden gewöhnlich als Zustandsübergänge in einem aus drei Prozeßzuständen gebildeten Zustandsdiagramm definiert (Abb. 9.4):

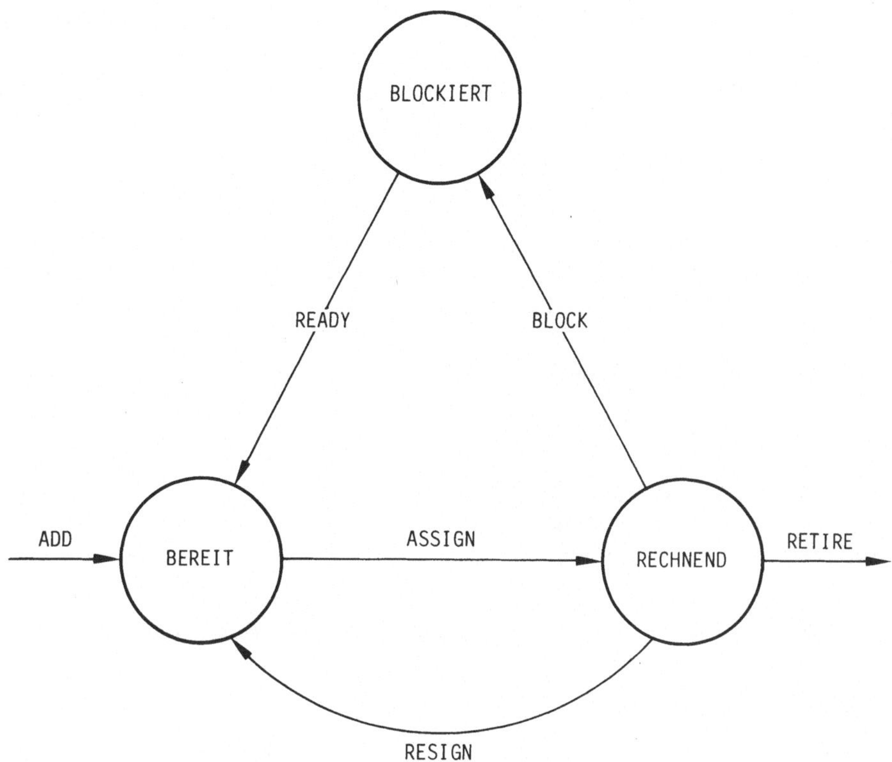

Abb. 9.4. Prozeßzustände und Übergangsfunktionen, die durch den Dispatcher verwaltet werden

`rechnend`
ist ein Prozeß, dem ein realer Prozessor zugeteilt ist.

`bereit`
ist ein Prozeß, der sich um die Zuteilung eines realen Prozessors bewirbt.

`blockiert`
ist ein Prozeß, der sich nicht um Zuteilung eines realen Prozessors bewirbt, da er auf den Eintritt einer Bedingung wartet.

Diese Zustandsinformation ist aus der lokalen Sicht des Kerns, der die Prozessorzuteilung durchzuführen hat, sinnvoll. Aus der höheren Sicht der Prozesse interessiert dagegen nicht mehr, ob ein Prozeß momentan im Besitz eines Prozessors ist oder sich lediglich darum bewirbt. Der in Kapitel 3 eingeführte Zustand `aktiv` umfaßt deshalb die Zustände `bereit` und `rechnend`.

Das in Abb. 9.4 dargestellte Zustandsmodell läßt sich im allgemeinen Fall auch auf symmetrische Mehrprozessorsysteme anwenden [9.7, 9.8]. In der nachfolgend skizzierten Implementierung beschränken wir uns jedoch auf den praktisch häufigeren Fall eines Monoprozessorsystems.

Die Übergangsfunktionen sind als Prozeduren einer `class` definiert, die drei Mengen manipulieren. Die Mengen werden hier stellvertretend für eine beliebige Listenorganisation zur Verwaltung der blockierten, bereiten (rechenwilligen) und rechnenden Prozesse benutzt. Da zu einem betrachteten Zeitpunkt immer nur ein Prozeß im Zustand rechnend sein kann, ist die rechnend-Menge höchstens einelementig.

Die Funktionen

```
menge.put(prozeßleitblock)
menge.get_any(prozeßleitblock)
menge.get_special(prozeßleitblock, prozeßidentifikation)
```

werden benutzt, um einen Prozeßleitblock zu einer Menge hinzuzufügen (put), einen beliebigen Prozeß aus einer Menge zu entfernen (get_any), bzw. einen bestimmten Prozeß aus einer Menge zu entfernen (get_special).

Die class hat folgenden Aufbau:

```
dispatcher : class

rechnend  : set of pseudo;
bereit    : set of pseudo;
blockiert : set of pseudo;

add : entry (newproc : pseudo)
{Einfügen eines neuen Prozeßleitblocks in die BEREIT-Menge}
do
 bereit.put(newproc);
end;

retire : entry
{Entfernen des rechnenden Prozesses aus dem Dispatcher}
actproc : pseudo;
do
 rechnend.get_any(actproc);
end;

assign : entry
{Dem Prozessor wird ein neuer rechnender Prozeß zugeteilt}
readyproc : pseudo;
do
 bereit.get_any(readyproc);
 m0.restore(readyproc.v);
 rechnend.put(readyproc);
end;

resign : entry
{Dem rechnenden Prozeß wird der Prozessor entzogen}
switchproc : pseudo;
do
 rechnend.get_any(switchproc);
 m0.save(switchproc.v);
 bereit.put(switchproc);
end;
```

```
ready : entry (blocproc : procname);
{Ein blockierter Prozeß wird in den bereiten Zustand versetzt}
switchproc : pseudo;
do
 blockiert.get_special(switchproc, blocproc);
 ready.put(switchproc);
end;

block : entry
{Der rechnende Prozeß wird blockiert}
switchproc : pseudo;
do
 rechnend.get_any(switchproc);
 m0.save(switchproc.v);
 blockiert.put(switchproc);
end;

actproc : entry returns (procname);
{Liefert die Prozeßidentifikation des rechnenden Prozesses zurück}
recproc : pseudo;
do
 rechnend.get_any(recproc);
 rechnend.put(recproc);
 return(recproc.id);
end;

begin
do
 rechnend, bereit, blockiert := empty;
end;

end dispatcher
```

Bei der angegebenen Realisierung wird vorausgesetzt, daß nach Verlassen des Kerns exakt ein Prozeß im Zustand rechnend ist. Zur Erfüllung dieser Bedingung ist es notwendig, daß zu jedem beliebigen Zeitpunkt wenigstens ein Prozeß im Zustand BEREIT existiert. Diese Bedingung wird am besten durch einen Nullprozeß hergestellt, der nie in einen Wartezustand tritt und daher ständig einen Prozessor auf sich binden kann:

```
nullproc : process
do
  loop do
          {Tue garnichts}
       end;
end
```

Da der Nullprozeß jedoch nur dann rechnen soll, wenn kein anderer Prozeß bereit ist, muß er mit der absolut niedrigsten Priorität gestartet werden.

Die Forderung, nach Verlassen des Kerns exakt einen Prozeß im Zustand rechnend vorzufinden, schreibt zwingend vor, nach dem Entzug eines Prozessors durch die Funktionen resign, block und retire die assign-Funktion auszuführen. Bezüglich der Benutzung von Dispatcherfunktionen müssen alle Kernroutinen deshalb einem der folgenden Grundmuster genügen:

```
Kernroutine      Kernroutine                 Kernroutine
(Muster A)       (Muster B)                  (Muster C)
-----------------------------------------------------------------
do               do                          do
.                .                           .
.                .                           .
.                .                           .
. keine          ready(...) | add(...);      .
. Dispatcher-    ready(...) | add(...);      resign | block | retire;
. funktionen     .                           .
.                .                           .
.                .                           .
.                ready(...) | add(...);      .
.                .                           .
.                .                           assign;
end              end                         end
```

Kernroutinen nach dem Muster A und B führen nicht zu einer Prozessorumschaltung, während Kernroutinen nach dem Muster C die potentielle Möglichkeit einer Prozessorumschaltung beinhalten. Durch Kombination der Muster B und C erhält man den allgemeinsten Typ einer Kernroutine. Alle Kernroutinen, die nicht einem dieser Muster zugeordnet werden können, müssen als semantisch falsch angesehen werden.

Eine Ausnahme bildet die Kernroutine, die für die Initialisierung des Kerns selbst verantwortlich ist. Sie stellt den normierten Ausgangszustand rechnend = empty, blockiert = empty, bereit = empty her und findet deshalb in keinem der drei Mengen einen Prozeß vor. Die Routine zur Initialisierung des Kerns folgt daher dem Muster:

Initialisierung des Kerns

```
do
 rechnend, blockiert, bereit := empty;
 .
 .
 .
 add(...);
 add(...);
 .
 .
 .
 add(...);
 assign;
end
```

Man erkennt, daß bei der hier vorgeschlagenen strukturierten Lösung der Aufbau von Kernroutinen bestimmten Regeln unterworfen ist. Die Einhaltung der Regeln kann entweder durch eine dem Softwareerstellungsprozeß vorgeschaltete Programmanalyse abgeprüft (und damit die partielle Korrektheit der Programme verifiziert werden), oder sie können in Sprachkonstruktionen einer Programmiersprache eingebettet werden. Semantisch falsche Programme werden dann bereits durch den Übersetzer erkannt und abgewiesen.

Eine weitere Eigenschaft des hier angegebenen einfachen Dispatchermodells ist das Fehlen preemptiver Kontrollfunktionen zwischen Prozessen: Prozesse sind grundsätzlich nicht in der Lage, den Ablauf anderer existierender Prozesse zu beeinflussen (z. B. sie anzuhalten oder sie zu terminieren). Eine Erweiterung des Modells um solche Funktionen ist jedoch möglich [9.7].

Auf der Basis des Dispatchers sind wir nun in der Lage, die Implementierung der Kernfunktionen `create` und `terminate` der abstrakten Maschine M_1 als Traproutinen anzugeben:

```
create : trap (newproc : pseudo)
do
 dispatcher.add(newproc);
end;

terminate : trap
do
 dispatcher.retire;
 dispatcher.assign;
end;
```

Die Implementierung aller Funktionen der abstrakten Maschine M_1 in Form von Traproutinen ist zwingend notwendig, da wegen der Durchführung des Prozessormultiplexens Unterbrechungen in der Regel nicht toleriert werden können.

9.2.3 Semaphorimplementierung

Grundlage der Implementierung des Semaphorkonzepts sind die in *(3–12)* und *(3–13)* angegebenen Spezifikationen für die Operationen `delay` und `cause`. Ein Semaphor wurde dort als ein Tupel $s = (Z, W)$ eingeführt, wobei Z einen Zähler und W eine zugeordnete Warteschlange darstellen. Eine entsprechende Darstellung eines Semaphors als Datenstruktur wäre z. B.:

```
semaphor = structure
                z : integer;
                w : queue of procname;
           end
```

In dieser Implementierung eines Semaphors gehen wir von der Existenz einer Warteschlange aus, in der Prozeßidentifikationen der Prozesse gespeichert werden, die durch eine delay-Operation in den Zustand blockiert wechseln.

Die Funktionen

```
warteschlange.getfirst(prozeß_id)
warteschlange.putfirst(prozeß_id)
warteschlange.putlast(prozeß_id)
```

werden anschließend benutzt, um die Algorithmen für die Semaphor- und Monitoroperationen zu entwickeln. Durch getfirst wird das erste Element aus der Warteschlange entfernt, durch putfirst wird ein Element vorn in die Warteschlange eingereiht (Lifo) und durch putlast wird ein Element an das Ende der Warteschlange eingereiht.

Die als Traproutinen ausgebildeten Semaphoroperationen haben den folgenden Aufbau:

```
delay : trap (s : semaphor)
do
 if s.z ≤ 0 then
    do
      s.w.putlast(dispatcher.actproc);
      dispatcher.block;
      dispatcher.assign;
    end;
 s.z := s.z - 1;
end

cause : trap (s : semaphor)
newproc : procname;
do
 if s.z < 0 then
    do
      s.w.getfirst(newproc);
      dispatcher.ready(newproc);
    end;
 s.z := s.z + 1;
end
```

Die angegebene Implementierung für die cause-Funktion läßt den aufrufenden Prozeß im Besitz des Prozessors. Eine Alternative, die eine potentielle Prozeßumschaltung beinhaltet, stellt der folgende Algorithmus dar:

```
cause : trap (s : semaphor);
newproc : procname;
do
 if s.z < 0 then
```

```
    do s.w.getfirst(newproc);
      dispatcher.ready(newproc);
      dispatcher.resign;
      dispatcher.assign;
    end;
  s.z := s.z + 1;
end
```

Beide Implementierungen der cause-Funktion erfüllen jedoch die durch *(3–13)* vorgegebenen Spezifikationen.

9.2.4 Monitorimplementierung

Die hier entwickelten Algorithmen für eine Monitorimplementierung basieren auf den in Kapitel 4 angegebenen Spezifikationen für den Monitoreintritt *(4–1)*, den Monitoraustritt *(4–2)* sowie den Spezifikationen für die Operationen auf Conditionvariablen *(4–3)* bis *(4–7)*.

Es wurde bereits darauf hingewiesen, daß die Ähnlichkeit der Spezifikationen für den Monitoreintritt und -austritt mit den Semaphoroperationen eine Implementierung des Monitorkonzeptes durch das Semaphorkonzept nahelegt. In einem ersten Schritt wird deshalb die in Kapitel 4 eingeführte Sprachkonstruktion für den Monitor in eine class unter Hinzufügen der Synchronisationsoperationen für den Monitoreintritt und -austritt transformiert.

Aus einem Monitor M

```
m : monitor
Deklaration der Monitordaten;

procname : entry (--parameter--)
Deklaration lokaler Variablen;
  do
    Prozedurkörper;
  end;
Weitere Monitorprozeduren;
Monitorinitialisierung;
end
```

wird durch Transformation in eine class und Einfügen der Semaphoroperationen:

```
m : class
Deklaration der Monitordaten;
monsema : semaphor; {initial = 1}
procname : entry (--parameter--)
Deklaration lokaler Variablen;
  do
```

```
    m1.delay(monsema); {monitoreintritt}
    Prozedurkörper;
    m1.cause(monsema); {monitoraustritt}
  end;
Weitere Monitorprozeduren;
Monitorinitialisierung;
end
```

In ähnlicher Weise werden die SIGNAL- und WAIT-Operationen transformiert in:

```
condvar.wait   ------> m1.wait(monsema, condvar)
condvar.signal ------> m1.signal(monsema, condvar)
condvar.status ------> m1.status(condvar)
```

Der zusätzlich eingeführte Parameter monsema bezeichnet den Namen des Semaphors, das dem betreffenden Monitor zur Synchronisation des Ein- und Austritts fest zugeordnet ist.

Conditionvariable werden als Warteschlangen vom Typ `procname` implementiert:

```
condition = queue of procname;
```

Zur Vereinfachung der Algorithmen verzichten wir ferner auf die Berücksichtigung eines Parameters „Priorität“ in der `wait`-Operation.

Betrachten wir zunächst die Algorithmen für die Funktionen `status` und `wait` der abstrakten Maschine M_1:

```
status : trap (condvar : condition) returns (boolean)
do
  if condvar = empty then return (empty)
                     else return (non_empty);
end

wait : trap (monsema : semaphor, condvar : condition)
newproc : procname;
do
  condvar.putlast(dispatcher.actproc);
  dispatcher.block;
  if monsema.z < 0 then
      do
        monsema.w.getfirst(newproc);
        dispatcher.ready(newproc);
      end
                 else monsema.z := 1;
  dispatcher.assign;
end
```

Die Variante I der signal-Operation gemäß *(4–5)* kann z.B. durch folgenden Algorithmus implementiert werden:

```
signal : trap (monsema : semaphor, condvar : condition)
newproc : procname;
do
  if condvar = non_empty then
     do
       condvar.getfirst(newproc);
       monsema.w.putfirst(newproc);
     end;
end
```

Die Variante II der signal-Operation befreit alle Prozesse in einer Conditionwarteschlange aus dem blockierten Zustand und kann wie folgt implementiert werden:

```
signal : trap (monsema : semaphor, condvar : condition)
newproc : procname;
do
  while condvar = non_empty
        do
          condvar.getfirst(newproc);
          monsema.w.putfirst(newproc);
        end;
end
```

Den größten Implementierungsaufwand verursacht die Hoare'sche Variante III der signal-Operation gemäß *(4–7)*:

```
signal : trap (monsema : semaphor, condvar : condition)
newproc : procname;
do
  if condvar = non_empty then
     do
       condvar.getfirst(newproc);
       monsema.w.putfirst(newproc);
       dispatcher.ready(newproc);
       dispatcher.block;
       dispatcher.assign;
     end;
end
```

9.2.5 Sonstige Kernfunktionen

Neben den bisher implementierten Funktionen zur Prozeßverwaltung und Prozeßsynchronisation werden von der abstrakten Maschine M_1 noch weitere Funktionen zur Ein-/Ausgabesteuerung, zur Exceptionbehandlung etc. bereitgestellt. Hierzu wird auf die Literatur verwiesen [9.5].

Auf ein spezielles Funktionenpaar `connect/disconnect`, das die Weiterverarbeitung von Unterbrechungssignalen mittels des Semaphorkonzepts gestattet, soll hier jedoch im Detail eingegangen werden. Es hat sich als sehr einfaches und wirkungsvolles Instrument erwiesen, um Zeitverwaltungen zu implementieren, die im Zusammenhang mit Timeout-Mechanismen zur Protokollrealisierung benötigt werden.

Dazu nehmen wir an, daß für jedes Unterbrechungssignal eine Variable im Betriebssystem angelegt wird, die einen Pointer auf ein zugehöriges Semaphor aufnehmen kann. Die Variablen fassen wir in einem Feld `semaint(n)` zusammen, wobei n die Dimension der Unterbrechungstabelle UST (Abb. 9.2) hat.

Im Initialzustand haben alle Elemente des Feldes den Wert NIL. Die Wirkung der Funktionen ist nun folgende: Mittels der `connect`-Funktion wird die Adresse eines Semaphors in die Tabelle `semaint` eingetragen. Alle nachfolgend auf diesem Unterbrechungseingang eintreffenden Unterbrechungssignale werden in der Unterbrechungsroutine in `cause`-Operationen auf das zugehörige Semaphor umgewandelt. Prozesse können sich danach mittels der `delay`-Operation auf eintreffende Unterbrechungssignale synchronisieren.

Die Funktionen haben folgenden einfachen Aufbau:

```
semaint : array [1:n] of pointer;

connect : trap (int_nr : integer, s : pointer)
do
  semaint[int_nr] := s;
end

disconnect : trap (int_nr : integer)
do
  semaint[int_nr] := nil;
end
```

Eine beliebige Unterbrechungsroutine UP_k, deren zugehöriger Unterbrechungseingang zuvor mit einem Semaphor assoziiert wurde, hat dann folgendes Aussehen:

```
UPk : interrupt (int_nr : integer)
newproc : procname;
do
  if semaint[int_nr] → semaphor.z < 0 then
     do
       semaint[int_nr] → semaphor.w.getfirst(newproc);
       dispatcher.ready(newproc);
```

```
    end;
  semaint[int_nr) → semaphor.z :=
      semaint[int_nr] → semaphor.z + 1;
  dispatcher.resign;
  dispatcher.assign;
end
```

Literatur

[9.1] E.W. DIJKSTRA: The Structure of the THE-Multiprogramming System, CACM 11, 341–346 (1968)

[9.2] D.L. PARNAS: On a Buzzword „Hierarchical Structure“, Proc. IFIP Congr., 336–339 (1974)

[9.3] A.N. HABERMANN, A.N. FLON, L. COOPRIDER: Modularization and Hierarchy in a Family of Operating Systems, CACM 19, 226–272 (1976)

[9.4] B.H. LISKOV: The Design of the VENUS Operating System, CACM 15, 14–149 (1972)

[9.5] J. NEHMER: Betriebssysteme für Kleinrechner, Angewandte Informatik 1, 1–14 (1977)

[9.6] J. NEHMER, O. EGGENBERGER: Hardwarenahe Elementarfunktionen der Ablaufsteuerung für Prozeßrechnerbetriebssysteme, KFK-PDV-49, Kernforschungszentrum Karlsruhe (1975)

[9.7] J. NEHMER: Dispatcher Primitives for the Construction of Operating System Kernels, Acta Informatica 5, 237–255 (1975)

[9.8] J. NEHMER: An Experimental Study of Processor Thrashing in Multiprocessor Systems, Computing 18, 185–197 (1977)

[9.9] J.H. HOWARD: Signaling in Monitors, Proceedings of the 2nd International Conference on Software Engineering, 47–52 (1976)

[9.10] J. NEHMER: The Implementation of Concurrency for a PL/I-like Language, Software – Practice and Experience 9, 1043–1057 (1979)

[9.11] J. NEHMER: Implementierungstechniken für Monitore, Interner Bericht Nr. 17/80, Fachbereich Informatik der Universität Kaiserslautern (1980)

10. Protokollimplementierung

Stellvertretend für alle Protokollebenen des OSI-Referenzmodells soll hier ein systematisches Implementierungsschema für Kommunikationsprotokolle eingeführt und anhand des in Kapitel 6 spezifizierten HDLC-Leitungsprotokolls erprobt werden.

Es versetzt uns in die Lage, jedes beliebige verteilte System bis zu dem gewünschten Serviceniveau schichtenweise durch Protokollmaschinen zu konstruieren.

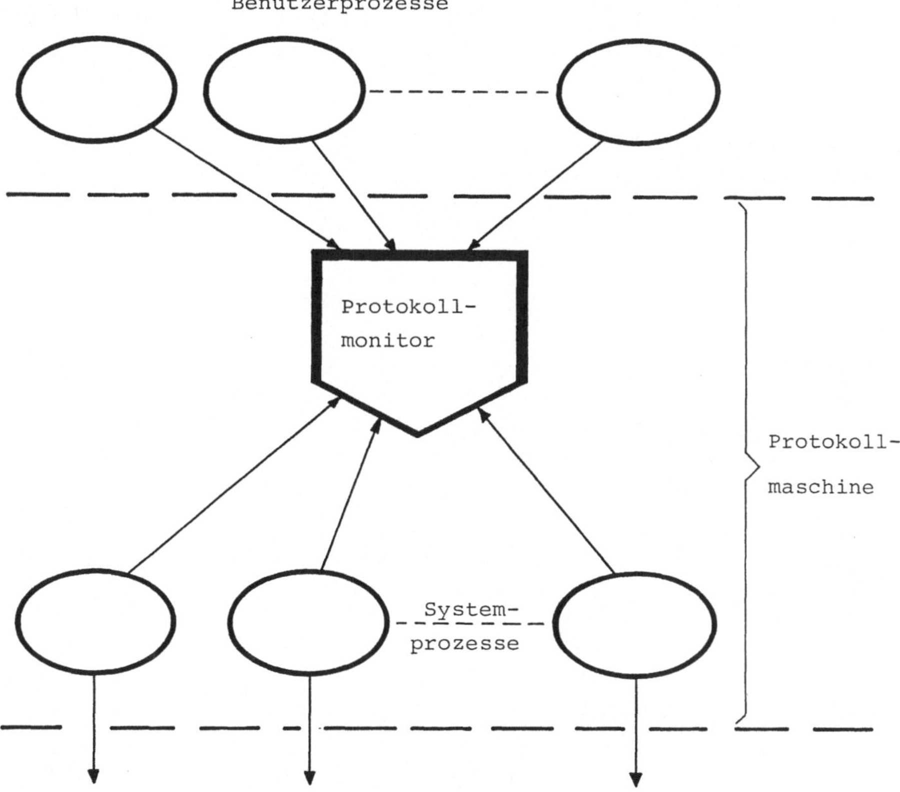

Abb. 10.1. Implementierungsschema für eine Protokollmaschine

10.1 Ein systematisches Implementierungsschema für Protokolle

Ausgangspunkt des hier zu entwickelnden Implementierungsschemas für Protokolle sind präzise Protokollspezifikationen gemäß Kapitel 6. Entscheidend für die Leistungsfähigkeit einer Implementierungstechnik ist die Unterstützung einer möglichst direkten Umsetzung der Spezifikation in eine saubere Programmstruktur. Diese Forderung wird durch das hier vorzustellende Implementierungsschema auf folgende Weise erfüllt: Jeder Zustandsgraph der Spezifikation wird durch einen Monitor implementiert, der für jeden definierten Ereignistyp eine Monitorprozedur enthält. In erster Näherung werden dann Ereignisse im Zustandsgraphen durch Aufrufe von Monitorprozeduren realisiert. Ereignisproduzenten sind Benutzerprozesse und zur Protokollmaschine gehörende Systemprozesse, die die Schnittstelle zur nächst tieferen Protokollschicht bilden. Insgesamt ergibt sich damit ein Aufbau für Protokollmaschinen gemäß Abb. 10.1.

Der Aufbau des Protokollmonitors kann nach folgenden allgemeinen Gesichtspunkten erfolgen:

Alle Zustandsvariablen einer Protokollspezifikation incl. dem Globalzustand werden als Monitorvariable vereinbart. Jede Monitorprozedur enthält am Beginn eine `case`-Anweisung, mit der zum aktuellen Zustand verzweigt wird. Unter jeder Zustandsmarke befindet sich eine Codesequenz, die die mit einem Zustandsübergang assoziierte Aktion darstellt:

```
Protokollmonitor: monitor
Vereinbarung aller Zustandsvariablen;
Monitorprozedur: entry (--Parameter--);
   .
   .
   .
do
 case  Globalzustand
       do
       1: Zustandsübergang 1--->;
       2: Zustandsübergang 2--->;
       3: Zustandsübergang 3--->;
       .
       .
       .
       n: Zustandsübergang n--->;
       end;
end;
Weitere Monitorprozeduren;
.
.
.
end Protokollmonitor;
```

Diese einfache Implementierungsvorschrift muß im Einzelfall – besonders aber bei Ausgabeereignissen – durch Synchronisationsmaßnahmen ergänzt werden. Der Grund ist darin zu suchen, daß der ereignisauslösende Prozeß den Zustandsgraphen in einem Zustand antreffen kann, in dem das betreffende Ereignis entweder gar nicht zugelassen, oder die mit einem Zustandsübergang verbundene Bedingung nicht erfüllt ist. Zwei Lösungsmöglichkeiten bieten sich für dieses Problem an:

1) Man reserviert in dem Monitoraufruf einen Resultatparameter und teilt dem aufrufenden Prozeß darüber mit, daß eine Ausgabe gegenwärtig unmöglich ist. Der Prozeß muß daraufhin die Ausgabe unterdrücken. Diese Lösung resultiert in der Regel in einem „Busy-Waiting" des Ausgabeprozesses, der ständig von neuem versucht, durch Aufruf der entsprechenden Monitorprozedur ein Ausgabeereignis zu erzeugen.

2) Der aufrufende Prozeß wird innerhalb der Monitorprozedur durch eine `wait`-Operation auf eine Conditionsvariable in einen Wartezustand versetzt, bis eine Zustandsänderung eingetreten ist. Bei dieser vorzuziehenden Lösung muß jedoch der Prozeß nach Verlassen des Wartezustands gezwungen werden, die `case`-Anweisung am Anfang jeder Monitorprozedur neu zu durchlaufen, da sich der Globalzustand mittlerweile geändert hat. Man erreicht dies, indem die `case`-Anweisung in eine `while`-Schleife eingeschlossen wird. Diese Steuerung durch die `while`-Schleife mit einer Boole'schen Variablen `looping` und einer Conditionvariablen `run` erfolgt derart, daß durch jede ausgeführte `wait`-Operation ein nochmaliger Schleifendurchlauf erzwungen wird:

```
Protokollmaschine:  monitor
Vereinbarung aller Zustandsvariablen;
looping: (yes, no);
run: condition;
Monitorprozedur:  entry (--Parameter--);
.
.
looping := yes;
while looping
      do
      looping := no;
      case  Globalzustand
            do
           1: Zustandsübergang 1--->;
           2: Zustandsübergang 2--->;
           3: Zustandsübergang 3--->;
           .
           .
           k:.....; run.wait; looping := yes;
           .
           .
           n: Zustandsübergang n--->;
            end;
```

```
    end;
end;
Weitere Monitorprozeduren;
.
.
.
end Protokollmonitor;
```

Damit sind alle generellen Aspekte des Implementierungsschemas für Protokollmaschinen erläutert. Über Details wie z. B. Festlegung der Parameterschnittstellen sowie Implementierung eines einfachen Timeout-Mechanismus gibt die nachfolgende Implementierung des HDLC-Protokolls aus Kapitel 6 Auskunft.

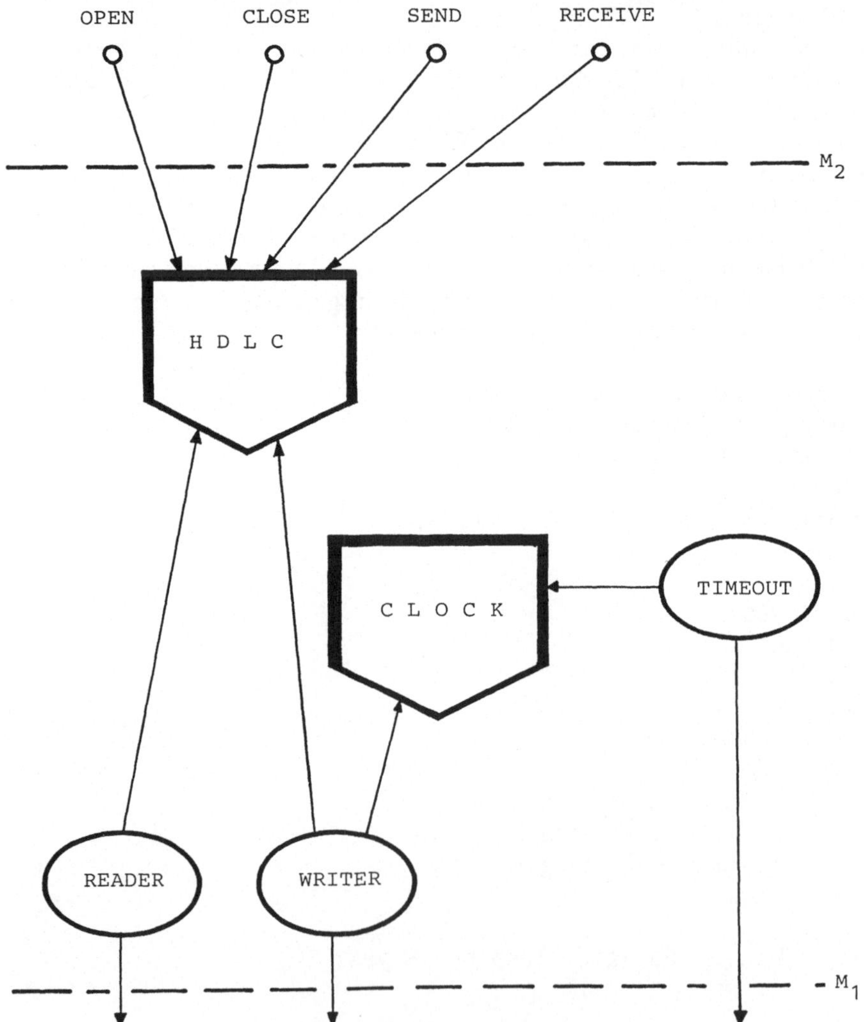

Abb. 10.2. Struktur einer Protokollmaschine M_2 zur Implementierung eines HDLC-Leitungsprotokolls

10.2 Implementierung eines HDLC-Protokolls

In Anlehnung an die Ereignistypen an der Kommandoschnittstelle (Kap. 6) soll zunächst die Funktionsschnittstelle der Protokollmaschine präzisiert werden. Dazu dient Abb. 10.2, die die interne Struktur der Protokollmaschine darstellt.

Neben dem HDLC-Monitor existieren zwei Prozesse zur Durchführung der Ein- und Ausgabe, ein weiterer Monitor und ein Uhrprozeß zur internen Implementierung eines Timeout-Mechanismus. Es wird ferner vorausgesetzt, daß die zu implementierende abstrakte Maschine M_2 direkt auf dem in Kapitel 9 besprochenen Betriebssystemkern aufsetzt. Die abstrakte Maschine M_2 kann dann wie folgt definiert werden:

```
m2 : abstract machine
   interface
     open of monitor hdlc;
     close of monitor hdlc;
     send (Datenblock) of monitor hdlc;
     receive (Messagetyp, Datenblock) of monitor hdlc;
   end;
   body
     hdlc    : monitor;
     clock   : monitor;
     timeout : process;
     reader  : process;
     writer  : process;
   end;
end;
```

Als nächstes legen wir die Prozedurschnittstellen der Monitore `hdlc` und `clock` fest:

```
hdlc : monitor
  open     : entry;
  close    : entry;
  send     : entry (Datenblock);
  receive  : entry (Messagetyp, Datenblock);
  out      : entry (Frametyp, Pollbit, Sendefolgezähler, Empfangsfolgezäh-
                    ler, Datenblock, Timeout);
  in       : entry (Frametyp, Pollbit, Sendefolgezähler, Empfangsfolgezäh-
                    ler, Datenblock);
  badframe: entry;
  timeout : entry;
end;
```

Dazu sind noch einige Anmerkungen notwendig: Als „Messagetyp" können in der receive-Funktion Datenblöcke oder eine Meldung über die abnormale Beendigung einer Sitzung durch die Gegenseite auftreten. Mit dem Parameter „Timeout" wird in der Prozedur out dem Ausgabeprozeß mitgeteilt, ob mit der Ausgabe eines Frames gleichzeitig ein Timeout angestoßen werden soll. Die Monitorprozedur badframe wird bei Ankunft eines gestörten Frames aufgerufen.

```
clock : monitor
  wake : entry;
  tick : entry (Abgelaufen);
end;
```

Durch wake wird ein Timeout-Auftrag angemeldet. Der Aufruf der Funktion tick erfolgt periodisch nach Ablauf eines konstanten Zeitintervalls durch den Timeout-Prozeß und dient der Realisierung eines vorgegebenen Timeout-Intervalls.

Die bisher definierte Struktur für die Protokollmaschine gilt sowohl für die Primary als auch für die Secondary. Assymmetrien werden erst auf der algorithmischen Ebene der HDLC-Monitorprozeduren sichtbar.

10.2.1 Timeout-Mechanismen und Ein-/Ausgabeprozesse

Der hier zu implementierende Timeout-Mechanismus arbeitet folgendermaßen: Durch Aufruf der Funktion wake des Monitors clock wird ein neuer Timeout-Auftrag angemeldet. Der Prozeß timeout ist über einen periodischen Taktgeber synchronisiert und ruft deshalb in periodischen Abständen den Entry tick des Monitors clock auf. Nach Ablauf einer festen Zahl von Zeittakten ruft der Prozeß timeout den entsprechenden Entry des Monitors hdlc auf und veranlaßt damit die notwendigen Maßnahmen.

Der clock-Monitor hat folgenden Aufbau:

```
clock : monitor
weckauftrag : (ja, nein);
weckzeit    : integer;
restzeit    : integer;

wake : entry;
do
 weckauftrag := ja;
 restzeit := weckzeit;
end;

tick : entry(result abgelaufen : (ja, nein));
do
 if weckauftrag = ja then
```

```
    do
      restzeit := restzeit-1;
      if  restzeit = 0 then
          do
           weckauftrag := nein;
           abgelaufen  := ja;
          end;
                      else abgelaufen := nein;
     end;
end;

begin
weckzeit := Anzahl von Zeittakten;
weckauftrag := nein;
end;
```

Der timeout-Prozeß hat folgenden Aufbau:

```
timeout : process
taktsema : semaphor; {Anfangswert = 0}
abgelaufen : (ja, nein);
do
 m1.connect(taktimpuls, taktsema);
 loop do
      m1.delay(taktsema);
      clock.tick(abgelaufen);
      if abgelaufen = ja then hdlc.timeout;
      end;
end;
```

Die Ein-/Ausgabeprozesse reader und writer haben folgenden Aufbau:

```
reader : process
do
 loop do
      Eingabe(Frame);
      if frame gestört then hdlc.badframe
                        else
               do
                Frame in Bestandteile zerlegen;
                hdlc.in (Frametyp, Pollbit, Sendefolgezähler, Empfangsfol-
                        gezähler, Datenblock);
               end;
      end;
end;

writer : process
do
```

```
loop do
    hdlc.out (Frametyp, Pollbit, Sendefolgezähler, Empfangsfolgezähler,
              Datenblock, Timeout);
    Zusammensetzen des Frames;
    Ausgabe (Frame);
    if timeout = ja then clock.wake;
    end;
end;
```

10.2.2 Der HDLC-Monitor für die Primary

Stellvertretend für beide HDLC-Monitore wird hier die Implementierung der Primary dargestellt. Die Implementierung der Secondary aus dem Zustandsgraphen der Abb. 6.7 verläuft völlig analog zu der Implementierung der Primary.

Für die Algorithmen wird eine stark vergröberte Darstellung gewählt, um den Blick auf das Wesentliche nicht zu verstellen.

Im Vereinbarungsteil des Monitors sind neben den Zustandsvariablen aus 6.2.3 sowie dem Globalzustand G vier Boole'sche Variablen looping 1, ..., looping 4 sowie vier Conditionvariablen deklariert. Über sie wird die oben diskutierte Verzögerung von Ereignissen synchronisiert, die zum Zeitpunkt des Monitoraufrufs nicht zugelassen sind.

Ferner enthält der Vereinbarungsteil acht parameterlose Prozeduren, die die Aktionen a_1–a_8 implementieren und von allen Monitorprozeduren gemeinsam benutzt werden.

Der Aufbau des Monitors ist wie folgt:

```
hdlc : monitor {Primary}
Vereinbarung der Zustandsvariablen de, da, dau, n, m, s, e,
                                   q, zs, ze, tz, g;
looping1, looping2, looping3, looping4 : (yes, no);
sendready, receiveready, closeready, outready : condition;

a1 : procedure
do
 n, m, s, e, zs, ze, tz := 0;
 da, de, dau := ∅;
 q := undefined;
end;

a2 : procedure
do
 tz := tz + 1;
end;
```

```
a3 : procedure
do
 case q do
         (q = xe) : do
                     da  := da υ dau;
                     dau := ∅;
                     zs  := 0;
                     s   := q;
                    end;
         (q ≠ xe) : do
                     q   := xe;
                     zs  := zs - (xe diff s);
                    end;
         end;
end;

a4 : procedure
do
 case q do
         (q = xe) : do
                     da  := da υ dau;
                     dau := ∅;
                     zs  := 0;
                     s   := q;
                    end;
         (q ≠ xe) : do
                     q   := xe;
                     zs  := zs - (xe diff s);
                    end;
         end;
 de := de υ d;
 m  := m + 1;
 ze := ze + 1;
end;

a5 : procedure
do
 e  := (e + ze) mod 8;
 ze := 0;
 tz := 0;
end;

a6 : procedure
do
 de := de - d;
 m  := m - 1;
end;
```

```
a7 : procedure
do
 da := da υ  d;
 n  := n + 1;
end;

a8 : procedure
do
 da  := da - d;
 dau := dau υ d;
 zs  := zs + 1;
 s   := (s + 1) mod 8;
 e   := (e + ze) mod 8;
 ze  := 0;
 n   := n - 1;
end;

open : entry
do
 case g do
     1:;
     2:;
     3:;
     4:;
     5:;
     6:;
     7:;
     8: do a1; outready.signal; g := 1; end;
     9:;
 sonst: do a1; outready.signal; g := 1; end;
        end;
end;

close : entry
do
 looping1 := yes;
 while looping1 = yes
       do
        case g do
            1: closeready.wait;
            2: closeready.wait;
            3: closeready.wait;
            4: closeready.wait;
            5: if m = 0 then
                   do
                    outready.signal;
                    looping1 := no;
                    g := 6;
```

```
                    end
                        else closeready.wait;
               6:;
               7:;
               8:;
               9:;
                  end;
          end;
end;

send : entry (Datenblock)
do
 looping2 := yes;
 while looping2 = yes
       do
        looping2 := no;
        case g do
          1: do sendready.wait; looping2 := yes; end;
          2: do sendready.wait; looping2 := yes; end;
          3: do sendready.wait; looping2 := yes; end;
        4.1: do a7; outready.signal; end;
        4.2: a7;
        4.3: do a7; outready.signal; end;
          5: a7;
          6:;
          7:;
          8:;
          9:;
             end;
       end;
end;

receive : entry (messagetyp, datenblock)
do
 looping3 := yes;
 while looping3 = yes
       do
        looping3 := no;
        case g do
           1: do receiveready.wait; looping3 := yes; end;
           2: do receiveready.wait; looping3 := yes; end;
           3: do receiveready.wait; looping3 := yes; end;
           4: if m > 0 then
                 do
                  messagetyp := frame;
                  datenblock := d;
                  a6;
                 end
```

```
                    else
                do
                 receiveready.wait;
                 looping3 := yes;
                end;
          5: if m > 0 then
                do
                 messagetyp := frame;
                 datenblock := d;
                 a6;
                end
                    else
                do
                 receiveready.wait;
                 looping3 := yes;
                end;
          6: messagetyp := undefined;
          7: messagetyp := undefined;
          8: messagetyp := undefined;
          9: do messagetyp := abnormales ende; g := 8; end;
             end;
      end;
end;
```

out : **entry** (Frametyp, Pollbit, Sendefolgezähler, Empfangsfolgezähler, Datenblock, Timeout)

```
do
 looping4 := yes;
 while looping4 = yes
      do
       looping4 = no;
       case g do
          1: do frametyp := kommando; pollbit := gesetzt;
                empfangsfolgezähler := 0; timeout := ja; g := 2;
             end;
          2: do outready.wait; looping4 := yes; end;
          3: do frametyp := kommando; pollbit := gesetzt;
                empfangsfolgezähler := 0; timeout := ja;
                sendready.signal; receiveready.signal;
                g := 4.1;
             end;
        4.1: if n > 0 then
                do
                 if zs ≠ 7 then
                    do
                      frametyp := I; pollbit := nicht gesetzt;
                      sendefolgezähler := s;
```

```
                    empfangsfolgezähler := (e + ze) mod 8;
                    datenblock := d; timeout := nein;
                    a8;
                  end
                       else
               do
                frametyp := i; pollbit := gesetzt;
                sendefolgezähler := s;
                empfangsfolgezähler := (e + ze) mod 8;
                datenblock := d; timeout := nein;
                a8; g := 4.2;
               end;
            end
                       else
               do
                outready.wait;
                looping4 := yes;
               end;
        4.2: do outready.wait; looping4 := yes; end;
        4.3: if n = 0 then
               do
                frametyp := rr;
                pollbit := nicht gesetzt;
                empfangsfolgezähler := (e + ze) mod 8;
                timeout := nein;
                a5;
               end
                   else
               do
                frametyp := i; pollbit := gesetzt;
                sendefolgezähler := s;
                Empfangsfolgezähler := (e + ze) mod 8;
                datenblock := d; timeout := nein;
                a8;
               end;
            g := 4.2;
          5: do a5; g = 4.1; end;
          6: do frametyp := disc; pollbit := gesetzt;
               timeout := ja; g := 7; end;
          7: g := 2;
          8:;
          9:;
            end;
      end;
end;
in : entry (frametyp, pollbit, sendefolgezähler, empfangsfolge-
         zähler, datenblock)
```

```
do
 case g do
    1:;
    2: if ((frametyp = ua) & (pollbit = gesetzt)) then
          do
           outready.signal;
           g := 3;
          end;
    3:;
  4.1: do
        if (frametyp = i) then
          do
           a4;
           receiveready.signal;
           if (ze = 8) then g := 4.3;
           if (pollbit = gesetzt) then g := 5;
          end;
        if ((frametyp = rr) & (pollbit = gesetzt)) then
            do
             a3;
             g := 5;
            end;
        if ((frametyp = rnr) & (pollbit = gesetzt)) then
            do
             a3;
             g := 9;
            end;
        end;
  4.2: do
        if (pollbit = gesetzt) then
           do
            if (frametyp = rr) then a3
                                 else a4;
            g := 5;
           end;
        if ((pollbit = nicht gesetzt) & (frametyp = I)) then
            do
             a4;
             receiveready.signal;
             if ze < 8 then g := 4.1
                      else g := 4.3;
            end;
        if ((pollbit = nicht gesetzt) & (frametyp = rr)) then
            do
             a3;
             if ze < 8 then g := 4.1
                      else g := 4.3;
```

```
            end;
        if ((frametyp = rnr) & (pollbit = gesetzt)) then
            do
             a3;
             g := 9;
            end;
        end;
   4.3: if (pollbit = gesetzt) then
        do
           if (frametyp = rr) then
               do
                a3;
                g := 5;
                                   else
               do
                a3;
                g := 9;
               end;
     5:;
     6:;
     7: g := 8;
     8:;
     9:;
        end;
end;

badframe : entry
do
 case g do
     1:;
     2: g := 1;
     3:;
     4:;
     5:;
     6:;
     7: g := 8;
     8:;
     9:;
        end;
end;


timeout : entry
do
 case g do
     1:;
     2: g := 1;
     3:;
```

```
   4.1: if tz < 3 then
            do
             a2;
             g := 3;
            end
                   else g := 6;
   4.2:;
   4.3:;
     5:;
     6:;
     7: g := 8;
     8:;
     9:;
        end;
end;

begin
g := undefined;
end;
```

11. Käufliche Netzwerkbetriebssysteme

In diesem abschließenden Kapitel soll eine Übersicht über käufliche Netzwerkbetriebssysteme für lokale Netze gegeben werden. Wir verstehen darunter Betriebssysteme, die nicht an ein ganz bestimmtes Herstellerprodukt gebunden sind, sondern durch Softwarehäuser für eine möglichst große Palette von Rechnern und käuflichen Netzwerken angeboten werden.

Eine Übersicht über alle Netzwerkbetriebssysteme würde den Rahmen dieses Buches bei weitem sprengen, da für nahezu jeden heute existierenden Rechnertyp entweder Netzsoftware für die lokale Vernetzung auf dem Markt ist oder in experimentellen Projekten an Universitäten entwickelt wird. Übersichten finden sich z. B. in [11.1, 11.2].

Die Anforderungen, die heute an Netzwerkbetriebssysteme für verteilte Systeme gestellt werden, sind nicht klar definiert. Es ist deshalb notwendig, zunächst die erkennbaren Entwicklungen aufzuzeigen und einige Kriterien zur Beurteilung der existierenden Konzeptionen für Netzwerkbetriebssysteme anzugeben.

Grundsätzlich sind zwei Entwicklungsrichtungen zu beobachten, die nachfolgend diskutiert werden.

11.1 Kooperierende Universalbetriebssysteme

Unter diesem Schlagwort werden autonom arbeitsfähige Monorechnerbetriebssysteme verstanden, die zum Zwecke der Lastverteilung gegenüber herkömmlichen Systemen über ein entsprechendes Kommunikationssubsystem kooperieren können. Die kooperierenden Netzwerkbetriebssysteme sind in ihrer Leistung weitgehend identisch und können in ihrer lokalen Umgebung auch unabhängig vom Netz laufen.

Die Verfolgung dieses Ansatzes ist besonders attraktiv für Betriebssysteme mit einem sehr hohen Verbreitungsgrad wie z. B. UNIX. Die Integration von Kooperationsfähigkeiten in ein derartiges Betriebssystem hat den großen Vorteil, daß Rechner unterschiedlicher Hersteller mühelos in einem lokalen Netz zusammengeschlossen werden können. Bei dem hohen Grad an Portabilität der UNIX-Software muß hier der Aufwand für die Netzwerkseite im wesentlichen nur einmal getrieben werden, vorausgesetzt, die Betriebssystemprogramme sind maschinenunabhängig formuliert, wie das in UNIX durch die Sprache C gewährleistet ist.

Ein wesentliches Kriterium, das für ein echtes Netzwerkbetriebssystem der hier diskutierten Kategorie erfüllt sein sollte, ist die *Transparenz* der zur Verfügung gestellten Dienste. Wir verstehen darunter die Eigenschaft, daß dem Benutzer völlig verborgen bleibt, ob ein angeforderter Dienst lokal oder irgendwo im Netz erbracht wird. Dies gilt sowohl für die Prozeß-zu-Prozeß-Kommunikation, als auch für den Ort der Ausführung von Programmen und den Ort der Lagerung von Dateien.

Nur sehr wenige Netzwerkbetriebssysteme erfüllen dieses Kriterium. Das bekannteste ist die auf der Basis von UNIX an der Universität von Newcastle Upon Tyne [11.3] entwickelte „Newcastle Connection". UNIX bietet sich wegen seiner außerordentlich hohen Verbreitung und Verfügbarkeit auf vielen Rechnern besonders an. Darüber hinaus hat sich UNIX aufgrund seiner Dateiphilosophie sowie der angebotenen Unterstützung für die Prozeßverwaltung und Prozeßkommunikation als besonders geeignet für eine netzwerktransparente Implementierung aller Dienste erwiesen.

In der „Newcastle Connection" wird die Netzwerkversion von UNIX durch *Erweiterung* des Standard-UNIX-Systems gewonnen. Abbildung 11.1 zeigt die resultierende Systemarchitektur des „UNIX United"-Systems. Die „Newcastle Connection" ist eine zusätzliche, in C formulierte Programmschicht, die zwischen dem UNIX-Betriebssystemkern und dem nichtresidenten Systemteil sowie den Benutzerprogrammen liegt. Die Schnittstelle nach oben ist völlig identisch mit UNIX. Erweiterungen dieser Schnittstelle sind nicht notwendig, da sowohl das Dateikonzept mit seiner hierarchischen Strukturierung über Directories als auch das Prozeßkonzept mit der Kommunikation über „Pipes" sehr geeignet für eine transparente Implementierung in Netzen sind.

In der „Newcastle Connection" befindet sich das Kommunikationssubsystem, das die Verbindung zum Übertragungsmedium herstellt. In der an der Universität von Newcastle Upon Tyne implementierten Version basiert das Kommunikationssubsystem auf dem Cambridge Ring [11.4]. Andere Netze wie z.B. das

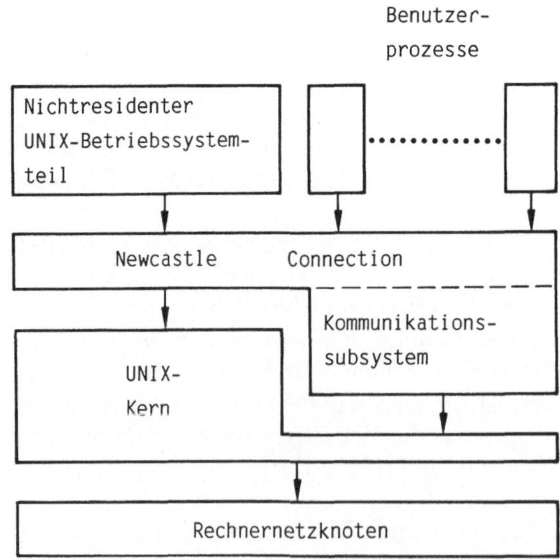

Abb. 11.1. Erzeugung eines UNIX-Netzwerkbetriebssystems mittels „Newcastle Connection"

ETHERNET sind jedoch durch Auswechseln dieses Subsystems möglich. Das in der „Newcastle Connection“ angewendete Lösungsprinzip – die Erweiterung von UNIX – stellt eine Prototyplösung für eine kommerziell erhältliche Netzwerkversion von UNIX dar. In Deutschland wurde ein UNIX-Netzwerkbetriebssystem auf der Basis der „Newcastle Connection“ für die CADMUS-Rechner der Fa. PCS angekündigt. Weitere Ankündigungen für Supermikros kommen aus dem amerikanischen Raum.

Ein anderer interessanter Lösungsansatz für Netzwerkbetriebssysteme der hier behandelten Kategorie besteht in der völligen Reimplementierung eines bestehenden Betriebssystems unter Beibehaltung der externen Funktionsschnittstellen. Dieser Weg wurde mit dem Netzwerkbetriebssystem LOCUS [11.5] beschritten. Er hat den Vorteil, daß die interne Struktur des Systems Effizienzforderungen besser angepaßt werden kann, als das mit einer „aufgepfropften“ Lösung möglich ist. LOCUS ist mit Standard-UNIX aufwärtskompibel. Die Neuimplementierung ermöglicht insbesondere die Berücksichtigung von Leistungen wie automatische Replikation von Dateien aus Sicherheitsgründen, Einbettung eines Transaktionskonzepts für Datenbankanwendungen usw., die durch Erweitern bestehender Systeme nur sehr schwer und mit unvertretbarem Aufwand herzustellen sind.

LOCUS wurde in seiner ursprünglichen Version an der Universität UCLA, Los Angeles entwickelt. Mittlerweile hat sich das Team selbständig gemacht und vertreibt das System unter dem Firmennamen LOCUS Computing Corporation.

11.2 Verteilte Betriebssysteme

Unter diesem Schlagwort werden hier – im Gegensatz zu dem unter 11.1 behandelten Konzept der kooperierenden Universalbetriebssysteme – Netzwerkbetriebssysteme verstanden, die aus einer Menge kooperierender Spezialbetriebssysteme bestehen. Die Aufgabe *eines* klassischen Universalbetriebssystems wird bei diesem Lösungsansatz durch mehrere, in einem lokalen Netz zusammengeschlossene Betriebssysteme erledigt, die auf eine bestimmte Teilaufgabe ausgelegt sind. Im Gegensatz zu dem zuvor behandelten Konzept sind hier die einzelnen Spezialnetzwerkbetriebssysteme nicht autonom arbeitsfähig; sie können ihre Aufgabe vielmehr nur im Verbund mit den restlichen Spezialbetriebssystemen erfüllen. Als bekannteste Realisierungsform dieses Netzwerkkonzeptes gelten die Arbeitsplatzsysteme. In diesem Netzwerktyp wird ein komplettes System durch eine Menge von Arbeitsplatzrechnern, Fileservern Druckerservern und Netzwerkservern gebildet (Abb. 11.2). Dementsprechend existieren für die verschiedenen Aufgabenbereiche Spezialbetriebssysteme für die Organisation von Arbeitsplatzrechnern, von File- oder Druckerservern und von Netzwerkservern, die den Anschluß zu externen Netzen herstellen. Auch hier wollen wir nur dann von einem echten verteilten Betriebssystem mit seinen kooperierenden spezialbetriebssystemen sprechen, wenn das System die angebotene Leistung *transparent* erbringt, d.h. auf Anwenderebene der Ort der Programmausführung sowie der Lagerort der Dateien unsichtbar bleibt.

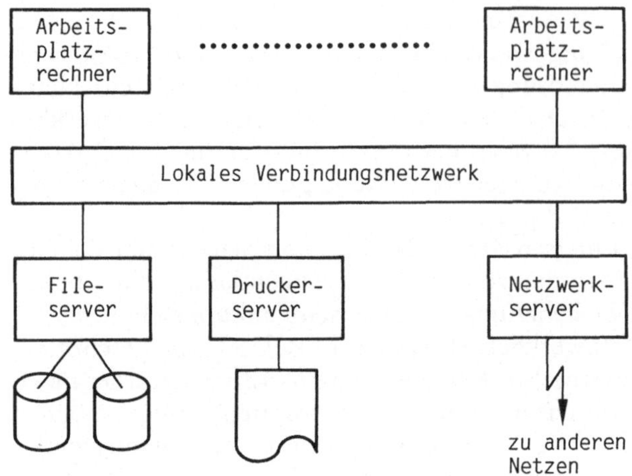

Abb. 11.2. Arbeitsplatzsystem

Trotz einer nahezu unübersehbaren Zahl von Arbeitsplatzrechnern am Markt ist erst jüngst mit der Netware-Betriebssystemfamilie von Novel [11.6] ein käufliches verteiltes Betriebssystem für die am weitesten verbreiteten Arbeitsplatzrechner und PCs sowie die gebräuchlichsten lokalen Netzwerke erhältlich.

Die Entwicklung verteilter Betriebssysteme verläuft aus verschiedenen Gründen langsamer als bei den kooperierenden Universalbetriebssystemen auf UNIX-Basis:

- Ein derart eindeutig dominierender Quasistandard wie UNIX im Bereich der Universalbetriebssysteme existiert bei Arbeitsplatzsystemen nicht. Gegenwärtig kämpfen verschiedene Versionen von CP/M, CP–DOS und abgemagerte UNIX-Versionen um die Vorherrschaft. Aus diesem Grunde ist es für Softwarehäuser wesentlich schwieriger, sich für eine dieser Betriebssystemlinien als Basis eines verteilten Betriebssystemkonzeptes zu entscheiden.
- Die existierenden Arbeitsplatzbetriebssysteme sind weit weniger für eine Erweiterung zu einer Netzwerkversion geeignet als UNIX. Das liegt z.B. daran, daß kein geeignetes Prozeßkonzept existiert, keine netzwerkgerechte Programmkommunikation unterstützt wird (wie z.B. die Pipes in UNIX) und die Dateikonzepte für eine Einbeziehung des Verteilungsaspekts unzureichend sind. So kann die in der „Newcastle Connection“ realisierte Idee, die ursprüngliche Betriebssystemschnittstelle völlig ungetastet zu lassen, nicht übernommen werden. Eine Modifikation der Betriebssystemschnittstellen ist daher unvermeidlich und birgt grundsätzlich die Gefahr, daß Programme unter einem der existierenden Arbeitsplatzbetriebssysteme in der Netzwerkversion nicht mehr laufen.

Aus den genannten Gründen sind netzwerkfähige Spezialrechnerbetriebssysteme bisher nur produktspezifisch entwickelt worden, wie z.B. für die Systeme APOLLO, SIRIUS I, SUN [11.7] und alle Produkte der X8000-Serie von XEROX [11.8].

Das kürzlich am Markt erschienene verteilte Betriebssystem Netware von Novell [11.6] ist das erste dieser Art, das für eine Reihe von PCs und lokale Netzwerke angeboten wird.

Gegenüber dem Benutzer bietet das System eine netzwerktransparente Schnittstelle, die durch eine zusätzliche Schicht auf die gängigen Arbeitsplatzbetriebssysteme abgebildet wird. Von den Arbeitsplätzen aus kann sowohl im lokalen Modus als auch im Netzwerkmodus gearbeitet werden. Die Fileserver-Betriebssysteme, die auch gleichzeitig einen Spooling-Druckservice unterstützen, werden nach dem gleichen Verfahren durch Spezialisierung eines PCs auf der Basis des dort existierenden Arbeitsplatzbetriebssystems erzeugt.

Von der Netware-Betriebssystemfamilie werden gegenwärtig die Mikrorechnerbetriebssysteme PC-DOS 1.1, PC-DOS 2.0, CP/M-80, CP/M-86 und UCSD p-System sowie die lokalen Netzwerke Corvus System, Omninet, 3 Com's Etherlink, Nestar's Arcnet, Gateway's G-Net, Novell's Netware/s und Proteons proNET unterstützt. Die zukünftigen Entwicklungen weisen in Richtung auf eine Standardisierung der Schnittstellen in Arbeitsplatzsystemen, so daß es möglich sein wird, Arbeitsplatzrechner, Fileserver, Druckerserver und Netzwerkserver von beliebigen Herstellern zu einem System zusammenzuschließen [11.9].

Literatur

[11.1] H. A. Freemann, K. J. Thurber: Updated Biography on Local Computer Networks, ACM Computer Communication Review 10, 10–18 (1980)

[11.2] A. Chung, R. Sherman: An Extensive Bibliography on Computer Networks, ACM Computer Communication Review 14, 78–98 (1984)

[11.3] D. R. Brownbridge, L. F. Marshall, B. Randell: The Newcastle Connection or UNIXES of the World Unite!, Software-Practice and Experience 12, 1147–1162 (1982)

[11.4] M. V. Wilkes, D. J. Wheeler: The Cambridge Digital Communication Ring, Local Area Networks Symposium, Mitre Corp. and National Bureau of Standards, Boston (1979)

[11.5] G. Popek u. a.: LOCUS: A Network Transparent, High Reliability Distributed Operating System, ACM Operating System Review 15, 160–168 (1981)

[11.6] Novell, Inc. Utah, USA

[11.7] D. R. Cheriton: The V-Kernel: A Software Base for Distributed Systems, IEEE-Software 1, 19–42 (1984)

[11.8] D. D. Redell u. a.: Pilot: An Operating System for a Personal Computer, CACM 23, 81–92 (1980)

[11.9] Färber: Arbeitsplatzrechnerstrukturen, NTG-Tagung „VLSI-gerechte Gerätearchitektur“, Travemünde (13.–14. Sept. 1984)

12. Sachverzeichnis